KB129864

얼음 없는 세상

A World Without Ice
by Henry Pollack

얼음 없는 세상

A World Without Ice

얼음의 역사부터 지구의 미래까지 인류에게 보내는 마지막 경고

헨리 폴락 지음 | 앨 고어 서문 | 선세갑 옮김

지구를 이해하려는 나의 노력에

오랫동안 도움을 준 제자와 동료에게 이 책을 바친다.

| 추천의 말 |

얼음을 생각한다

바야흐로 우리 인류는 역사적 결단의 시기를 맞고 있다. 우리의 안식처인 지구가 전대미문의 위기에 처한 탓이다. 더 정확히 말하자면 지금 파괴 위험에 처한 것은 지구라는 땅덩어리가 아니라, 이제까지 인간의 문명이 발전하는 데 지극히 우호적이었던 기후 조건이다.

수십 년에 걸친 연구는 지구온난화와 기온 상승이 지구의 미래와 인류의 삶에 결정적 요인이 될 것이라는 결론에 이르렀다. 연구 결과가 축적되면서 인간 활동이 지구온난화의 주범으로 밝혀졌으며, 대다수 과학자들이 경종을 울리고 있다. 세계적 과학자들이 우리 앞에 닥친 심각성을 경고하고, 그동안 인류가 저지른 부주의를 시정하려면 즉각적이고 강력한 연대 행동이 필요하다고 강조하는 것이다.

하지만 별다른 조치 없이 지켜보는 사이에 해수면 상승, 극심한 가뭄, 도를 넘어선 폭풍우, 작황 악화, 야생 동식물 감소, 기후 난민으로 인한 정치적 불안정 등 상황은 악화일로이다. 그런데도 기후 변화를 부정하는 주장이 힘을 잃지 않는 것은 현 상태에서 혜택을 받고 있는 기득권과, 위기관리에 관한 정부의 역기능을 우려하는 이념적 반대파 등이 증폭시킨 다양한 역풍 때문일 것이다. 여기에는 지구온난화라는 불편한 진실을 인정하고 싶지 않은 현상유지론자나 온난화 원인에 의문을 제기하는 이론가도 있지만, 가장 심각한 걸림돌은 화석연료에서 지속 가능하고 재생 가능한 에너지로 전환할 때 소요되는 비용 부담에 불만을 토로하는 축이다. 이런 반대 때문에 우리는 상당한 대가를 치러야 했다. 지난 15년 동안 미국이 기후 변화 방지의 최전선에서 감내해야 할 주도적 역할을 회피하면서 위기는 더욱 심각해졌다.

이제 우리 지구는 결정적인 전환의 순간을 맞고 있다. 지금 강력한 조치를 취하지 않으면 미래 세대가 수천 년 동안 고통 속에서 살아야 할지도 모른다. 수백만 년간 축적되었던 지구의 만년빙이 무서운 속도로 녹아내리고 있다. 수십억 인류의 식수와 농업용수의 원천이었던 빙하가 너무도 빨리 사라지고 있는 것이다. 벨기에, 스코틀랜드, 프랑스 정도의 넓이를 가진 남극의 오래된 빙붕이 갈라지며 거대한 빙산을 남극해로 흘려보내고 있다. 그린란드에서 대서양으로 흘러드는 수백 개의 빙하도 녹는 속도가 더욱 빨라지고 있다. 인류 역사가 시작되기 이전, 즉 300만 년 전부터 대서양을 덮고 있던 얼음장은 가공할 속도로 줄어들고 있는데, 이런 추세라면 앞으로 10년도 지나기 전에 여름철 북극해에서는 얼음을 볼 수 없게 될 전망이다.

그것이 그토록 큰 문제냐고 되묻는 사람이 있을지도 모르겠다. 그렇게 먼 곳의 얼음이 녹는 것까지 우리가 상관해야 하느냐고 말이다. 네브래스카의 농부, 리우데자네이루의 기술자, 뉴욕의 은행장, 신시내티의 상점 주인, 런던의 버스 운전사, 탄자니아의 여행 가이드, 방글라데시의 어린이, 베이징의 사업가에게 대체 이 변화가 무슨 영향이 있겠는가 하는 의문이 들 수도 있다.

얼음은 지구 대기와 대양의 기온을 유지시키는 중요한 변수다. 기후의 중추적 변화가 해수면, 농업, 상업, 교통, 나아가 지정학에도 영향을 주기 때문이다. 이런 영향을 평소에는 잘 느끼지 못하고 생활하지만, 인류의 역사와 미래는 복합적으로 기후와 연계되어 있다. 지금 당장 개인적 · 사회적으로, 기업과 국가 차원으로 행동에 들어가 이런 추세를 저지하지 않는다면, 우리의 생존 거점이자 번영의 기반인 지구는 파괴되고 말 것이다.

통찰력과 감동으로 쓰인 《얼음 없는 세상》의 저자 헨리 폴락은 얼음이 인간 활동에 어떤 영향을 끼치며, 우리가 어떻게 얼음에 변화를 주고, 개인과 사회의 결정이 향후 도래할 수천 년의 인류 미래에 어떤 영향을 줄지를 이야기한다. 이 책은 복잡한 지구 체계를 누구나 알 수 있을 정도로 쉽게 풀어내면서도, 낭만이나 과장에 의존하지 않고 인간과 지구의 실상을 그려낸다. 이런 장점 덕분에 다양한 독자가 기후 변화에 관한 논의에 참여할 수 있게 되리라 믿는다. 더 이상 기후 변화의 전장에서 수동적인 방관자로 있어서는 곤란하다. 분명해진 변화 앞에서 주도적인 견인차 역할을 해야만 한다.

나는 1992년 기후 변화 연구를 위해 미국 상원에 폴락 박사를 초청한 것을 시작으로, 백악관 재임 시절에도 전문적 식견의 도움을 받으면서 그와 함께 일한 바 있다. 지구물리학자인 그는 1960년부터 미시간 대학에서 지구과학협회를 결성하고, 시추공 온도를 응용한 혁신적인 측정법으로 지난 천 년간의 지표면 기온을 연구했다. 이런 공로로 국가과학위원회, 국립과학원, 의회위원회 등에서 고문을 역임했고, 2007년 노벨 평화상을 공동으로 수상했던 유엔 산하 '기후 변화에 대한 정부 간 협의체Intergovernmental Panel on Climate Change'(이하 IPCC)의 임원으로 일하기도 했다.

그는 과학적 개념을 일상 언어로 풀어 일반인이 이해하기 쉽도록 돕는 과학의 전도사로도 활동했다. 기후 관련 기획에서 나의 고문이었던 시절에는 복잡하고 만만치 않은 기후 변화 문제를 설파하면서 수많은 청중을 사로잡는가 하면, 단순한 정보 전달 차원을 넘어 사람들에게 지혜를 불어넣는 일을 훌륭히 수행했다. 폴락 박사에게는 과학과 인간의 관계를 이성과 품위로 연계시키는 직관이 있다. 이런 능력과 경력이 책 곳곳에 녹아들어 여러분이 이 시대의 중대한 도전을 직시하고 이해하도록 도울 것이라고 확신한다.

지난 수년에 걸쳐 나는 점증하는 기후 변화 위기 속에서 지구와 우리 생활, 다시 말하면 미래 세대에 대한 도의적 책임과 현재의 경제적 향유 중 하나를 선택할 수밖에 없다며 양자택일을 역설해 왔다. 하지만 돌이켜보면 그것은 잘못된 문제 제기였다. 기후 변화 위기에 적절히 대처하기 위해서는 인류의 경제적 번영과 국가안보 위기를 함께 해결해야 하기 때문이다. 비록 위기에 직면해 있긴 하지만 나는 미래를 낙관적으로 바라본다. 제대로 된 정보를 가진 사람들이 결심했을 때 발휘되는 잠재력을 믿기 때문이다.

이웃이 있는지조차 알 수 없는 무한한 우주 공간에서 외로운 작은 섬처럼 존재하는 지구지만, 이곳은 우리가 불가사의한 가능성을 갖고 사는 유일한 보금자리다. 바로 이것이 우리 자신이 직접 나서서 지구를 구해야 하는 이유다. 더 늦기 전에!

앨 고어

| 들어가는 말 |

이 책은 얼음과 사람에 관한 것이다. 얼음이 지구, 기후, 인류에 미치는 영향을 알아보고, 얼음과 어울려 사는 우리의 모습과 얼음 때문에 달라질 미래 기후의 모습을 살피는 것이 이 책의 주된 관심사다.

얼음은 인류 역사보다 더 오랜 시간을 지구에서 보냈다. 그에 비하면 우리 인간은 지구라는 동물원에 갓 등장한 신참에 지나지 않는다. 인간이 지구를 보금자리라고 부르기 시작한 것은 불과 300만 년 전이지만, 얼음은 수십억 년 동안 지구의 일부였다.

지구 역사 전반을 통해 얼음이 보인 모습은 '불굴의 자연력' 그 자체였다. 빙하시대를 거치며 지구 전체를 서서히 덮은 얼음은 지금의 지구 표면을 결정지었다. 칼날 같은 유럽의 알프스 산맥, 광대한 북아메리카의 오대호, 장엄한 캘리포니아의 요세미티 국립공원, 칼로 새긴 듯한 노르웨이의 피오르는 모두 초기 빙하기 침식의 산물이다. 오늘날 지구의 아름다운 경관으로 손꼽히는 곳은 상당수가 얼음이 만든 선물이다. 자연이 연출하는 거대한 장관 앞에서 인간은 자신의 왜소한 모습을 새삼스레 되돌아보며, 그저 경외감에 가득찰 수밖에 없다.

하지만 얼음을 경치를 만드는 조각가 정도로만 생각해서는 곤란하다. 얼음은 그 자체로 지구의 기후 체계를 만드는 주요 동인이다. 지구에 쏟아지는 햇빛의 30퍼센트가 표면에서 반사되어 우주로 돌아가는데, 대부분이 대기 중의 흰 구름과 지표면의 얼음 때문이다. 남극, 북극, 그린란드 등 극지방의 얼음층은 지표면의 10분의 1밖에 되지 않지만, 지구에서 반사하는 햇빛의 상당 부분에 관여하고 있다. 극지방의 빙하는 거대한 기류를 발생시켜 얼음층의 표피를 조각내고 분리시킨 다음, 얼음 지역에서 훨씬 벗어난 곳까지 그것을 밀어낸다. 이는 결과적으로 지구 전체에 영향을 미치는 기후 체계를 구성한다.

지질학자들은 암반층을 켜켜이 분리해 내어 오늘날과 기후가 달랐던 과거 지구의 역사를 드러내 보였다. 그리하여 어떤 때는 얼음이 지구의 절반을 덮었고, 또 어떤 때는 극지방에도 얼음이 없었다는 사실을 알게 되었다. 수백만 명이 북적대는 뉴욕, 디트로이트, 시카고 지역이 2만 년 전에는 800미터 두께의 하얀 얼음에 뒤덮여 있었다고 상상해 보라. 믿기 어렵겠지만 분명한 사실이다. 게다가 당시 그곳에 인류는 등장하지도 않았다. 그러나 지난 300년 동안 인구가 급격히 증가하고 산업사회가 대두하면서 얼음과 인간의 관계는 극적인 전환점을 맞이하게 되었다.

그동안은 얼음 주변에 삶의 터전을 잡은 소수를 제외하고는 아무도 얼음에 관심을 가지지 않았다. 그러나 이제 그런 시대는 끝났다. 인간 활동이 지구 기후에 심각한 영향을 끼치면서 고요히 잠들어 있던 전 세계의 얼음이 서서히 눈을 뜨게 된 것이다.

지구에 얼음이 없어진다면? 이는 나무, 꽃, 온갖 동물이 없는 세상을 떠올리는 것만큼이나 상상하기 어렵다. 실제로 얼음이 사라지면 지구와 인류 모두가 극적인 파국에 이르고 말 것이다. 우리는 세계 인구의 4분의 1을 먹여 살리는 식수와 농업용수를 산에서 흘러내리는 빙하에서 얻고 있다. 또 그보다 훨씬 많은 주민들이 겨울 동안 쌓인 눈이 녹으면서 제공하는 물에 파종과 농경을 의존하고 있다.

지난 수십 년 동안 이루어진 북극해 얼음의 급격한 감소는 북극에서 발견될 석유와 광물 자원을 기대하는 국제적 움직임에 불을 붙이고 있다. 더욱이 금세기 말 북극에서 여름철 얼음이 사라지면, 북극해의 어족 자원을 개발할 수 있다. 또한 유럽과 동아시아를 잇는 전설 같은 북극 항로를 개척할 수 있다는 기대가 높아지면서, 이에 대한 논의도 활발히 진행되고 있다.

그러나 모든 대륙의 얼음이 계속 녹는다면 대양에 공급되는 물이 늘어나 해수면이 상승하고, 이에 따른 홍수와 해일 등은 해변이나 저지대에 위치한 100여 개 나라에 영향을 끼칠 것이다. 녹고 있는 얼음에는 경제적 기회뿐만 아니라 치명적 파국도 잠재되어 있는 것이다.

재산과 농지 상실, 해안가 기반 시설 피해, 해수 과잉으로 인한 대수층 오염 등은 상상도 못할 규모의 경제적 파장을 몰고 올 것이다. 그중에서도 가장 심각한 것이 해안가에 살고 있는 수백만 거주민의 이주 문제인데, 단 1미터만 해수면이 상승해도 해안 거주자 1억 명 이상이 기후 난민으로 전락할 수 있다. 미국 전체 인구의 3분의 1에 버금가는 이런 인구 이동은 인류 역사상 유례가 없는 대규모가 될 것이다.

그렇다면 지금처럼 손을 놓고 기다리기만 할 것인가? 우선 따뜻해지는 지구에서 초래되는 변화는 피할 수 없다는 것을 받아들여야 한다. 기후 체계의 초기 변화는 뒤늦게 수습에 나선 우리가 결코 돌이킬 수 없을 정도로 이미 진행되고 있고, 21세기에도 그 변화는 계속될 것이다. 아무런 노력도 취하지 않고 이대로 방치한다면, 21세기가 지나가기도 전에 더 심각한 상황이 광범위하게 발생할 것이고, 시간이 흐르면서 그 영향은 더욱 확대될 것이다.

앞서 얘기한 극단적 상황론뿐만 아니라, 아주 소소한 것부터 제법 거대한 것까지 인류의 미래를 위해 우리가 고려하고 포용해야 할 여러 상황이 존재한다. 인류의 창의력은 현재 진행되는 전 지구적 차원의 온난화를 완화시키고, 더 나아가 역전시킬 가능성까지 가지고 있다. 그렇기 때문에 이 같은 난관을 무릅쓰고 필요한 조처를 취하기 위해서는, 가장 먼저 이 위기를 해결하겠다는 세계 각국의 진정한 의지가 필요하다. 하지만 현실은 안타깝게도 이와는 거리가 멀다.

| 차례 |

1장

얼음의 발견 혹은 정복

_인간과 얼음의 운명적 만남

A World Without Ice

A World Without Ice

여기도 얼음, 저기도 얼음
사방이 얼음 천지
쉰 목소리로 으르렁대고, 고함치듯 악을 써댄다.
넋을 빼는 듯한 이 소란스러움!
– 새뮤얼 테일러 콜리지, 〈노수부의 노래〉

조지 3세가 영국을 통치하던 1768년, 해군 대위 제임스 쿡은 조금 별난 지시를 받는다. 대영제국의 전함 인데버호를 타고 남태평양으로 가서, 태양과 지구 사이를 똑바로 가로질러서 지나갈 금성을 관찰하라는 것이다. '금성의 태양면 통과'로 알려진 이 우주 현상은 태양 원반solar disk을 작은 그림자가 가로지르는 것처럼 보이는 소규모 엄폐occultation(금성과 같은 행성이 항성을 가리는 현상–옮긴이)였다. 이런 우주 현상이 일어날 때 태양 흑점의 움직임을 지구의 다른 지점에서 동시에 관측하면 태양과 지구의 거리를 측정할 수 있었다. 쿡은 이를 관측하기 위해 영국 본토의 정반대인 태평양의 타히티 섬으로 떠난다.

이 항해의 목표는 지구와 태양의 거리를 정확하게 측정해 그것을 항해의 신뢰성 확보에 이용하려는 것이었다. 태양을 공전하는 지구와 복잡한 궤적 운동을 보이는 금성이 교차하는 것은 매우 드문 현상이다. 통상 같은 방향으로 움직이던 지구와 금성은 어느 시기가 되면 분리된 것처럼 이동하는데, 8년 동안 이런 현상이 지속되다가 다시 같은 방향으로 움직인다. 이런 분리가 다시 생기려면 100년 이상을 기다려야 한다. 1761~1769년에 한 번 일어나고 나면, 그 후 1874~1882년과 훨씬 뒤인 2004~2012년에 이런 현상이 다시 발생하는 것이다.

이보다 10년 전 프랑스와의 7년 전쟁 때 쿡은 북아메리카 동부 세인트로렌스 강 유역을 관찰해서 기록한 경험이 있었다. 그때의 출중한 과학적 성과를 인정받아 이번에도 그에게 과업이 맡겨진 것이었다. 인데버호는 요즘으로 치면 기차 한 량 길이의 크지 않은 배였지만, 장교 12명과 선원 85명, 그리고 그들이 대동한 박물학자, 적지 않은 장비, 물과 식량, 술까지 싣고 있었다.

영국을 떠나 타히티까지 가는 항로는, 대서양을 남하해서 남아메리카의 케이프혼을 돈 다음 태평양 서쪽으로 들어서 타히티에 이르는 것이었다. 약 2만 킬로미터에 이르는 항해 노정은 지구 반 바퀴를 돌 정도였다. 타히티까지는 8개월이 예정되었고, 도중에 마데이라 제도와 리우데자네이루에 기항하고 티에라델푸에고 섬에서 표본 채취 작업도 수행해야 했다. 장기 항해에서는 괴혈병 같은 골칫덩어리가 생긴다는 것이 이미 알려져 있었으므로 쿡은 선원들의 건강에 각별히 신경을 썼다.

음식이 건강에 중요하다는 것을 잘 알고 있었던 쿡은 사워크라우트(양배추를 소금에 절여서 만든 독일식 김치-옮긴이)가 괴혈병에 좋다고 생각해 많은 양을 준비하기도 했다. 만약 선원들이 자신들이 즐겨 마시는 백포도주가 괴혈병 치료에 효과가 있다는 것을 알았더라면, 그 술을 싣자고 했을지도 모를 일이었다. 쿡은 무슨 술이든 선원들에게는 재앙이라고 생각했다. 1768년 성탄절을 파타고니아 해변에서 축하하게 된 것도 성탄 예배가 아닌 선원들의 음주벽 때문이었는데, 박물학자가 크리스마스 소동이 그만했던 게 그래도 다행이었다고 기록할 정도로 선원의 음주 문제는 말썽거리였다.

인데버호는 1769년 4월 중순 타히티에 도착했고, 우주 관측을 할 때까지는 충분한 시간이 남아 있었다. 측정 장소를 찾아 나선 쿡은 지금의 파페에테 항구에서 멀지 않은 모래 해변에 자리를 잡았고, 그곳을 포인트 비너스라 명명했다.

몇 년 전 나는 파페에테를 찾았다. 당시 그렇게 유명했던 과학적 장소가 궁금했고, 쿡의 탐험 이후 200년이 지난 지금도 그 자리가 그대로 있을지 의문이었다. 택시 기사에게 포인트 비너스를 들어본 적이 있냐고 물었더니 잘 알고 있다고 대답했다. 그처럼 역사적인 장소를 정말로 쉽게 찾을 수 있는지 의구심이 들어 질문을 계속했지만, 그의 대답은 한결같았다. 택시를 탄 지 15분도 안 되어 그곳에 도착했고, 포인트 비너스는 그대로 있었다. 지금은 누드 비치로 더 유명세를 타고 있지만, 1769년 쿡의 발자취를 기리는 작은 기념비가 한쪽 구석에 남아 옛 영광을 알리고 있다.

쿡의 항해는 금성의 궤도와 관련된 과학 실험이라고 발표되었지만, 쿡의 손에는 해군 본부의 비밀 명령이 하나 더 들려 있었다. 봉투에는 배가 바다로 나선 뒤에 열어보라는 주의사항이 적혀 있었다. 이 명령은 과학적 관찰이 끝난 후 수행할 인데버호의 또 다른 과제로, 옛날 선원들이 남태평양 고위도 부근에서 어렴풋이 보았다는 미지의 땅 '테라 아우스트랄리스 인코그니타Terra Australis Incognita'의 존재를 확인하라는 내용이었다.

남쪽 대륙의 개념은 탐험 시대가 열리기 2000년 전으로 거슬러 올라간다. 아리스토텔레스와 프톨레마이오스는 철학적 · 미학적 이유에서 남쪽 대륙의 존재를 상상했다. 대칭과 균형이 자연의 물체가 가진 고유의 성격이라면 지구의 모습 역시 마찬가지라고 생각했기 때문이다. 그런 믿음대로라면 북반구와 남반구의 땅덩어리는 균형을 이루어야 했다.

관측을 시작한 지 불과 여섯 시간 만에 금성은 태양 원반을 통과했고, 쿡은 곧바로 남쪽 대륙을 찾기 위해 인데버호를 출항시켰다. 그러나 한겨울의 남반구에서 더 남쪽으로 항해하려면 바다의 얼음과 직면할 수밖에 없었기에, 쿡은 이내 고위도를 향한 항해에 적기가 아니라는 것을 깨달았다.

9월에 그는 서쪽으로 방향을 틀어 지금의 뉴질랜드에 도착한다. 쿡은 뉴질랜드 북섬과 남섬의 해안선 일주를 마치고 이곳이 이전의 탐험가들이 추측했던 거대한 남쪽 대륙이 아니라는 사실을 보여주기 위해 수로 지도를 만들었다. 오스트레일리아를 찾지 못한 채, 출항 항로의 반대 경로로 지구를 한 바퀴 돌아 영국으로 귀환하던 인데버호는 오스트레일리아 동북쪽에 있는 대보초를 지나다 가까스로 재난을 피했다. 또 인도 동부로 향하던 중 선원들이 말라리아에 걸리는가 하면, 아프리카를 돌아 대서양으로 항로를 틀고 나서도 먼 길을 더 가야 했다. 대서양에서는 미국 포경선을 만나, 지난 3년 동안 유럽이 평화로웠다는 소식을 듣기도 했다. 1771년 영국에 도착한 쿡은 테라 아우스트랄리스

인코그니타는 보지 못했다고 보고했다.

인데버호는 축하와 갈채 속에 귀환했지만, 겸손한 쿡은 그 주인공이 되지 못했다. 각광을 받은 사람은 자신의 업적을 잘 포장해서 공표한 귀족 출신의 젊은 박물학자 조지프 뱅크스였다. 언론의 환호 속에 몇 주가 지나고 나서 뱅크스는 새로운 탐험과 발견을 위한 2차 항해를 자신이 주도해 준비하고 있다고 발표했다. 그러면서 이번 항해에도 꼭 쿡이 선장으로 참여해야 한다고 선수를 치고 나왔고, 쿡 역시 굳이 사양할 마음은 없었다. 3년이나 집을 떠났다가 돌아온 지 한 달도 안 되어 다음 항해를 준비하는 쿡을 보며 그의 아내 엘리자베스는 적잖이 섭섭했을 것이다.

1772년 선장으로 승진한 쿡은 레졸루션호를 이끌고 테라 아우스트랄리스 인코그니타를 찾아 항해에 나선다(쿡은 지금까지도 역사 속에서 '캡틴 쿡'으로 불린다). 이번 항해의 계획은 아프리카 동해안을 거쳐 인도양을 건넌 뒤 태평양으로 나가서, 얼음의 제약이 허용하는 한 남반구의 고위도 끝까지 진출하는 것이었다. 그들은 1773년 동경 40도, 서경 140도, 서경 105도를 통해 남극권을 세 번 통과했다. 그러나 그때마다 완강한 얼음과 마주했을 뿐, 기대했던 남쪽 대륙은 구경도 못하고 돌아서야 했다.[1]

쿡의 동진 항해는 남태평양을 통과하는 것이어서 얼음에서 그리 멀지 않은 항해였고, 1774년 말에는 남아메리카 남단까지 도달한다. 남극해로 들어선 새해 벽두에 그는 빙하에 파인 바나나 모양의 사우스조지아 섬을 발견하고는 그토록 찾아 헤매던 남쪽 대륙을 처음 본 것이라 생각했다. 하지만 바나나 모양 육지의 한쪽 끝이 보이면서 섬이란 사실이 드러났고, 그는 국왕 조지 3세를 기리는 뜻으로 '킹 조지'란 이름을 섬에 붙여주었다. 계속해서 동진하던 쿡은 3년 전 아프리카를 가로지른 항로에서 보았던 남아프리카 곶에 도착했다. 그는 거대한 얼음의 주변부를 거의 스칠 듯이 돌며 지구 남반구의 고위도 부근을 일주했던 것이다. 쿡은 항해 일지에 이렇게 썼다.

> 나는 지금 남쪽 극지방의 바다를 순회하는 항해를 마쳤다. 대륙이 존재할 일말의 가능성이라도 찾아보기 위해 항해가 불가능한 곳을 제외한 전 해역을 종단한 것이다. 하나의 덩어리로 추정되는 남쪽 대륙은 바다 위에 떠 있는 거추장스러운 얼음들로 막혀 있어 접근이 불가능한 해역 안에 있을 것이다. 하지만 어느 누구도 나보다 더 깊숙이 항해할 수는 없을 것이기에, 설사 땅이 있다 한들 앞으로도 탐험은 불가능할 것이다. 짙은 안개, 얼음 폭풍, 엄청난 추위 등 온갖 극한 요소 때문에 최악의 항해를 감내해야 할 것이며, 말로 표현하기 곤란한 환경 앞에서 어려움이 더욱 고조될 것이기 때문이다. 그 땅은 단 한 번도 햇볕의 온기를 느껴보지 못한 채 눈과 얼음에 영원히 묻힐 운명을 지녔다.[2]

쿡은 아리스토텔레스가 대비의 '균형'으로 가정했던 남반구 땅이 존재하지 않는다고 말하고 있지만, 한편으로는 얼음 세상이 있다는 사실을 전하고 있다. 그는 이전에 북극해에서 본 것과 유사하지만 크기 면에서는 주눅이 들 정도로 어마어마한 얼음 방벽을 본 것이다.

하지만 남극권에 접근이 불가능할 것이라는 그의 예측은 그리 오래 가지 못했다. 19세기 초 몇 차례 항해가 이어지면서 결국 남극대륙은 그 정체를 드러낸다. 1838년 미국은 건국 후 약 반세기가 지나서 '1838~1843 미국 탐험대the United States Exploring Expedition of 1838~1843'를 남태평양과 남극해에 파견한다. 해군 중위 찰스 윌크스가 지휘를 맡았지만 탐험대의 구성은 과학자 위주였고, 그중 최고 인물은 저명한 생물학자이자 지리학자인 제임스 데이나였다.

1840년 초 탐험대는 남극대륙 해안선을 따라 오스트레일리아 남부에서 3200킬로미터 떨어진 남극권의 얼음벽에 도달했다. 윌크스는 해안선을 따라 2400킬로미터 이상을 항해했다. 광대한 이 지역은 나중에야 대륙으로 판명되었지만, 당시 미국 탐험대는 어찌 되었든 거대한 육지에 다다른 셈이었다.

일곱 번째 대륙을 찾아서

북극과 남극의 얼음이 서로 대칭한다는 이유로 지구의 두 극지방이 매우 유사하다는 그릇된 생각을 가질지도 모르겠다. 그러나 남극과 북극에 존재하는 얼음은 근본부터가 다르다. 북극과 남극은 지리적으로 동떨어져 있다는 이유로 모두 극이라 불리지만, 실제로는 적지 않은 차이가 있다. 남극은 남극대륙의 해안가에서 안쪽으로 1370킬로미터 정도 들어가서 나타나는 약 3000미터 높이의 장소를 말한다. 이와 대조적으로 북극의 해저 깊이는 4000미터가 넘고 가장 가까운 해안에서도 720킬로미터나 떨어져서 북극해 한가운데에 자리를 잡고 있다. 양극 모두가 얼음에 덮여 있으나 그 두께는 상이하다. 남극점 아래는 수천 미터에 이르는 얼음으로 덮여 있지만, 북극점은 3~6미터 안팎의 얼음만 물 위에 떠 있다.

두 지점 모두 얼음이 움직이고 있으나 이동 속도 역시 차이가 있다.

남극의 얼음은 연간 9~12미터 정도의 거리를 빙하가 미끄러지듯이 천천히 이동하는 반면, 북극점에서는 바람과 해류가 연간 5~6킬로미터의 속도로 움직인다. 크기로 본다면 남극은 대륙이라는 이름에 걸맞다. 아시아, 아프리카, 북아메리카, 남아메리카보다는 좁지만 유럽, 오스트레일리아보다는 넓다. 게다가 남극대륙은 다른 대륙들과 상당히 많은 지리학적 특성을 공유하고 있다. 대략적인 구조 면에서 모든 대륙은 빙산과 유사한데, 대륙 역시 주위를 둘러싼 대양의 바닥을 구성하는 암석보다 약간 밀도가 낮은 화강암으로 구성되어 있기 때문이다. 물에 떠 있는 얼음 조각처럼 빙산의 일부는 물 위에 떠 있지만, 대부분은 수면 아래에 잠겨 있다. 이와 유사하게 남극대륙도 밀도가 높은 암석층 위에 밀도가 낮은 암석층이 얹혀 있는 형태다.

대양의 밑바닥과 비교할 때 대륙 표면의 평균 높이는 대략 5킬로미터 정도 더 높다. 그러나 상대적으로 저밀도인 대륙의 암석층은 지표면 아래로 30킬로미터 이상을 파고들어 있는데, 이런 대륙의 '뿌리'는 빙산이 대양에 잠겨 있는 모습과 유사하다. 다른 대륙처럼 남극대륙도 오랫동안 복잡하게 형성된 지질의 역사를 갖고 있어, 고대 선캄브리아기의 수정 결정 암석에서 상대적으로 젊은 빙상 결정의 퇴적까지 여러 시대를 품고 있다. 암석은 흔히 화성암, 퇴적암, 변성암으로 분류된다. 남극대륙은 남아메리카 안데스 산맥의 연장으로 볼 수 있는 남극반도와 웨들 해에서 로스 해까지 대륙을 뱀처럼 가로지르는 남극횡단산맥으로 이루어져 있다. 남극대륙의 대부분은 광물 저장고지만 극한 환경 때문에 현재는 어느 누구도 채굴하지 못하고 있다.

남극대륙은 남극 위에 걸터앉아 있다는 점에서 독특한 특성을 갖고 있다. 남극대륙 전체가 남극권 안에 들어 있으며, 4분의 3 이상이 남위

70도 이상 되는 고위도 지역이다. 과연 남극대륙은 언제 남극으로 밀려왔을까 하는 의문이 든다. 남극대륙이 처음부터 거기 있었을까 하는 호기심에 수많은 지질학적 증거는 결코 그렇지 않다고 대답한다. 남극반도를 따라 분포된 중생대의 퇴적암층에는 아름다운 열대 양치류 화석이 남아 있는가 하면, 남극횡단산맥의 고생대 석탄층에는 저위도 지방의 식물상이 잘 보존되어 있다.

남극대륙이 원래부터 그 자리에 있었던 것은 아니다. 지질학적으로는 지극히 최근에 어딘가 다른 곳에서 이동해 온 것이다. 2억 년 전쯤인 중생대 쥐라기에 현재의 남극대륙은 아프리카, 남아메리카, 오스트레일리아, 남극대륙 등으로 분리된 '곤드와나'라는 초대륙(현재의 대륙이 예전에는 하나의 땅덩어리였다고 상정했을 때 가상으로 정한 대륙-옮긴이)의 일부였다. 곤드와나 대륙은 고생대 말기에서 중생대 초기에 존재했던 것으로 추정된다. 그 전의 대륙 형성 과정이 그러했듯이, 이 복합 대륙은 암석 형성, 동식물 진화 등의 관점에서 독특하고 광범위한 퇴적물을 물려받았다. 지리학자와 고생물학자 들은 이처럼 화석을 품은 암석을 '곤드와나 대륙의 특징'이라 명명하고, 이 대륙의 전모를 밝히려고 노력 중이다.

1억 7000만 년 전 플레이트plate(지각과 맨틀 상층부의 판상 부분-옮긴이)의 지각변동이 곤드와나 대륙을 여러 조각으로 분리시키기 시작했다. 바다에 있던 얼음이 고위도 대양의 표면 위로 미끄러지면서 암석의 거대한 조각들이 지구 표면을 따라 미끄러졌고, 여기에 지구 내부의 힘까지 가세했다. 이렇게 대륙이 분리되면서 남반구에는 새로운 지형이 생성되었다. 곤드와나 대륙 안에서 남위 40도 부근에 형성되어 있던 남극대륙은 지금의 북아메리카와 매우 유사한 기후 조건을 갖고 있었다. 이것은 극지방이나 열대 지방의 기후와는 상이한 것이다. 당시 광대했던 삼림과 소택지는 오늘날 남극횡단산맥에 위치한 석탄층이 되었다.

남극대륙, 마다가스카르, 인도, 오스트레일리아, 아프리카 등이 각각 분리되면서 인도양 주변도 자리가 잡혔다. 뒤이어 아프리카에서 남아메리카 대륙이 분리되면서 대서양이 형성되었고, 인도의 땅덩어리는 적도를 가로지르며 북쪽으로 올라가다가 남아시아 대륙과 충돌하면서 히말라야 산악 지형을 만들었다. 한편 오스트레일리아와 남극대륙은 남부로 이동했다.

남극대륙의 독특한 지질 구조 변화는 3000~4000만 년 전에 일어났다. 남극대륙과 함께 북쪽으로 향하던 오스트레일리아는 남극대륙을 남극 부근에 두고 혼자 떨어져 나갔다. 남극대륙은 그보다 훨씬 남쪽으로 미끄러졌고, 그 과정에서 남아메리카와 남극대륙의 연결 부분이 분리되면서, 드레이크 해협으로 불리는 약 800킬로미터의 대륙 간 간극이 생겼다. 그때부터 남극대륙은 남위 60도 부근에서 반지 모양의 남극해에 둘러싸인 상태가 되었다. 이 위도 부근에서는 서에서 남으로 항풍이 불면서 남극대륙을 에워싸고, 혹독한 대양 해류와 남극 해류가 형성된다.

남극대륙의 분리

서쪽에서 남쪽으로 움직이는 남극 해류의 기후적 충격은 대단하다. 실제로 남극 해류는 따뜻한 태평양, 대서양, 인도양의 물이 차가운 남극해와 섞이는 데 제약이 된다. 대서양의 북쪽으로 이동하는 열대 해류인 멕시코 만류를 수용하는 북극해와 달리 남극은 이런 순환 흐름에서 기후적으로 차단되어 있다.

러시아 무르만스크 항은 북극권 상부에 위치하고 있지만 연중 얼음이 얼지 않는 부동항이다. 이에 반해 남극권은 겨울 얼음에서 자유로운 곳이 하나도 없다. 남극대륙의 경계는 여러 가지로 정의되는데, 대륙의 해안선은 지리학적 경계이고, 지질 구조 플레이트는 지질학적 경계이며, 남위 60도선은 남극조약으로 맺은 정치적 경계다.

하지만 남극을 가장 독특한 장소로 만드는 것은 기후학적 경계로, 남극 해류 속에서는 따뜻한 조류에서 극지방 조류로 급변하는 남북 변환이 일어나기 때문이다. 이런 변환은 브라질에서 네그루 강과 아마존 강이 만나 합쳐지는 '강물의 결혼'과는 매우 다른 현상이다. 네그루 강의 검은 물은 황갈색 진흙물인 아마존 강과 섞이면서 불과 몇 킬로미터 지나지 않아 한 가지 색을 띤다. 그러나 남극대륙의 바람과 해류는 상당한 온도 차이를 그대로 유지하면서 물이 섞이는 것을 가로막는다. 이들의 결합은 언제나 냉랭한 좌절로 막을 내리는데, 그 기후적 경계를 남극 수렴Antarctic Convergence이라 부른다.

남극의 해수가 모여 수렴될 때는 수온이 5~6도 가까이 떨어지는데, 이때 기온도 덩달아 하강한다. 때로 안개는 빙산의 존재를 알려주는 표식이 되기도 한다. 처음에는 조금 나타났다가 이내 많아지는데, 남쪽 깊숙이 항해할 때는 유력한 신호가 될 수 있다. 먼저 배의 선교에 있는 레이더 화면에 얼음 조각의 반사로 적지 않은 얼룩이 나타나고, 곧 '떠다니는 거대한 섬'인 빙산이 모습을 드러낸다. 배가 이미 남극대륙의 경계에 들어섰음이 분명해진 것이다.

남극대륙에 다다르면 누구든 원시시대에나 있을 법한 단순한 경관에 압도된다. 바다에서 솟은 산은 순백색 천을 휘감고 우뚝 서 있고, 거대한 뱀 같은 빙하는 1.5킬로미터도 넘게 똬리를 틀고 있다. 또 겉으로는 정지한 듯 보이는 빙산은 아래를 향해 미끄러져 바닷속으로 빨려 들어가고 있다. 대륙을 둘러싼 바다는 전혀 현실 같지 않아서 거인이 빙산을 가로막고 있는 것처럼 보인다. 경관은 힘이 넘치지만, 한편으로는 지극히 고요하다. 1908년 님로드호 선상에서 어니스트 섀클턴은 이 광경을 다음과 같이 기록했다.

> 눈이 닿는 곳 어디든 거대한 흰색 빙산들이 사이사이의 검푸른 물과 현란한 대조를 이루면서 동서남북으로 펼쳐져 있다. 이 엄청난 흰색의 무인 도시 속 조용한 거리로 들어섰지만, 모든 것은 그저 고요하고 신비스러웠다.[3]

거대한 경관은 현혹의 세상이다. 보통 자연 경관에서 시각적 원근감을 형성하던 규모, 거리, 차원 따위가 사라지기 때문이다. 어쩌면 진정한 단순함이란 풍경이 자유로울 때 비로소 모습을 드러내는지도 모를 일이다. 사람, 건물, 전신주, 송신탑은 물론이고 길, 자동차, 제설기 같은 것도 보이지 않는다. 논과 밭도 없고, 비행기도 날지 않는다. 도시라면 어디에나 있기 마련인 간판과 쓰레기 더미도 없다. 자연까지도 단순해진다. 수풀, 나무, 튤립, 해바라기, 개나리도 없고, 늑대, 사슴, 순록도 찾을 수 없다. 귀로 접하는 풍경도 매우 다르다. 거친 엔진 소리, 축제 음악, 빵빵대는 경적 같은 산업화된 소리는 간 곳이 없다.

남극대륙에서 일상적인 것은 바람, 물, 얼음 소리뿐이다. 바람이 시간당 80~100킬로미터로 웅웅 몰아치고, 파도가 바닷가의 화산암이나 얼음 절벽에 부딪혀 웅장한 소리를 내고, 빙하는 바위 계곡 사이로 겨우 몇십 센티미터를 움직이는 동안에도 삐걱댄다. 여기에 고래의 물 뿜는 소리, 물개의 트림하는 소리, 펭귄끼리 서로 부르는 소리 등 야생 고유의 소리가 겹쳐진다. 바다제비, 갈매기, 앨버트로스의 소리가 태고의 적막함을 뚫고 들려온다. 에덴동산의 얼음 세상처럼 인류 역사에서 금단의 땅이었던 '인간 없는 세상'이 펼쳐지는 것이다.[4]

남극은 색채도 특이하다. 물이 많은 지역은 초록색을 띠고, 사막 지대는 빨강, 주황, 갈색이 주를 이루지만, 남극은 흰색과 검은색과 파란색이 독특한 공간을 만들고 있다. 바위 역시 검지 않으면 흰색이다. 빙하의 얼음 표면은 하얗지만, 갈라진 틈에는 짙게 반짝이는 파란색이 배어 있다. 구름 낀 날 깊은 바다는 검은색에 가깝지만, 해가 뜨면 짙은 푸른색으로 변한다. 반짝이는 햇빛과 하늘은 말 그대로 '하늘빛 파랑'이지만, 구름이 낀 날은 낮게 드리운 검은 담요로 변한다. 안개가 짙어지면 3차원의 잿빛 수의가 덮이면서 사람이 느끼는 거리와 방향 감각을 앗아가 버린다.

여름철 남극의 해는 땅 가까이에 있는 법이 없다. 하늘 높이 있거나 지평선에 올라탄 듯이 떠 있다. 해가 질 때는 사방으로 퍼지는 분홍빛으로 곳곳이 물드는가 싶더니, 곧 사위를 휩쓸며 먼 곳부터 천천히 그림자가 내려앉는다. 남극권은 직선으로 돌출된 반도 부분의 절반을 제외한 남극대륙 거의 전부를 포괄하고 있다. 남극의 여름은 참으로 독특하다. 남쪽에서는 해가 지지 않는 낮이 계속되지만, 북쪽에서는 한 시간에서 두 시간 정도 지평선 아래로 해가 가라앉고 미묘한 분홍빛이 남아 있다가 이내 직사광선의 조명이 되돌아오며 시야가 회복된다.

또 종잡을 수 없는 것이 바람이다. 아무런 움직임이 없다가 돌연 강풍이 엄습한다. 매우 차갑고 밀도 높은 공기가 고원과 계곡을 넘나들기 때문이다. 대기권 하강 기류라 불리는 이 바람은 홍수와 흡사하다. 아무런 전조 없이 멋대로 몰아치다가 몇 분 안에 흔적도 없이 사라진다. 물에 떠 있던 배를 갑자기 바위 위로 올라앉게 만들어서, 졸지에 재앙을 당한 사람들을 겁에 질리게 만든다.

하지만 그 어느 것도 거대한 빙산에 직접 다가갔을 때의 감동과는 비교할 수 없다. 빙산의 크기를 어림잡을 수 있는 지표로 나를 남극까지 데려다 준 배를 예로 들면 다음과 같다. 대양을 항해하는 이 배의 길이는 120미터가 넘고 높이도 30미터 이상이다. 이처럼 큰 배도 빙산 옆에 있으면 갑자기 난쟁이처럼 보인다. 길이와 높이에서 엄청난 차이가 나기 때문인데, 마치 병 속의 미니어처 장난감과 같은 꼴이다.

빙산은 대개 얼음이 바다로 미끄러져 들어가면서 깨진 커다란 덩어리거나, 빙붕에서 떨어져 나오면서 형성된 것이다. 하지만 이런 구분은 지극히 형식적이다. 빙붕 자체가 빙하에 의해 형성되기 때문이다. 빙붕의 모양은 빙하의 얼음이 합쳐지면서 변하고 나중에는 평평한 탁자 형태를 띤다. 빙붕이 깨지면서 빙산이 되면, 빙산의 상부는 탁자 모양이 되는데 이것을 탁상빙산이라 부른다.

계곡의 빙하 말단에서 깨어져 분리된 얼음덩어리는 매우 불규칙한 형태를 띠고, 계곡에서 바다로 향하면서 형성되는 크레바스에 따라 각양각색으로 나타난다. 일단 빙산이 바다에 들어가면 이야기의 주역은 바람과 물로 바뀌게 된다. 둥둥 떠 있는 빙산은 거대한 코르크 마개처럼 물속으로 들어갔다 나오기를 천천히 반복한다. 때로는 떠 있는 빙산이 다시 쪼개지기도 하는데, 이때 생성된 2세대 빙산도 무게중심이 안정될 때까지 바다에서 춤을 춘다.

가끔은 이 과정에서 밑에 있던 부분이 완전히 뒤집혀 위로 드러나기도 한다. 또 빙산이 얕은 물로 흘러들면, 바닥에 얹혀 머물다가 수위가 높아져서 다시 떠다닐 때까지 휴식 시간을 갖기도 한다. 이런 휴식이 여러 해 동안 지속되는 경우, 파도에 계속 부딪히면서 빙산의 크기가 줄어든다.

파도의 침식은 얼음과 바다 표면이 만나는 부분에 흘수선 같은 줄무늬를 남긴다. 어떤 빙산에는 이런 흘수선이 다양한 높이와 각도로 나 있기도 하는데, 이는 얼음의 좌초와 재부양, 균형 회복, 분해 등의 역사를 말해준다. 자연이 빙산을 조각하는 과정을 지켜보는 것은 매우 흥미로운 일이며, 무수한 가능성에 대한 상상력을 열어주기도 한다. 우리의 일상에서 구름이 그렇듯 빙산은 극지방에서 상상력의 원천인 셈이다. 섀클턴 탐험대의 인듀어런스호 선장이었던 프랭크 워슬리는 남극 빙산에 대한 영감을 이렇게 적고 있다.

> 거대한 조각과 오래된 부빙이 닳고 깨지고 녹아서 기묘한 모양으로 요동치고 흔들리며 인사를 하는가 싶더니 서로 부딪치면서 이내 서쪽으로 먼 여행을 떠난다. 작은 조각들이 주위에 모여들며 덜덜거린다. 희한한 모양의 백조가 뱃전을 쪼아대고, 기린이 젓는 곤돌라가 부딪힐 듯 달려드는데, 마치 악어 머리에 올라앉은 오리를 놀리는 것 같다. 모스크 꼭대기에 기대어 있는 곰이 배의 돛을 붙잡을 듯 달려든다. 스위스의 오두막에서 막 튀어나와 전함 갑판에 올라타려는 코끼리가 물끄러미 앉아 있다. 사자의 이빨을 잡아당기면서 너무 낄낄대는 바람에 바다에 빠진 하이에나가 저만치 보이는가 하면, 진짜 펭귄 세 마리가 무슨 재미있는 일 좀 있었냐는 듯 멋진 아치 아래를 느긋하게 지나간다. 성엣장으로 덮인 바닷가는 아름다

웠던 하얀 도시의 파편과 튼실한 기둥을 가진 엄청난 크기의 버섯에 둘러 싸여 있다. 참으로 신비롭고 환상적인 모양들이 웅장한 운율에 따라 떴다 가라앉는다. 바스락거리며 속삭이다가도 메아리가 쿵쿵 울려 퍼지는 바다, 수면을 따라 펼쳐진 선연한 초록빛과 순백의 순수와 서늘하도록 푸른 그림자가 어우러진 바다.[5]

대체 무엇이 사람들을 남극의 얼음으로 불러들였을까? 명예, 영광, 모험, 출세가 탐험가와 해군 장교를 끌어들였을 것이고 재산, 영토, 지정학적 패권이 상업적 · 국가적 지원 세력의 중요한 동기가 되었을 것이다. 20세기 초 북극해를 둘러싼 모든 육지가 러시아, 미국, 캐나다, 덴마크, 노르웨이에 복속되었지만, 당시는 아직 연중 얼음으로 덮인 북극해가 상업적 목표나 국제적 관심을 일으킬 때가 아니었다. 하지만 남극대륙은 사정이 달랐다.

'남극'이라는 파이를 분할하기

19세기 말은 북극과 남극 탐험이 성공을 구가하던 시절은 아니었다. 그런데도 남극 통행로는 주인 없는 빈 땅이라는 점에서 제국주의 영토 논쟁을 불러일으켰다. 1884년 베를린 회의는 유럽의 이익을 위해 아프리카를 분할했고 프랑스, 독일, 벨기에, 포르투갈, 영국, 이탈리아, 스페인 등이 아프리카 지역의 95퍼센트가 넘는 땅에 식민 정부를 세웠다.

그때까지만 해도 남극대륙은 영토권 분쟁에 말려들지 않고 있었다.

식민지를 표시하는 지도에 분홍색, 보라색, 초록색 등의 영광을 더해 줄 수는 있었지만, 국부 획득과 우선 통행권 등에 큰 도움이 될 것 같지는 않았던 것이다. 대서양과 태평양을 연결하는 드레이크 해협을 장악할 수 있다는 점에서 약간의 군사 전략적 가치는 있었지만, 이마저도 1914년 파나마 운하가 개통되면서 별 의미가 없게 되었다.

20세기에 들어서고 10년이 지날 즈음, 아프리카 식민지 정권 수립을 완료한 유럽 국가들은 뒤늦게 남극해 연안 탐사와 개발에 나섰다. 그리하여 노르웨이, 스웨덴이 남반구의 오스트레일리아, 뉴질랜드, 아르헨티나 등과 손을 잡았다. 노르웨이와 영국은 남극대륙의 중심부를 관통해 각각 1911년 12월과 1912년 1월 남극점에 도달했다. 영국은 남극점에 도달하기도 전인 1908년에 서둘러 영토 주권을 주장하기도 했다.

1차 세계대전 때는 유럽 열강이 제국의 패권을 두고 싸우느라 소강상태였지만, 그 후 25년 동안은 오스트레일리아, 뉴질랜드, 프랑스, 노르웨이, 칠레, 아르헨티나가 남극대륙의 소유권을 주장하고 나섰다. 이런 주장은 남극점을 중심으로 마치 파이를 자르는 듯한 선을 만들어냈다. 얄궂게도 칠레, 아르헨티나, 영국의 영토 구획이 겹치면서, 2차 세계대전 막바지의 북반구 분쟁이 남극대륙 소유권 다툼으로 옮겨진 꼴이 되고 말았다.

2차 세계대전이 끝나고 새로운 세계 지배력이 태동하면서 미국과 소련이 주도하는 냉전 체제가 등장했다. 미국은 남극 문제에 적극적이었는데, 1840년 지질학적 탐험을 시도했던 미국 탐험대와 1929년 로스해의 웨일스 만에 설치된 리틀아메리카 기지에서 리처드 버드 사령관이 시도한 남극 비행 등이 대표적인 사례다. 2차 세계대전이 끝나자 미국은 리틀아메리카 기지에서 특수부대원 4700명, 군함 12척, 비행기 9대를 동원해 '하이점프'라는 군사훈련을 실시했다.

소련은 남반구에서 신참에 속했다. 러시아는 1819년에서 1821년까지 파비안 폰 벨링스하우젠의 지구 일주를 지원해 1820년에는 남극 탐험까지 했지만, 그 후로는 이렇다 할 움직임이 없었다. 2차 세계대전 후 10년이 지나자 냉전은 제자리를 잡았고 베를린 봉쇄, 한국전쟁, 핵무기 등이 전개되었다. 소련은 지구 전체를 상대로 무력시위를 펼쳤는데, 얼마 지나지 않아 냉전 바람이 남극까지 불어온 것은 당연한 수순이었다. 소련은 남극의 영토 개념을 인정할 수 없다면서, 1950년에 자국의 참여 없이 정해진 어떠한 결정도 법적 효력이 없다고 천명했다. 붉은 곰의 으르렁대는 소리가 하얀 대륙으로 퍼져 나간 것이다.

미국도 기존의 모든 영토 주장을 인정하지 않겠다며, 남극점에 구축한 것은 그저 연구 기지일 뿐이라고 강조했다. 대륙 파이의 중앙인 남극을 점유한 미국은 남극에서 360도 전 방위에 걸친 장악을 상징적으로 주장할 수 있었다. 그러나 이는 단지 상징적인 실력 행사였을 뿐, 공식적으로 반제국주의적 정책을 내걸고 있던 미국은 계속해서 남극의 영토화 주장에 제동을 걸었다.

남극반도를 사이에 놓고 아르헨티나, 칠레, 영국 간의 정면 대결이 예상되던 중, 1948년 칠레가 돌연 영토 문제를 향후 5년 동안 유예하고 3자가 합동해 과학 분야에서 협력하자는 제안을 내놓았다. 이듬해 3국은 남위 60도 이상 지역에서 전함의 항해를 금지하는 조약을 체결했다. 하지만 1952년 아르헨티나가 몇 년 전 화재로 일부가 손상된 영국 기지에서 불과 몇백 미터 떨어진 호프 만에 기지를 건설했다. 그해 말 영국이 기지를 재건하려고 하자 아르헨티나군이 영국의 건설 책임자에게 경고 사격을 가하는 사태가 벌어졌다. 남극 역사에서 등장한 최초의 발포로, 남극의 평화로운 미래에 해가 되는 조짐이었다. 이에 영국은 건설 현장을 보호한다는 구실로 자국 해군을 끌어들였다.

결국 일촉즉발의 분쟁을 완화하고 국익을 앞세운 다툼을 방지해 악화일로를 걷는 남극의 불안한 상황을 타개할 현명한 대안이 필요해졌다. 이해 당사국들은 남극대륙이 과학과 평화의 현장이 될 수 있는 방안이 없을까 머리를 맞대기 시작했다. 그 결과 1957~1958년 '국제지구관측년International Geophysical Year'(이하 IGY)이란 새로운 개념이 등장한다.

국제극관측년

고위도 지방에 초점을 맞추어 국제 과학의 해를 선포하자는 생각은 새삼스러운 것이 아니다. '국제극관측년International Polar Year'(이하 IPY)이 처음 등장한 것은 제국주의의 칼날이 아프리카를 조각낼 준비를 하고 있던 1882~1983년이었다.[6] 대기 순환과 기상이 극지방의 영향을 많이 받는다는 사실, 지구 자극 탐사가 나침반을 이용하는 항해에 매우 큰 도움이 될 것이란 예상 등이 다국 간 협력을 바탕으로 한 연구 기획을 낳았다. 극지역의 작업은 쉬운 일이 아니다. 각국이 공동 기획을 통해 위험과 비용을 분담하고 서로 지정학적 감시까지 하려면 대립보다는 협력이 현실적이었다.

최초의 IPY 탐사는 북극이 대상이었지만, 그중 세 탐사대는 남극으로 향했다. 두 번째 IPY는 반세기가 지난 대공황 때에 시도되었고, 그

것도 예전과 같이 북극이 주요 대상이었다. 세 번째 IPY는 2007~2009년에 전개되었다.

국제지구관측년과 남극조약

1957~1958년 IGY는 과학적 · 지정학적으로 큰 성공을 거두었다. 과거에 저질렀던 지정학적 과오를 피해보자는 절실함이 있었기 때문이다. 또 예전에 비해 엄청나게 높아진 극지방에 대한 관심과 보급 기술의 발달에 새로운 과학 기술까지 합류하면서, 1957~1958년의 탐사를 기회를 향한 창으로 인도했을 수도 있다. 1957년 최초로 지구 궤도를 순회한 소련의 인공위성 스푸트니크 1호와 그로부터 4개월 뒤에 발사된 미국의 익스플로러 1호 등이 이런 신기술을 상징적으로 대변하고 있다. 모든 국가의 탐사 자료를 공유하기로 한 국제자료센터의 설립은 그런 과학적 협력의 정수라 할 수 있다.

IGY에 참여한 대다수 국가는 남극에서 과학 연구와 협력 활동의 모범 사례가 영속되기를 바랐다. IGY의 기조는 외교적 문서인 남극조약으로 옮겨져 1959년 미국, 소련, 영국을 비롯해 역동적으로 활동하던 9개국에서 비준되었다.

이 조약은 많은 논제를 담고 있지만, 그중 몇 가지는 더욱 분명히 명시되어 있다. 1조에서 남극대륙은 평화의 대륙으로 천명되며 비군사 지역으로 남기기로 약속한다. 2조에서는 남극을 과학을 위한 대륙이며 과학적 탐사와 협력을 위해 자유롭게 공개된 지역이라고 규정한다. 어느 국가라도 자국 권한을 강요하거나 여행을 제한할 수 없으며,

영토 분쟁을 야기할 우려가 있는 주장은 제거한다. 나중에 채택된 야생보존협약에서는 탐사와 광물 자원 채굴을 2043년 이후로 유예할 것을 명시했다.

1991년 이 조약에 대한 지지가 재확인된 후 현재까지 40여 개국이 합류하면서, 상호 동의에 의한 분할 관리가 새로운 형식의 국제 관계로 정립되는 본보기가 되고 있다. 이처럼 남극대륙이 평화, 다국 간 협력, 과학 연구, 착취 반대의 이정표로 우뚝 서게 된 것은 IGY와 남극조약이 이룬 괄목할 만한 성과다.

북극에서의 '통치'

앞서 잠시 얘기했듯이, 북극 지역의 영토 주장은 남극과 달리 조용한 상태가 아니었다. 북극해 주변국의 국경은 상당히 허술하게 구분되어 있고, 유래가 분명하지 않은 몇몇 섬의 영토권은 조약에 의해 확정되었다. 인접 국가의 영토권이 북극해를 향해 얼마까지 연장될 수 있느냐는 문제에는 분쟁의 소지가 있을 수밖에 없는데, 영구적인 바다 얼음이 자원 채굴에 매우 골치 아픈 존재이기 때문이다. 이 문제와 관련된 국제법이 유엔 해양협정에 구체화되어 있지만, 미국은 아직 비준도 하지 않은 상태다.

20세기 중반까지 북극해는 이렇다 할 상업적 중요성 없이 군사적 중요성만이 대두되었고, 소련과 미국은 이런 상황을 잘 알고 있었다. 1958년 원자력 잠수함 노틸러스호가 시애틀을 출발해 북태평양의 일상적인 순항에 나섰다. 그러나 1768년 쿡 선장과 인데버호가 그러했듯, 이 잠수함도 비밀 임무를 부여받았다. 북태평양 수면에서 사라진 노틸러스호는 비밀리에 베링 해를 통과해 북극해로 들어갔다. 노틸러스호는 북극 해저 분지의 지형도를 그리고 수면의 얼음 두께를 측정했다. 또 해빙을 부수고 북극점에 도달한 뒤 '노틸러스 현 위치 북위 90도'라는 간결한 메시지를, 1950년대 과학과 공학이 이룩한 승리의 또 다른 증표인 인공위성을 통해 보냈다. 이는 노틸러스호가 북극점에 도착하기 몇 달 전에 이미 인공위성이 세계 최초로 이곳에 도달했다는 뜻이기도 하다. 노틸러스호가 북극점에 등장했다는 사실은 전 세계에 미국 해군의 힘이 미치지 않는 곳은 없다는 선언을 의미했다. 함장 윌리엄 앤더슨은 북극해의 얼음 몇 조각을 미국 원자력 잠수함의 아버지라 불리는 하이먼 리코버 제독에게 기념으로 가져왔다.

무르만스크를 모항으로 하던 소련의 원자력 잠수함 함대 역시 북극해의 군사적 중요성을 알고 있었다. 뾰족한 대안이 없는 상황에서 북극은 잠수함에서 발사하는 미사일의 사정거리 안에 미국 영토를 둘 수 있는 은폐 경로이기도 했다. 수십 년의 냉전 기간 중에 잠수함은 술래잡기의 주인공이었기 때문에, 북극해의 얼음장에 덮인 채 잠항하는 이동 경로도 면밀히 감시받는 상황이었다.

이런 상황의 부산물로 북극에 관한 과학적 자료가 지속적으로 늘어나 북극 해저 지형, 얼음 두께, 북극 자기장의 특성, 대양을 통과하는 소리의 속도 등 수많은 자료가 축적되었다. 이런 자료의 집결지는 한 곳이 아니라 두 곳, 즉 미국과 소련이었다. 북극의 지도와 수심 측량 자료는 잠수함이 숨을 만한 장소를 알려주고, 자기장 관련 자료는 잠수함이 어떻게 자취를 감추거나 위장하는지에 대한 정보가 되었기에 군 정보기관에 유용했다. 미국과 소련은 북극해에서 잠수함이 처한 환경을 지구물리학적으로 조사하면서 마치 평행선을 그리듯 유사한 자료를 모으고 있었다.

그러던 차에 1991년 소련이 해체되면서 냉전시대가 막을 내렸다. 1992년 말, 보리스 옐친과 빅토르 체르노미르딘은 각각 러시아 연방의 대통령과 총리를 맡고 있었다. 한편 미국에서는 빌 클린턴과 앨 고어가 대통령과 부통령으로 선출되었다. 두 나라의 새로운 지도자들은 협력을 향한 신선한 기회를 제시했다. 이듬해 정상회담에서 클린턴과 옐친은 냉전의 맞수였던 양국의 협력을 촉진하기 위해 고어와 체르노미르딘을 공동 대표로 하는 위원회를 구성했다. 위원회의 첫 관심사는 우주, 에너지, 고급 기술이었지만, 곧 건강, 농업, 과학, 환경 등도 포함되었다. 1년도 안 되어 양국은 북극의 환경문제에 관한 조약을 체결했다.

고어와 체르노미르딘은 북극해의 지구물리학적 자료를 중복되게 수집한 두 나라가 자료를 따로 소장하는 것이 더 이상 군사적 이익이 되지 않는다는 데 이해를 같이했다. 양국은 국제 과학의 장에 자료를 공개하기로 결정했다. 수심, 수온, 염도, 얼음 두께, 해류 지도, 기상학 관측 등이 포함된 수많은 자료가 비밀 창고에서 풀려나와 햇빛을 보게 되었고, 미국과 소련이 공동으로 제작한 북극해 지도가 1997년에 출판되었다. 부통령 앨 고어는 "인류 환경과 관련해 과학이 그토록 고대했던 자료들이 추위 속에서 풀려났고, 엄청난 지식의 문이 열렸다"라며 반가워했다.[7]

고어와 체르노미르딘의 예상은 맞았다. 1948년에서 1993년 사이에 수집된 자료들은 현재 북극에서 일어나는 변화와 비교할 만한 역사적 토대를 제공했다. 왜냐하면 이 자료들이 21세기에 들어 극심하게 확대된 계절적 손실, 특히 여름철 얼음의 감소를 가늠할 수 있게 해주었기 때문이다. 국제 협력의 기운이 무르익으면서 2004년 북극 시추 탐사대가 구성되었다. 10여 개국의 과학자들로 구성된 탐사대에는 미시간 대학의 해양지질학자 테드 무어도 포함되어 있었다. 시추 탐사대는 북극해 바닥을 시추해 5500만 년 전 고위도 지방의 지질학적 기록과 기후 변화에 관한 흥미로운 자료를 발굴했다.[8] 5500만 년 전 지구의 기후는 매우 따뜻했으며, 그런 조건 때문에 오랫동안 대양저에 갇혀 있던 메탄이 대기 중에 방출되었다. 또 그때가 지구 전체에 얼음이 없었던 마지막 시기였다는 것도 알게 되었다.

하지만 이처럼 개방적인 분위기였던 북극해 주변이 다시 냉각되고 있다. 북극의 얼음이 급격히 줄면서 수천 년 넘게 불가능했던 북극해에 접근할 수 있게 되었기 때문이다. 북극해 주변국들이 원유, 천연가스, 통상 항로, 어업 등의 가능성을 그려볼 수 있게 된 것이다. 그것은 북극해에 적용되는 해양법을 새롭게 해석하려는 관심이 증가할 수밖에 없는 이유이기도 하다. 이 새로운 지정학적 이상 기류는 지난 수십 년 동안 여름의 북극해를 덮고 있던 얼음이 빠르게 사라지면서 더욱 증폭되고 있다.

극지방 여행자의 등장

인류는 땅, 하늘, 물 등 머무는 곳이면 어디든 흔적을 남긴다. 인구와 에너지 사용이 급격히 증가하면서 인류의 족적은 거의 모든 곳으로 확장되고 있다. 우리는 인간의 흔적이 없는 곳으로 곧잘 얼음에 덮인 남극, 북극, 그린란드 등을 떠올린다. 18세기에서 20세기까지 고위도 지방은 탐험가, 고래나 바다표범잡이, 과학자, 해군 함대만이 다가갈 수 있었고, 많은 탐사대는 이런 다양한 목적이 혼합되어 꾸려졌다. 원정대의 공통된 어려움은 접근 곤란과 극한의 생활조건, 1년 중 절반을 차지하는 어둠의 위험이었다.

하지만 그런 장애도 기꺼이 모험을 감수하려는 사람들을 가로막지는 못했다. 1910년 앱슬리 체리 게라드라는 사람은 로버트 스콧이 주도한 테라노바 남극 탐험대에 지원서를 냈다가 반려되자 1000파운드(요즘으로 치면 10만 달러에 가까운 돈)를 기부하며 참가를 승인받기도 했다.

1960년대가 되면서 극지방 여행자와 탐험가에게 새로운 길이 열렸다. 군사적 지원, 과학적 지원, 기업체의 후원 없이도 고위도에 다다를 수 있는 교통수단이 등장했기 때문이다. 상업적인 탐험 여행용으로 건조된 최초의 선박은 린드블래드 익스플로러호로, 오지 여행의 가능성을 알아챈 스웨덴 출신의 탐험가 라스 에릭 린드블래드에 의해 만들어졌다. 1969년에 진수된 린드블래드 익스플로러호는 남극반도와 로스해에 모험심이 가득한 관광객들을 싣고 갔다. 대서양에서 캐나다 북극권의 북서 항로를 경유해 베링 해까지 간 다음, 여기서 다시 북극해로 들어가 북대서양 끝 북위 78도의 스발바르 제도(노르웨이령)까지 가는 것이었다(북서 항로는 북대서양에서 캐나다의 북극해 제도로 빠져서 태평양으로 나오는 길을 말한다－옮긴이).

색깔이 밝은 빨강인 린드블래드 익스플로러호는 '작은 빨강 배'라 불리기도 했다. 쇄빙선은 아니었지만 얼음을 견딜 수 있는 이중 선체였기에 느리게나마 느슨한 얼음 조각을 옆으로 밀어내며 항해할 수 있었다. 승객 100여 명을 태울 수 있는 크기였고, 여름철 남극에서는 1000여 명을 싣고 순항할 수도 있었다.

1990년 내가 처음 남극을 찾았을 때는 미시간 대학의 육상경기장을 가득 채울 정도의 사람들이 남극에서 아침을 맞고 있었다. 이런 숫자는 무려 11만 명이 들어가는 미국 최대의 운동장을 채울 정도로, 인류 역사 이래 남극을 방문한 최대 인파일 것이다. 하지만 10년이 지난 뒤에는 그 규모가 더욱 커지고 말았다.

작은 선박, 큰 선박, 쇄빙선 할 것 없이 온갖 배가 남극으로 여행객을 실어 날랐다. 지구온난화로 남극이 완전히 변하기 전에 남극의 장관을 보겠다는 폭발적인 관심이 쏟아졌다. 요즈음은 연간 약 50척이 관광객 4만 5000명을 남극으로 나르고 있다. 이중에서도 남아메리카의 남쪽 끝에서 남극반도로 가는 관광 항로가 가장 인기가 있다. 가장 짧은 이 항로는 고작 900킬로미터밖에 안 되는데, 뉴질랜드에서 오는 항로에 비하면 겨우 5분의 1에 지나지 않는다. 또 태평양 연안을 항해하는 스페인 선박을 괴롭혔던 16세기 영국 해군 예하의 사나포선(전시에 적선을 나포하는 면허를 가진 민간 무장선－옮긴이) 선장 프랜시스 드레이크의 이름을 딴 남극해의 드레이크 해협을 통과하는 해로이기도 하다.

남아메리카에서 남극까지는 이틀밖에 안 걸리지만, 반드시 드레이크 해협을 통과해야만 한다. 좁은 데다 폭풍우가 거센 드레이크 해협은 남극 여행을 언짢게 만드는 것으로 악명이 높다. 안정성이 뛰어난 최신 대형 선박이라도 예외는 없다. 최소한 거친 바다에서 48시간을 지낼 각오가 되어 있어야 남극에 다다를 수 있다. 이물에 부딪히면 선교 끝까지 포말을 날릴 정도로 큰 3미터 넘는 파도를 견딜 각오가 필요한 것이다. 배 안의 가구가 기울어지고, 도자기 제품이 탁자에서 움직이는 것은 다반사다. 파도에 실려 올라갔던 배가 물 위로 내려앉는가 싶더니 다시 바다를 향해 내리꽂히고, 이때 들려오는 쿵쿵거리는 소리는 마치 프로펠러가 돌아가는 듯하다. 큰 파도가 지난 뒤 바깥으로 잠시 튕겨나간 듯 보이던 배는 다시 바다를 향해 달려들 준비를 하며, 남쪽으로 항로를 다잡는다. 하지만 가끔은 이 해협도 잠잠할 때가 있어 '드레이크 호수'라는 애칭을 듣기도 한다.

남아메리카를 떠난 지 이틀 뒤면 관광객은 하얀 대륙에 닿는다. 남극반도 주위의 바다는 성역이라도 되는 양 고요하다. 일단 남극 바다에 이르면 관광객은 작은 조디악 보트에 갈아탄 후 해변을 밟게 된다. 모터가 달린 10명 정원의 이 고무보트는 과학자든 여행객이든 모두가 애용하는 남극의 단거리 교통수단이다. 보트가 해변에 상륙할 때는 마치 해병대처럼 물가의 얕은 파도 속으로 뛰어내린 후 급하게 땅으로 달려가야 한다. 일단 상륙하면 관광객은 펭귄과 바다표범 서식지를 찾아보고 만년설, 빙하, 산지 경관을 보기 위해 가파른 비탈을 오르게 된다. 조디악 보트는 얼음을 구경할 기회를 제공하기도 하는데, 바람이 빙산들을 밀어 옴짝달싹 못하게 만드는 바람에 '빙하의 묘지'라 불리는 만에서도 조디악은 빙하를 가로지르면서 얼음을 보여준다.

'제7대륙'에 자신만의 발자국을 남기고 싶어하는 관광객은 이미 세계 곳곳을 여행한 사람들이다. 남극 관광 규칙은 안전상의 이유로 한 번에 100명 이상이 바닷가에 체류하는 것을 금하고 있다. 날이 갈수록 관광 기획과 항해 기술 등도 발달하고 있다. 남극 여행객은 일생에 한 번뿐일지도 모르는 기회를 온전히 만끽하고 싶어서 온 사람들이다. 희한하게도 관광객들이 마지막에 꼭 보고 싶어하는 것은 파라다이스 만에 정박해 있는 다른 배, 전망대를 오르며 즐거워하는 관광객, 거대한 빙산 사이를 누비는 조디악 보트 같은 것이다. 관광객이라고 모두가 원시시대 같은 남극만 원하는 것은 아니기 때문이리라.

탐사 대장과 선장은 본격적인 관광철이 시작되기 한참 전에 미리 상륙 장소와 시간을 통제 본부에 제출해야 한다. 이는 유명한 박물관 관람을 사전 예약하는 것과 비슷하다. 하지만 남극해에서는 변화무쌍한 바람, 안개, 얼음 등이 자주 일정을 흔들어놓는다. 사전 계획이 규정이라지만, 매일 변경되는 것이 오히려 현실이다. 그렇다면 남극 안내는 누가 맡을까? 대개는 자연 전공자라고 할 수 있는 조류학, 해양생물학, 지리학, 빙하학, 기상학, 해양학 전문가로 주로 과학 활동을 통해 남극과 북극 지방의 경험을 가진 모험심 넘치는 사람들이다.

항해 선박이 늘어나면서 남극에 익숙한 사람들도 더 많이 필요하게 되었다. 현재 이런 일에 적합한 사람은 기껏해야 500명도 되지 않지만, 이들이 50척 이상의 배에 나뉘어 계절에 따라 임시직이나 상근자로 일하고 있다. 그중 상당수가 조디악 보트 항해 경력이 몇 년씩 있는 사람들이다. 남극의 상황은 험한 바람, 세찬 파도, 거대한 빙산과 함께할 도전을 기다리고 있다.

나는 몇 년 동안 이처럼 대단한 사람들과 함께 일할 특전을 누린 적이 있다. 동료들 사이에서 '남극의 러스'라 불리는 러스 매닝은 북극 지방의 나누크족 출신인데, 울긋불긋한 더벅머리를 날리며 아무리 날씨가 나빠도 절대 모자를 쓰지 않는다. 러스 매닝은 15년 경력의 영국 해군 고참으로 나중에는 사우스오크니 제도의 시그니 섬에 있는 해군 남극과학관측 기지를 2년 동안 지휘하기도 했다. 그는 넘치는 활력으로 무슨 일이 닥치든 돌파할 수 있었고, 재앙으로 변할 상황을 미리 알아챌 정도였다.

1907~1909년 어니스트 섀클턴의 님로드호 탐사와 1910~1912년 불운했던 로버트 스콧의 테라노바 탐사에 참가했던 지리학자 레이먼드 프리스틀리는 남극 탐험에 대해 이렇게 표현했다. "과학적 발견이라면 스콧, 답사의 효율성이라면 아문센이겠지만, 상황이 절망적이고 어떤 탈출로도 없다고 느껴진다면 그때는 무릎을 꿇고 섀클턴에게 기도를 올리는 게 최선이다." 하지만 지금 나에게 긴박한 상황이 닥친다면 러스 매닝에게 무릎을 꿇고 기도할 것이다.

'귀여운 스코틀랜드 아가씨'로 불리는 킴 크로스비는 남극반도의 커버빌 섬에 관한 연구로 박사 학위를 받은 후에 탐험 관광선의 여객 관리자가 되었다. 체격은 좀 작지만 지도력이 뛰어난 크로스비는 키를 넘기는 파도 속에서도 조디악을 해안으로 끌어내고, 허리까지 차는 커버빌 섬 정상의 눈밭에서도 무모한 여행객들을 지휘한다. 우연히 여성으로만 구성된 조디악 팀이 할당되자, 크로스비는 신의 부대GODS: Girls Only Driving Squadron라는 별명을 붙이기도 했다. 요즘 크로스비는 국제남극여행운영협회의 관리자이자 《사우스조지아 여행 가이드》의 공저자로 두각을 나타내고 있다.

팀 보우먼은 센트럴오클라호마 대학의 역사학 교수다. 오하이오 주립대 대학원생 시절, 그는 남극의 마리버드랜드 탐사대에 이름뿐인 인문학자 역할로 참석했다. 그러나 이렇게 시작된 보우먼의 탐험은 탁월한 남극 역사학자로서 여러 권의 전공 서적을 출간하고[9] 순항선에 탑승해 남극의 역사를 강의하는 데까지 이르렀다. 또 남극 해안에서 열 번도 넘는 계절을 보내면서 펭귄 종류를 식별하는 데도 대가가 되었다.

북극 관광

남극으로 관광객을 끌어들이는 요소 중 상당수가 북극에도 그대로 적용된다. 스피츠베르겐 섬을 포함해 다도해라고 불리는 스발바르 제도는 북극권의 노르웨이와 그린란드 북쪽에 있다. 스피츠베르겐 섬은 해로와 육로 모두 쉽게 접근할 수 있고 순록, 해마, 북극여우, 북극곰을 비롯한 다양한 조류까지 서식하고 있어서, 빙하뿐만 아니라 풍부한 야생을 보려는 사람들이 많이 찾는 지역이다. 이곳에 살고 있는 북극곰은 500마리 이상으로, 스피츠베르겐 거주 인구보다 두 배나 많다. 그래서 관광객은 고성능 장총을 휴대한 숙달된 안내원과 함께하게 된다.

그린란드는 남극의 축소판 같은 곳으로 북위 60도에서 82도 사이에 위치하며, 가로는 1100킬로미터쯤 되고 남북 길이는 2400킬로미터가 넘는 땅이다. 대부분이 1.5킬로미터 정도 두께의 얼음장에 덮여 있고, 가장 두터운 곳은 3킬로미터가 넘으며, 전체 얼음의 부피는 남극대륙의 약 10분의 1이다. 유럽에서 미국으로 갈 때 10킬로미터 고도로 비행하는 항공기를 타면 그린란드의 남쪽 일부를 볼 수 있다. 구름 없는 날 창가 쪽에 앉은 승객은 얼음과 바위가 어우러진 멋진 바다를 조망할 수 있을 것이다.

바다를 멀리서 보면 자그마한 흰색 물방울무늬가 염색된 파란 천처럼 보이는데, 실제로 이 물방울무늬의 주인공은 그린란드에서 떨어져 나와 바다로 흘러든 빙산이다. 좀 더 다가가면 이 무늬가 아무렇게나 배치된 것이 아니라, 북쪽 만으로 향하는 해류의 주변을 따라 천천히 소용돌이치면서 수십 킬로미터 규모의 거대한 원으로 점점이 떠 있음을 알 수 있다.

하지만 하늘에서 보는 광경만으로 진짜 관광을 말할 수는 없다. 진짜 구경거리는 아래에 내려서야 비로소 볼 수 있기 때문이다. 관광객을 실은 소형 선박은 북서 해협의 동쪽 입구로 들어선 뒤, 캐나다와 그린란드 사이의 데이비스 해협과 배핀 만을 통과해 그린란드 서해안을 따라가며 빙산과 피오르를 보여준다. 지상 관광은 노르웨이, 스웨덴, 핀란드 북부를 따라서 할 수 있다. 북극권을 한참 넘어선 스웨덴 라플란드 지방의 유카스에르비 마을에 가면 실제로 얼음을 파서 만든 얼음 호텔에 머물 수도 있다.

1989년 소련이 붕괴되면서 도래한 경제적 곤란으로 러시아의 쇄빙선과 연구선은 운영과 유지 보수에 필요한 다른 활로를 찾아야 했다. 그리하여 이들 선박 중 일부가 극지방의 관광객 수송에 투입되기 시작했고, 이제는 아예 남극 관광의 주역으로 활동하고 있다.

한편 북극권의 핵심은 북극점 관광이었고, 그렇게 하기 위해서는 얼음을 깨어 길을 내는 거대한 쇄빙선이 꼭 필요했다. 북극 여행의 출발지로는 러시아 북서 지방의 무르만스크가 일반적이다. 무르만스크는 북극권보다 훨씬 위쪽에 있지만, 연중 얼음이 얼지 않는 부동항이고, 스칸디나비아를 돌아 북극해로 들어오는 북대서양 해류 덕분에 비교적 따뜻한 곳이다. 게다가 북극에서 약 2400킬로미터밖에 떨어져 있지 않아 배로 일주일이면 북극에 도착한다. 그 중간쯤에 위치한 프란츠 요제프 제도는 극지방 식생이 풍부하고 탐험 역사에도 꼭 언급되는 장소다. 노르웨이 탐험가 프리드쇼프 난센과 얄마르 요한센은 1896~1897년 겨울을 이곳에서 보낸 후 북극 탐험을 향한 발걸음을 내디뎠다. 하지만 결국 그들의 탐험은 실패로 끝났다.[10]

프란츠 요제프 제도를 통한 북극 항로는 고난의 길이지만, 거대한 쇄빙선의 탄생에 일조한 곳이기도 하다. 3미터 두께의 얼음이 북극해를 목걸이처럼 휘감고 있어 관통 항로를 꼭 개척해야만 했다. 2만 3000톤의 관록 있는 러시아 쇄빙선 '야말'은 무르만스크를 모항으로 하고 있다. 쇄빙선 앞에는 강력한 칼날이 설치되어 있지만, 그 칼날로 얼음을 깨는 것은 아니다. 실제로는 둥근 선체를 이용해 얼음 위에 올라탄 후, 자체 중량으로 얼음을 눌러 부수는 방식으로 전진한다. 이런 과정 때문에 항해가 매우 시끄럽고, 극지방에 다가갈수록 항해 시간이 점점 더 길어진다. 미끄러지듯 바다를 헤쳐 나가는 것이 아니라, 고성능 동력으로 끊임없이 소음을 만들어내며 전진하는 것이다.

쇄빙선 야말은 프란츠 요제프 제도를 떠난 후 2~3일이면 북극에 다다른다. 관광객은 얼음 위에 기어올라가 도착 기념으로 북극 주위를 돌고 얼음판 위에 자리를 잡은 다음 소풍을 즐긴다. 하지만 이 바다의 얼음판 탁자는 너무나 변화무쌍해서 그다지 믿을 만한 것이 못된다. 2000년 8월에 야말은 그런 탁자를 부순 후 바다를 열어 북극에 다다랐다.

극지방의 위험 요소

북극과 남극의 주위 환경이 몰인정하다는 것은 일찍부터 여러 탐험대를 통해 잘 알려져 있다. 극지방 관광에 경종을 울릴 정도의 불행한 사태도 이미 여러 건 있었다.

1977년 뉴질랜드 항공사는 뉴질랜드에서 출발해 몇 시간 동안 기내에서 남극 경관을 구경하고 다시 회항하는 남극 횡단비행을 시작했다. 하지만 이 특별 관광 사업은 1979년 갑자기 끝을 맺어야 했다. 관광객을 가득 태운 비행기 한 대가 로스 해 지역에 있는 에레보스 산에 충돌했기 때문이다. 이 사고로 탑승객 257명 전원이 사망했다.

1989년 1월 28일 아르헨티나 보급선 바히아 파라이소는 남극의 미국 연구소인 파머 기지를 떠난 지 얼마 되지 않아 암초에 부딪히는 바람에 선체가 약간 찢어졌다. 다행히 승무원과 관광객은 구명정에 실려 파머 기지로 귀환했지만, 파머 기지의 수용 인원은 40명 내외였기 때문에 추가로 들이닥친 200명의 불청객은 기지에 상당한 문제가 될 수밖에 없었다. 근처에 있던 두 대의 관광선 익스플로러호와 일리리아호가 급파되어 생존자를 북쪽에 있는 킹 조지 섬의 칠레 기지로 수송했다. 바히아 파라이소호는 조류에 밀려 주위를 떠돌다 얕은 해안에 좌초되었고, 이 배의 녹슨 선체는 지금도 지나가는 배에서 쉽게 볼 수 있다.

남극대륙에서 가장 많은 방문객을 맞이하는 곳은, 얼음에 덮여 있으면서도 여전히 화산 활동 중인 디셉션deception 섬일 것이다. 이 섬의 안쪽에는 거대한 칼데라가 있다. 19세기 중반만 해도 이 칼데라는 선원들에게 안전한 천국이었고, 20세기 초까지도 대규모 포경업이 행해지던 현장이었다. 화산벽을 관통하는 틈새는 한쪽 방향에서만 보이기 때문에 다른 접근로로 디셉션에 다가갈 경우 사우스셰틀랜드 군도의 다른 섬 정도로 보이기 쉽다. 그래서 그 이름도 현혹한다는 뜻인 '디셉션'이 되었다.

해상에서 바위 틈새를 통과해 내부 계류장까지 가기 위해서는 매우 조심스러운 수로 안내가 필요하다. 해수면 바로 아래에 있는 거대한 바위들이 곳곳에서 위협이 되기 때문이다. 이런 장애물을 피하려면 수심이 깊은 해협 양안에 가까이 다가가 배를 출입시켜야 한다. 해협 중간에 있는 바위는 아마도 '남극에서 가장 유명한 바위'일 텐데, 지난 150년 동안 선원들이 이 좁은 해로를 통과해 섬에 접안하기 위해 지도와 스케치를 수없이 그렸기 때문이다. 수많은 탐험, 포경, 과학, 관광 용도의 선박들이 보기에는 그럴싸한 이 통로에서 재앙을 만났다. 지도 형식의 메모보다 직접 눈으로 확인해야 직성이 풀린다는 사람에게는 이런 항해의 위험을 무시한 대가로 놓인 칼데라 안쪽의 난파한 배 한 척이 좋은 경고가 될 것이다. 그런데도 2007년 1월 30일 노르웨이 순항선 노르카프는 그 바위 때문에 선체가 부서지고 말았고, 계류장으로 회항한 후 승객 280명과 승무원 50명을 탈출시키기 위해 영국의 연구선박에 긴급 구조를 요청해야 했다.

모험 관광의 효시라고 할 익스플로러호 역시 바다 밑에서 휴식을 취하고 있다. 2007년 말 사우스셰틀랜드 군도와 남극대륙 사이의 브랜스필드 해협을 지나던 중 선체에 금이 가면서 물이 스며들기 시작했던 것이다. 구명보트에 옮겨 탄 승객과 승무원은 근처를 항해하던 노르웨이 순항선 노르노르게호에 의해 전원 구조되었다. 20년 전에는 익스플로러호도 바히아 파라이소호를 위해 구조선 역할을 한 바 있었다. 몇 시간 후 익스플로러호는 전복되어 수면 아래로 가라앉았다. 그 배와 함께 나눈 추억을 간직한 사람들에게는 참으로 우울한 한때였을 것이다.

사고는 계속되고 있다. 2008년 12월 초, 아르헨티나 순항선 우수아이아가 남극대륙 서쪽 빌헬미나 만 가까이에서 좌초해 80명이 넘는 관광객이 탈출했다. 하지만 배 주위를 둘러싼 기름띠를 봉쇄하기 위해 거의 모든 승무원은 배에 남아 있어야 했다. 2009년에는 오션노바호가 마그리트 만에서 좌초했다. 승객 65명 전원은 아르헨티나로 귀항 중이던 다른 순항선을 통해 탈출했다. 이 배는 선체가 움푹 패었으나 구멍이 뚫리지는 않았다.

관광이 남극을 황폐화시킬까?

이처럼 많은 배와 관광객이 남극에 오면 어떻게 될까? 남극 여행을 마치고 남아메리카로 돌아가기 위해 드레이크 해협을 지날 때 관광객들은 대부분 이런 생각에 잠긴다. 관광객들의 감동에서 빠지지 않는 것은 광대한 적막과 태곳적 남극의 순수한 모습이다. 그들이 보는 남극은 인간의 발자국이 없는, 얼음으로 뒤덮인 창세기의 극한 지대다.

대다수 관광객들은 남극이 지금 모습 그대로 남아 있기를 바라지만, 간혹 "언제쯤 남극에 호텔과 카지노가 만들어지느냐"라는 말도 들려온다. 나는 이런 질문을 던지고 싶다. 혹시 우리가 남극 파괴자가 되고 있지는 않은지 생각해 본 적은 없는가? 자연 그대로의 펭귄이나 물개 무리와 어울리는 것만으로는 견디기 어려운가? 남극 관광객이 늘어나면서 이런 질문은 필수불가결해 보인다. 점점 많은 사람들이 찾는 얼음 나라의 땅과 야생에 미치는 영향력을 심도 깊게 조사할 필요가 생긴 것이다.

국제남극여행운영협회는 관광객이 알아야 할 행동 윤리 규칙을 발표했다. 야생 관찰 지역을 제한하고 취약한 이끼 지역은 우회하며 외래종 식물과 미생물의 유입을 금지하고 소음, 쓰레기, 낙서, 야생 표본 채취와 역사적 기념물 반출 등을 제한한다고 명시한 것이다. "사진 빼

놓고는 무엇도 가져가지 말고, 발자국 말고는 어떤 흔적도 남기지 말자"라는 표어 역시 남극에는 너무 관대한 표현이다. 이끼 지역에 남긴 발자국 하나도 수십 년 동안 남아 극지방의 환경 악화에 영향을 줄 수 있기 때문이다.

하물며 관광선이 사고라도 일으킬 땐 훨씬 더 치명적인 악영향을 미칠 수밖에 없다. 1989년 바히아 파라이소호가 침몰하면서 불과 며칠 만에 60~70만 리터에 이르는 연료가 무려 50제곱킬로미터에 이르는 지역으로 퍼졌다. 꽃양산조개와 해조 군락지가 심각한 피해를 입었고, 바닷새, 물고기, 해양 포유류 등도 그보다는 약한 정도지만 상당한 피해를 입었다.[11] 날씨가 춥다 보니 기름을 분해하는 남극대륙 미생물의 활동 속도도 더딜 수밖에 없었다.

관광이 야생에 미치는 영향을 분석한 연구에 따르면, 매너 있는 관광객은 야생을 교란하기보다는 호기심을 충족하는 데 더 관심이 많다. 각기 다른 곳에 있는 펭귄 서식지를 대상으로, 한 곳은 관광객에게 노출시키고 다른 곳은 보호 상태로 실험을 했다. 그 결과 관광이 번식에 끼치는 영향이 없지는 않았지만 그 정도는 무시할 만했다.[12] 이런 결과를 보고 관광객들은 그들이 희고 푸르른 에덴동산의 사려 깊은 집사였다는 사실에 위안을 얻으며 돌아갈 수도 있을 것이다.

남극에서 멀리 떨어져 살고 있는 우리가 남극에 피해를 준 일은 없었을까? 소비형 화석연료에 의존하는 생활 자체가 지구를 덥게 하고 남극에 되돌릴 수 없는 변화를 초래하고 있다. 세계화란 단순히 원격 통신과 통합된 세계 경제를 넘어서는 개념이다. 지구 대기는 항상 세계화 상태였지만, 북반구의 우리가 온실가스를 대기 중에 방출해 그로 인한 대기 오염이 온 지구에 영향을 끼친 것은 그리 오래되지 않았다. 현재 관광객이 보고 있는 남극은 19세기 탐험가들이 보았던 상태와는 상당히 달라졌으며, 불과 20년 전의 관광객이 보았던 것과도 다르다.[13]

2장

얼음, 그 신비한 능력

_얼음의 탄생부터 생명의 창조까지

A World Without Ice

명상 소재 중에 얼음만 한 것이 있을까.
– 헨리 데이비드 소로

얼음이 흔하다지만 그 특성은 그렇지 않다. 강물처럼 언덕을 흘러내리고, 끌처럼 바위를 조각하며, 거울처럼 햇빛을 반사하는가 하면, 코르크처럼 물에 떠다닌다. 보통 '얼음'이라고 하면 우리는 겨울철 낚시터, 하키 경기, 멋진 피겨 스케이팅 무대, 위스키에 넣어 먹는 것 정도를 떠올린다. 조금 더 생각해 보면, 얼음이 미국 건국의 아버지 조지 워싱턴에게는 역사적인 성탄절에 델라웨어 강을 걸어서 건너게 해준 수단이었고, 1912년 타이타닉호를 침몰시킨 주범이었으며, 커트 보네거트의 소설 《고양이 요람Cat's Cradle》에서는 지구 전체를 파국으로 몰아넣는 핵심 요소로 등장했다는 사실을 떠올릴 수 있다.

얼음을 만지면 차갑다. 얼음의 차가움은 긴장된 근육을 풀어주는 훌륭한 대증요법을 만들었고, 한 세기 전에는 일반 가정에서 흔히 볼 수 있었던 아이스박스가 되어주기도 했다.

최초의 냉각제, 얼음

나처럼 미국에서 1940년대에 어린 시절을 보낸 사람이라면, "우유 다 마시고 나면 아이스박스에 넣어놓아라"라던 어머니 말씀을 떠올릴 수 있을 것이다. 그렇다고 그때 정말로 우리 집에 지금의 냉장고 같은 '진짜 얼음 상자'가 있었던 것은 아니다. 우리가 제대로 된 냉장고를 가지게 된 것은 압축된 가스가 팽창하면서 열을 흡수한다는 열역학적 발견과 함께 전동 압축기가 생산되면서부터다. 하지만 1920년대 후반에는 얼음이 냉각제로 사용되었기에, 얼음으로 온도를 유지하는 상자는 말 그대로 아이스박스라 불렸다. 내 부모님은 바로 이런 아이스박스와 함께 성장하셨다. 그 당시 아이스박스용 얼음은 생필품이었다. 겨울 동안 강에서 잘라낸 얼음을 도시에서 연중 분배하곤 했다. 자연 조건만 따라주면 수년이라도 사용할 수 있는 자원이었는데, 연중 얼음 생산량이 매우 중요했다. 1886년 신문의 1면에서는 "허드슨 강의 얼음 수확: 풍작으로 이번 여름 걱정 없다"와 같은 헤드라인을 볼 수 있었다.[1] 뉴욕 주의 얼음 수확이 흉작이면 메인 주에서 얼음을 수입하거나 그것도 여의치 않으면 캐나다, 노르웨이 등에서 공수했다.

얼음 분배도 큰 사업이었다. 얼음 배달부는 건물 앞에 마련된 투입구에 얼음을 넣어주었다. 1882년 뉴욕 시에서는 말 두 필이 끄는 짐마차 1000여 대가 한 해에 약 100만 톤의 얼음을 배달했다. 이 정도 소비량에 맞추려면 얼음이 녹아서 사라지는 분량을 감안했을 때 거의 200만 톤이 되어야 했다.

1920년대 후반에 들어 프레온가스 같은 합성 냉각제가 발명되고, 전기가 광범위하게 보급되면서 비로소 현대적 의미의 냉장법이 등장한다. 클로로플루오로카본chlorofluorocarbon(이하 CFC)이라는 합성 냉각제는 냉각 산업에 혁신을 가져왔고, 곧바로 얼음상자 냉장고에 종언을 고했다. 하지만 20세기 말에 이르러 이 기적 같은 물질은 전 세계 생산 공정에서 사라지게 된다. 도입 후 50년이 경과하면서 대기과학자들이 CFC 분자가 성층권의 오존을 파괴하고 남극 대기에 오존 구멍을 만드는 핵심 요소라는 사실을 발견했기 때문이다. 성층권의 오존은 지표에 도달하는 태양 자외선의 대부분을 막아주는 필터 기능을 수행한다. 그런데 자연산 태양 가림막인 오존 필터가 얇아지고 구멍이 뚫리면서 사람들은 선글라스를 착용하고 개인 방어막을 준비해야 할 지경이 되고 말았다.

1995년 노벨 화학상은 이런 물질이 어떻게 성층권 오존을 고갈시키는지를 발견한 셔우드 롤런드, 파울 크뤼첸, 마리오 몰리나에게 수여되었다. 이는 환경화학 연구로 수상한 최초의 노벨상이기도 하다. 지역적 · 계절적 변이와 지구 고도 분포 등 오존에 관한 우리의 지식은 대부분 1920년대에 이루어진 것인데, 그때부터 이미 오존 파괴는 시작되었다. CFC는 아이스박스 산업만 붕괴시킨 것이 아니라 오존층까지 파괴하고 있었던 것이다.

자연의 냉장고

현대 코끼리의 친척뻘인 털북숭이 매머드의 진화론적 기록을 보존해 준 것은 얼음이었다. 시베리아 얼음 속에 묻혀 있었던 매머드들은 일찍이 북아시아의 광활한 툰드라 환경에 관심을 가졌던 유럽 탐험가들의 보고로 세상에 알려졌다.

2007년 시베리아 순록을 기르던 목자가 관절이 그대로인 데다 피부와 내장까지 남아 있는 어린 암컷 매머드를 발견했다. 미시간 고생물학 박물관의 댄 피셔는 이 매머드가 발견되자마자 몇 주 만에 연구에 착수한 6인의 국제 연구대 일원이었다. 어린 매머드에게서 당시 발아되지 않았던 상아와 어금니에 관한 연구가 진행 중인데, 이를 통해 출현 시기의 기후, 어미 매머드의 수유 능력, 생존 기간의 대기 온도 변화, 그리고 폐사 원인까지도 밝혀질 듯하다.[2] 이 매머드에는 좋은 영양 상태의 지표인 풍부한 피하지방과 함께 (뼈 연골이 아닌) 연조직도 존재한다.

이 발견이 과학적으로 중요한 이유는 매머드 한 마리의 생사 문제뿐만 아니라, 상아와 어금니의 구조 및 성분을 통해 그 시기의 생활상까지 추론할 수 있기 때문이다. 북극이라는 얼음 자료 보관소에서 잘 보존된 표본 몇 개만으로도 지구의 역사와 기후 연구라는 중요한 문제에 답을 얻을 수 있다.

1991년 알프스 빙하가 녹은 경계 지역에서 발견된 5300년 전의 '얼음 인간'은 현대 유럽인과 그리 멀지 않은 인류의 생활상을 살필 수 있는 귀한 기회를 제공한다. 그는 가죽옷과 곰 가죽 모자에 풀로 엮은 외투를 입고 있었다. 하체 골격으로 보아 주로 걸으면서 생활한 것으로 보이고, 마지막 식사였을 사슴 고기, 밀기울, 과일 등이 내장에서 발견되었다. 머리카락에 다량의 구리가 축적되어 있는 것으로 봐서는 제련을 할 수 있었으며, 돌연사로 추정되었다. 이렇게 사람과 매머드의 사체만으로 당시 생활상을 거의 완벽하게 추정할 수 있는 것은 바로 얼음의 보존 능력 덕분이다.

얼음은 무엇일까?

얼음은 무엇일까? 고체 상태의 물, 더 단순히 말하면 물이 언 것이다.[3] 물은 수소 원자 두 개와 산소 원자 한 개가 화학적으로 결합된 단순한 분자로 육각형의 수정 격자 구조를 띠고 있으며, 이런 모양은 흩날리는 눈발에서 쉽게 볼 수 있다.

고체 상태인 얼음은 같은 양의 물과 비교했을 때, 부피는 훨씬 더 크고 밀도는 당연히 더 낮다. 이런 성질 때문에 음료수 위에 얼음 조각이 떠 있는 것처럼 거대한 빙산이 대양 위를 떠다닐 수 있는 것이다. 얼음 말고는 그 어떤 물질도 고체로 변하면서 밀도가 줄지 않는다.

'빙산의 일각'이란 말은 눈으로 보는 것보다는 보이지 않는 공간에 훨씬 더 많은 것이 숨어 있다는 뜻으로 자주 인용된다. 그렇다면 물 위와 비교해서 물 밑에는 과연 어느 정도의 얼음이 더 존재할까? 대개는 눈에 보이는 것보다 7~8배 더 많은데, 이는 얼음의 밀도가 물의 10분의 1 정도라는 데 근거한다. 하지만 정확한 부피는 물 위와 물 밑의 얼음 모양에 따라 그때그때 다르다. 같은 부피일지라도 피라미드 꼴과 직육면체가 물에 떠 있는 모양이 다르기 때문이다.

얼음이 빙하가 되면 아래쪽으로 흐르는 성질이 생긴다. 흘러내리는 성질은 액체 고유의 특성인데, 고체가 흘러내린다? 이 모순의 해답은 일반적으로 고체가 녹는점 가까이 가면 강체의 성질을 잃고 유연해진다는 데서 유추해 볼 수 있다. 방금 냉장고에서 꺼낸 버터는 딱딱해서 부서질 정도지만, 식탁 위에 놓아 따뜻해지면 여전히 고체인데도 부드러워지면서 탄력성까지 생기게 된다. 딱딱한 양초를 불에 가까이 대면 몹시 부드러워지는 것도 볼 수 있다. 만지면 아주 차가운 얼음에서도 이와 유사한 현상이 일어난다. 실제로 얼음은 섭씨 0도의 녹는점에 접근하면 매우 연해지며, 시간이 지나면 언덕과 평원을 따라 마치 강물처럼 흐른다.

고체로서의 취약점은 단지 온도에만 좌우되는 것이 아니라 시간과도 관계가 있다. 교재용 인조 찰흙은 누구나 재미있어하는 장난감이지만, 얼마나 빨리 누르느냐에 따라 아주 다른 형태를 띤다. 확 잡아당기면 나뭇가지처럼 자를 수 있고, 떨어뜨리면 고무공처럼 튀어 오르기도 하며, 천천히 반죽하면 미술용 점토처럼 마음대로 모양을 빚을 수도 있다. 이와 유사하게 망치로 내려쳐야 조각나는 돌도 수백만 년 동안 꾸준히 지질적 압력에 노출되다 보면 유체적 성질을 갖게 된다. 예를 들면 넓은 지역에 걸쳐 계곡과 능선을 형성하고 있는 미국 동부의 애팔래치아 산맥은 아프리카판과 북아메리카판이 충돌하는 지각 운동으로 만들어진 거대한 바위 주름이다.

얼음이 흘러내리기 위해서 꼭 계곡이 필요한 것은 아니다. 넓게 퍼질 수 있는 공간만 있으면 충분하다. 눈이 계속 쌓이면 오래된 눈이 새 눈에 눌리면서 얼음 결정으로 변하게 된다. 충분할 만큼의 얼음이 형성되어 임계점에 달하면 바닥 쪽에 있는 얼음이 아래쪽으로 밀려나면서 마치 밀가루 반죽을 과자 만드는 형틀 속으로 밀어넣는 형국이 된다. 어쩌다 형틀 사이에 부어진 반죽이라 해도 그대로 있는 것이 아니라 넓게 퍼져 결국은 빈대떡 모양이 되는 것이다. 얼음과 지표면 사이에도 이런 변화가 일어난다. 두껍게 형성된 얼음층이 바깥으로 퍼지면서 대륙에 버금갈 크기의 얼음이 수천 킬로미터를 가로질러 퍼지게 되지만, 그 두께는 고작해야 2~3킬로미터 정도다.

빙하시대를 지나면서 대륙 전체에 퍼져 있던 얼음이 흘러내려 바다로 가면서 지표면에 갖가지 흔적을 남긴다. 흐르는 얼음은 거대한 불도저처럼 흙과 돌뿐만 아니라 다양한 토양 물질까지 운반한다. 노르웨이, 알래스카, 칠레, 뉴질랜드 등지에 있는 멋진 피오르 계곡은 모두가 빙하 침식이 가져온 아름다운 유산이다. 그런가 하면 빙하 얼음이 녹으면서 그 부스러기가 곳곳에 떨어져 온갖 구멍을 만들면서 침전물과 함께 또 하나의 지구 역사를 형성한다. 이런 침전물에 들어 있는 풍부한 유기물은 지구의 토양을 풍요롭게 만든다.

얼음의 또 다른 특성은 반사 능력이다. 겨울철에 스키, 스케이트, 스노보드 등을 타거나 설산을 걸어본 사람이라면 눈이나 얼음에 반사된 빛에 피부가 탔을 때의 고통을 잘 알고 있을 것이다. 지구를 형성하는 모든 표면, 즉 바위, 토양, 대양 모두가 우주로 햇빛을 반사하지만 얼음과 눈만큼 효율적인 것은 없다. 햇빛을 얼마나 잘 반사하는지 측정하는 데 쓰이는 '알베도albedo(반사율)'는 라틴어로 흰색을 뜻한다. 알베도 25퍼센트란 표면에 비추는 빛의 4분의 1을 반사시킨다는 의미다. 검은 바위나 비옥한 토양, 초록색 식물 등은 반사율이 적기 때문에 알베도가 낮은데, 이는 희지 않다는 뜻이기도 하다.

극지방을 항해할 때는 이 반사율과 관련된 흥미로운 현상 하나를 알아둘 필요가 있다. 북극과 남극 대양 주변에서 봄과 여름에 얼음이 부서지면 얼음이 떠다니는 해역이 생긴다. 선박 항해사는 이렇게 얼음 사이에 열린 수로를 통해 항로를 구성해야 한다. 바로 이때 알베도가 큰 도움이 된다.

하얀 얼음 바다는 상대적으로 어두운 물보다는 반사율이 더 크다. 하늘에 구름이 떠 있을 때 지표에서 빛이 반사되면 그 위에 있는 구름의 아래쪽은 더 환히 비치는데, 이는 야간에 다른 곳보다 도회지 상공이 꽤 먼 곳에서도 잘 식별되는 것과 같은 이치다. 항해사는 먼 곳의 구름이 밝게 빛나고 있으면 그 밑에 얼음이, 반대로 구름 밑이 어두우면 그 아래 물길이 있다고 추정한다. 예전 항해사들의 말 중에 "물길을 찾으려면 구름을 봐라"라는 내용이 있을 정도다. 아이스 블링크ice blink 또는 워터 스카이water sky라는 이 현상은 극지방 탐험가들의 기록에 자주 나오며, 북극 지방 사람들의 문화에도 반영되어 있다.

1774년 1월, 남위 71도 지점까지 진출해 생애 세 번의 항해 중 가장 남쪽에 도달했던 제임스 쿡은 실제 얼음을 보기 전에 얼음 경계에 접근하면 아이스 블링크가 나타난다는 사실을 알고 있었다.

> 남쪽 수평선 부근에서 흔히 볼 수 없는 새하얀 구름이 보였다. 우리 배가 얼음 지역에 접근하고 있다는 뜻이리라. 남쪽 수평선의 절반 정도가 얼음에서 반사되는 빛줄기로 상당한 높이까지 환하게 반짝이고 있었다.[4]

얼음과 눈의 높은 알베도 수치는 지구 기후에 엄청난 영향을 준다. 왜냐하면 극지방의 얼음 지붕이 고위도 지방을 비추는 태양 에너지의 상당 부분을 반사시키기 때문이다. 근래 여름철에 북극 지방의 얼음이 급속하게 사라지면서 북극해의 알베도도 변하고 있다. 흰 얼음과 어두운 바닷물의 비례가 점차 어두운 쪽으로 기울면서 이전보다 반사되는 햇빛이 줄어들기 때문에 알베도는 감소 추세에 있다. 기후학적 측면에서 보면 전보다 많은 태양 에너지를 보유하는 불균형 속에서 북극이 더워지고 있는 것이다.

얼음은 반사 말고도 다른 방법으로 빛과 상호 관계를 맺고 있다. 반사광과 입사광은 대개 비슷하게 보이지만 차이점이 있다. 반사 현상에는 빛의 색상과 관련해 어떤 치우침도 없다. 가시광선은 선택적으로 반사되지 않기 때문이다. 하지만 빛이 얼음을 통과하면 상황이 달라진다. 물 분자의 결합, 얼음의 결정 구성, 작은 물방울 같은 불순물이 필터 기능을 하게 되면, 가시광선 스펙트럼의 붉은색과 주황색 계열은 제거되지만 청색은 거의 방해를 받지 않는다. 그래서 두꺼운 눈과 빙하 얼음이 유난히 파랗게 보이는 것이다.

얼음이 지구 전체에 퍼져 있는 것을 자연스러운 현상이라고 생각하겠지만 실제로는 그렇지 않다. 흔하고 흔한 것이 얼음이라지만 모든 곳에 얼음이 존재하는 것도 아니고, 예전에는 얼음이 존재했지만 지금은 없는 곳도 있다. 여전히 얼음은 신비롭고 낯선 물질 중 하나다.

고향 콜롬비아를 무대로 《백 년 동안의 고독One Hundred Years of Solitude》을 쓴 가브리엘 가르시아 마르케스는 얼음과의 만남에 대해 이렇게 쓰고 있다.

털로 덮인 몸, 박박 깎은 머리에 구리 코걸이, 발목에는 묵직한 쇠사슬까지 찬 거한이 해적의 궤짝을 지켜보고 있었다. 거한이 금궤를 열자, 궤 안에서 얼음 수증기가 피어올랐다. 그 속에서 일몰의 빛이 깨지며 형형색색 별로 변해가는 셀 수 없을 정도의 바늘이 속에 꽉 들어찬 거대하고 투명한 덩어리가 드러났다.

호세 아르카디오 부엔디아는 이렇게 중얼거렸다.

"저건 세상에서 제일 큰 다이아몬드야."

"아니야, 그냥 얼음이야."

집시가 되받았다.

부엔디아는 아무런 생각 없이 그 덩어리로 손을 뻗었다. 그러자 거한이 궤짝을 옆으로 밀면서 이렇게 말했다.

"만지려면 5레알 더 내."

돈을 다 낸 부엔디아는 마침내 얼음 위에 손을 얹고, 신비를 만진 가슴이 공포와 기쁨으로 가득 찰 때까지 몇 분 동안 그대로 있었다.

(중략)

얼음덩어리에 손을 댄 채로 마치 성스러운 조각품이라도 되는 듯 그가 외쳤다.

"이건 시간이 창조한 위대한 발명품이야."[5]

얼음은 자연스러운 물질일까? 간단히 말하면 물이 있고 물을 얼릴 만한 추위만 있다면 얼음은 어디든 존재한다. 서로 다른 지역에서 지구 온도가 제어되는 상황을 살펴보자.

지구에 입사하는 햇빛의 각도에 따라 지표면 온도는 상당한 차이를 보인다. 적도 부근에서는 햇빛이 지표와 거의 수직으로 입사하지만, 극지방에서는 지표를 거의 스치는 형국이다. 결과적으로 적도에서 멀어질수록 지표를 덥히는 태양열은 줄어들 수밖에 없다. 이렇게 해서 극지방으로 갈수록 기온이 내려가고, 극지방은 적도와 비교해 연평균 기온이 약 50도가 낮다.

한편 대기권 상층부로 올라가면 극지방보다 훨씬 더 급격하게 기온이 떨어진다. 적도에서 극까지의 거리는 1만 킬로미터로 기온 차이가 50도에 달하지만, 대기권을 향해서는 단 8킬로미터만 위로 올라가도 이와 비슷한 정도의 기온 저하가 생긴다. 여객기 기장이 비행기가 10킬로미터의 순항고도에 도달했다고 안내방송을 할 때 밖의 기온은 약 영하 50도인데, 이런 추위는 대기권을 수직상승해서 생긴 결과다.

수증기가 지표면 위로 상당한 거리를 올라가면 대기권에도 얼음이 생긴다. 이 얼음은 겨울에는 눈을, 여름에는 우박을 생성한다. 우박은 조약돌만 한 것부터 야구공만 한 크기까지 다양한데, 종종 매우 큰 위협이 된다. 몇 분 내로 곡식을 초토화시키는가 하면, 자동차 강판을 곰보로 만들고, 미처 피하지 못한 사람과 동물에게 상해를 입힌다.

극지방 성층권의 혹독한 냉기 속에서 얇게 형성된 다량의 얼음 결정은, 냉동 산업에 혁명을 가져왔던 인공 CFC에 촉매 작용을 하여 염소를 분리시키기도 한다. 이렇게 풀려난 염소가 봄이 되면 성층권의 오존을 파괴해 남극 상공에 오존 구멍을 만드는 것이다. 이런 오존 고갈로 자외선이 지표에 쉽게 도달하면 결국 생물권이 방사선 피해를 입는데, 사람의 경우에는 특히 피부암, 백내장, 면역력 감소 등의 위험에 노출된다.

한편 지표면 밑의 바위 속으로 들어가면, 온도는 처음에 하강하다가 더 깊이 들어가면 상승한다. 이는 지구가 내부의 열을 표면에서 빼앗기고 있다는 증거라 할 수 있다. 지구 속으로 들어가면서 상승하는 온도 변화 추이는 대기권으로 올라갈 때 하강하는 온도의 다섯 배 정도다. 대기권으로 8킬로미터 이상을 올라가야 50도가 떨어지지만, 지표면 아래로는 1.6킬로미터만 내려가도 50도가 상승한다. 그래서 우리는 지하 광산에서 작업할 때 시원한 공기를 강제로 주입할 수밖에 없다. 지하로 더욱 깊이 들어가면, 암석이 녹아 있고 화산 마그마가 생성되는 지점에 도달한다.

하지만 극지방에서는 평균 지표 온도가 어는점 이하이므로 지표에서 지하로 들어가면 온도가 상승하더라도 물은 여전히 얼어 있다. 이런 냉각 상태 때문에 영구동토라 불리는 언 땅이 존재한다. 물론 내부 기온이 상승해 동토가 형성되는 것을 막을 정도의 깊이까지 들어갈 수도 있을 것이다. 바로 그 지점이 동토층의 한계에 해당한다. 시베리아 북부의 경우 영구동토대의 깊이가 지하 1.6킬로미터 정도로 추정되지만, 연간 기온이 빙점 이하로 겨우 떨어지는 좀 더 따뜻한 곳에서는 깊이가 이보다 훨씬 얕을 것으로 보인다. 현재 아시아, 북아메리카, 유럽 지표의 5분의 1 정도가 영구동토대로 분류된다.

얼음은 바다 밑 퇴적물로도 존재한다. 얼음이 존재하는 깊이는 상대적으로 얕아서 200미터 내외의 해저에도 퇴적층이 형성될 수 있다. 이런 특수한 얼음은 대륙붕 지역에 넓게 퍼져 있고, 시베리아의 바이칼 호 같은 대륙 내부의 호수에서는 흔치 않다. 이 대양저 얼음이 중요한 이유는 분자 구조 속에 메탄가스가 포함되어 있을 가능성 때문이다. 세계 각지의 대륙붕에서 퇴적물을 시추하면 이처럼 가스가 함유된 얼음 표본을 추출할 수 있다. 이런 얼음 조각에는 불을 붙일 수 있는데, 아마 직접 눈으로 보지 않으면 쉽게 믿을 수 없을 것이다. 메탄은 산업화된 현대에서 중요한 에너지 자원이지만, 대기 중에 존재하게 되면 온실가스 기능을 한다. 따라서 얼음층에 존재하는 메탄이 노출되는 것은 우려스러운 일이다.

얼음 형성과 관련해서 빼뜨릴 수 없는 또 한 가지가 바로 압력이다. 얼음이 형성되는 지표면의 압력은 대개 일정한데, 이는 지표를 누르고 있는 대기의 무게로 형성된다. 일상적으로 1기압 또는 1바bar로 불리는 대기압 조건에서 담수는 0도 이하가 되어야 얼기 시작한다.

지표라고 해서 대기압이 동일한 것은 아니다. 태풍의 눈 부근의 대기압은 평균보다 낮고, 차가운 겨울에 맑은 날의 기압은 평균 이상이다. 비록 장소에 따른 기압 차가 평균의 몇 퍼센트 내외로 얼마 되지는 않지만, 고기압과 저기압의 차이는 대기 순환과 일상의 기후에 큰 영향을 끼친다.

더욱 큰 기압 변화는 고도가 바뀔 때 발생한다. 기온과 마찬가지로 대기압도 고도가 높아짐에 따라 하강한다. 해수면에서는 1기압이 유지되지만, 에베레스트 산 높이가 되면 대기의 부피가 절반으로 줄면서 대기압도 거의 절반으로 낮아진다. 굳이 에베레스트 정도의 높이가 아니더라도 해발고도가 상승하면, 호흡에 필요한 산소가 줄면서 간단한 작업도 쉽지 않게 된다. 기압이 떨어지면 물은 더 낮은 온도에서 끓는다. 따라서 건조식품을 끓여 조리하는 데 더 많은 시간이 걸린다. 고산 등반가들은 물을 끓여서 정수하기가 만만치 않다는 사실을 잘 알고 있다. 또 대기압이 낮아지면 어는점도 올라간다.

그럼 이제부터 우리가 딛고 선 지구의 열역학적 특수성을 한번 생각해 보자. 아래쪽으로는 극단의 열, 위쪽으로는 얼음이 어는 저온 환경이 지표를 기준으로 불과 몇 킬로미터 사이에 펼쳐져 있다. 다른 생명체, 특히 미생물이라면 이런 환경에서도 그럭저럭 버틸 수 있겠지만, 인간을 비롯해 계절에 따라 피는 팬지 같은 식물은 해수면 가까이의 고도에 집착할 수밖에 없을 것이다. 인간이 안락하게 살 수 있는 곳은 산소가 풍부하고 대기권이 얇은 덮개처럼 둘러싸인 지표 바로 위로, 아주 뜨겁지도 않고 그렇다고 너무 춥지도 않은 딱 알맞은 환경이다.

얼음의 또 다른 용도는 물과 관련된다. 지구에서 물 H_2O 은 우리가 편의상 '저장고'라 부르는 곳곳에 존재한다. 중요한 저장고는 대양, 극지의 얼음, 호수, 강, 지하수, 대기권, 생물권 등이다. 물은 증발, 강수, 생물학적 증발, 물과 얼음의 하향 흐름 등을 통해 한 저장고에서 다른 저장고로 이동한다. 그런 저장고 중에서 가장 큰 대양은 지구의 물 중 96퍼센트를 저장하고 있다. 대양 다음은 얼음으로 전체 물의 3퍼센트 정도를 저장하고 있다. 나머지 1퍼센트가 지표면, 대기, 생물학적인 물로 존재한다. 호수, 강, 지하수, 대기권의 증발수, 식물 등에 저장된 물은 얼음이나 대양에 비하면 하찮은 양이다.

육지의 물은 바다에서 땅으로 대기 순환을 통해 수증기가 이동하는 과정에 주로 의존한다. 사막 같은 곳은 대기권이 물을 거의 운반하지 않는 지역이다. 그 밖의 지역은 비나 눈의 양에 따라 인간의 거주지와 경작지, 열대림, 온대림, 한대림 등으로 나뉜다. 저고도 지역은 강수량에 따라 습지, 호수, 강 등으로 구분되고, 고고도 지역은 강수가 설산이나 빙하 지대를 형성하기도 한다. 극지방은 모든 고도에서 눈과 얼음이 지배하고 있다.

바다가 언다

물이 가득한 대양에서는 기온만 충분히 내려가면 얼음이 얼게 마련이다. 극지방으로 다가감에 따라 바다의 온도가 어는점에 접근하면 대양은 거대한 얼음 지역으로 변한다. 물론 바닷물에는 소금이 있기 때문에 담수보다는 어는점(영하 1.8도)이 조금 더 낮다. 저위도에서는 해마다 1미터 두께의 얼음이 만들어졌다가 녹아 없어진다. 남극대륙은 매년 겨울이 되면 결빙하는 남극해 때문에 면적이 거의 두 배로 증가한다. 이때 남극대륙보다 더 넓은 것은 아시아와 아프리카뿐이다.

바다가 얼어가는 모습은 무시무시하기까지 하다. 처음에는 아주 작은 팬케이크처럼 얼다가, 또 다른 팬케이크를 만나 합쳐지며 점차 커진다. 이렇게 부딪힌 경계 면에는 작은 둔덕이 만들어지고, 다각형이 서로 교차되며, 딱딱한 양탄자처럼 보이던 판들이 멀리 확장되면서 대양을 무대로 하는 기하학적 타일 붙이기 놀이가 펼쳐진다. 추운 환경이 지속되면 이 팬케이크들은 두꺼워지는 한편, 계속된 냉각으로 굳어가는 얼음 속에서 소금기가 빠진다. 얼음이 지속적으로 새로 만들어지면서 기존의 얼음은 아래로 가라앉아 대양의 밑바닥까지 밀려 내려가는데, 이 과정이 반복되면서 얼음 기둥이 형성된다.

이런 절차는 순식간에 진행된다. 그러다 보니 신참 선장이 이끄는 배가 얼떨결에 얼음의 손아귀에 붙잡히는 사건이 드물게 않게 발생한다. 극지를 항해하는 선장들이 무서워했던 것은 이처럼 급작스럽게 얼어버리는 바다의 포로가 되어 추위 속에서 굶주리며 겨울을 다 보낸 뒤, 봄이 되어서야 얼음이 깨져 풀려나오는 악몽이었다.

바다 얼음에 관한 두려움은 아시아와 알래스카 사이의 좁은 해협인 베링 해 탐험에서 더욱 증폭된다. 덴마크 출신으로 제정 러시아의 표트르 대제에게 고용되었던 비투스 베링은 아시아 대륙과 북아메리카 대륙의 연결 여부를 확인하라는 임무를 받았다. 지금이야 두 대륙이 단절되어 있다는 것을 누구나 알고 있지만, 18세기 초에는 그런 지리적 상식이 확인되지 않았다. 해협의 존재 여부를 확인하려는 탐사 계획은 어찌 보면 간단했다. 러시아 극동 지방의 북극 해안을 따라가다 보면 북극해로 흘러드는 콜리마 강 끝에 작은 교역 지점이 있었는데, 태평양을 통해 이 지점에 도달할 수 있다면 아시아와 북아메리카 사이에 물길이 열려 있는 셈이다.

1728년 8월 중순 베링은 러시아 해안선 가까이를 항해하며 태평양에서 북극해로 들어섰지만 과연 그 항로가 해협이었는지를 확신할 수는 없었다. 예상대로라면 동쪽에 있어야 할 북아메리카 대륙을 볼 수가 없었기 때문이다. 베링은 계속해서 북쪽으로 항해했지만, 늦은 여름철인데도 바다는 벌써 결빙할 조짐을 보였다. 그는 겨울철 얼음에 붙잡히지 않기 위해 콜리마 강 입구가 있는 서쪽으로 들어서지 않기로 결정했다. 그 대신 배를 돌려 태평양을 향해서 오던 길을 되짚어 가기로 했다.

비록 북아메리카를 보지도 못했고 콜리마 강에 다다르지도 못했지만, 베링은 아시아와 북아메리카 사이에 해협이 존재한다는 걸 증명할 만큼 멀리 항해했음을 감지했다. 그가 항해를 마치고 상트페테르부르크로 돌아왔을 때, 편히 앉아 있던 지리학자들은 대놓고 베링에게 비난을 퍼부었다. 임무보다 안전을 우선했으니 승급은 꿈도 꾸지 말고, 그 벌로 다시 북극 항해나 갔다 오라는 것이었다. 두 번째 항해에서 베링은 배가 난파되어 나무 한 그루 없는 알류샨 열도의 한 섬에서 겨울을 날 수밖에 없었다. 그 겨울에 베링을 포함한 선원 상당수가 사망했다. 봄이 되어서야 생존자들은 난파선에서 추려낸 통나무로 작은 배를 만들어, 이 비극을 바깥에 전해줄 항해에 나설 수 있었다.

움직이는 바다 얼음을 이용한 사람들

19세기 말에는 나일 강의 수원, 카이바르 고개(파키스탄과 아프가니스탄을 잇는 산길-옮긴이), 팀북투(서아프리카 말리의 중부에 있는 도시로, 전설에 따르면 황금의 도시로 불린다-옮긴이) 등 적지 않은 지리학적 탐험 목표가 해결되었다. 하지만 지구의 양극은 여전히 미지의 상태로 남아 있었다. 북극해의 얼음 이동은 노르웨이 탐험가 난센이 처음으로 북극점에 도전하면서 그 존재가 드러났다.

1888년 처음으로 그린란드를 스키로 횡단해 유명해진 난센은 최소의 노력으로 북극에 도달하기 위해 독창적인 생각을 품었다. 북극해 얼음은 보통 시베리아에서 스칸디나비아와 그린란드로 이동한다. 그렇다면 북극해의 극동 쪽에 있는 배 근처에서 결빙이 일어나면, 배는 유빙을 따라 표류하듯 그린란드를 향해 흘러갈 것이고, 그러다가 바다 얼음이 깨질 때쯤에는 북극해를 탈출할 수 있을 것이란 생각이었다. 표류의 역학을 속속들이 이해하고 적절한 지점의 얼음 속으로 들어갈 수만 있다면, 하루 5~6킬로미터씩 이동하는 얼음이 배를 북극으로 이동시켜 줄 수도 있으리라고 유추했던 것이다. 자연에 대항하는 영웅적 투쟁이 아니라 여유를 부려가며 거두는 승리를 그려본 셈이다.

난센의 프람호는 그런 항해를 염두에 두고 둥글게 제작되었다. 즉,

배가 바다 유빙의 얼음장 안이나 사이에서 압력을 받는 경우에 얼음 위로 올라앉을 수 있게 설계함으로써 전형적인 선체 구조에 비해 난파 위험을 한결 줄였던 것이다.

일단 얼음과 함께 표류가 시작되면 1년 반은 지나야 북극에 도달할 것이고, 다시 노르웨이로 돌아오려면 비슷한 시간이 추가로 필요할 거라고 난센은 추산했다. 그 같은 상황이 진행되는 2~3년 동안 북극은 그의 것이었고, 세계도 이를 인정해야 할 것이다.

악마와 싸우기 위해서는 준비가 철저해야 했다. 적절한 진입점을 택한 후 표류 궤적을 따라 배가 북극에 도달할 수 있도록 난센은 치밀한 계획을 세웠다. 성공의 기회는 단 한 번뿐인데, 그때를 놓친다면 배는 얼음에 갇혀 항로를 변경할 수 없기 때문이다.[6] 난센은 러시아 레나 강 입구에서 약간 동쪽에 위치한 뉴시베리아 제도 가까이에 있는 얼음 바다에 진입했다. 때는 1893년 9월 말, 북극의 겨울이 막 시작될 즈음이었다.

안타깝게도 난센의 진입 지점은 적절치 않았다. 항해가 1년 이상 경과한 1894년 말, 천문학적인 관측 결과 북극을 경유할 수 없다는 사실이 분명해졌기 때문이다. 실제로는 북극에서 560킬로미터 떨어진 북위 85도 지점을 넘어설 것이란 예측이 나온 것이다. 북극에 도달할 가능성도 없어진 마당에 다시 1년이나 2년을 얼음에 갇혀 프람호에서 지낸다는 것은 난센에게 너무도 가혹한 일이었다.

북극을 향한 집념을 끝내 접을 수 없었던 난센은 선원들을 그대로 둔 채, 친구 한 명과 함께 배를 떠나기로 결심한다. 난센과 요한센은 개, 스키, 썰매, 가죽배와 함께 북극으로 출발했다. 프람호를 떠난 1895년 2월 말 두 사람의 출발은 순조로웠지만, 4월 초가 되어 해를 이용해 측정해 보니 북극은 여전히 400킬로미터나 떨어져 있었다. 얼음판에서

6주일을 고생했지만 겨우 160킬로미터 정도만 더 다가섰던 것이다. 그제야 두 사람은 참담한 현실에 눈을 돌렸다. 그들이 북극을 향해 사투를 벌이는 동안 얼음판이 남쪽으로 이동하면서 하루 종일 북극으로 전진한 결과를 갉아먹었던 것이다. 4월 8일 이들은 그런 시도의 무력함을 인정하고 돌아섰다.

이미 6주가 지났기 때문에 얼음 속에서 표류하고 있을 프람호를 발견할 가능성이 희박하다는 것을 난센과 요한센은 잘 알고 있었다. 결국 이들은 북극의 얼음판에서 2200킬로미터나 떨어진 노르웨이를 향해 두 사람만의 외로운 행로를 잡아야 했다. 몇 달에 걸친 사투 끝에 또 다른 북극 탐험가를 만나는 거짓말 같은 사건이 일어났고, 1896년 8월 중순 난센과 요한센은 노르웨이로 귀환했다. 한편 프람호는 북극해를 따라 천천히 표류를 계속해 난센과 요한센이 생환하던 바로 그날, 얼음에서 풀려나왔다. 그로부터 일주일 후 탐험대와 난센은 다시 조우할 수 있었다.

얼음 바다에서의 표류는 1914년에서 1916년에 걸친 어니스트 섀클턴의 남극 횡단 탐험에서도 극적인 장면을 연출했다. 섀클턴은 이미 두 번이나 남극점 탐험에 실패했는데, 1901~1903년에 로버트 스콧 대장의 디스커버리 탐험대, 1907~1909년에는 직접 자신이 이끌었던 님로드 탐험대가 그것이었다.

첫 번째 시도는 남극점에서 850킬로미터 떨어진 곳에서 멈추었지만, 두 번째는 겨우 150킬로미터를 남겨둔 남위 88도 23분 지점이었다. 두 번의 탐험 모두에서 건강 악화, 보급 부족, 몰사할지도 모른다는 불안감 등으로 남극점을 앞에 두고도 물러서야만 했다.

1911년이 되자 로버트 스콧과 로알 아문센은 남극을 향한 경쟁적 탐험에 나서게 된다. 남극으로 아문센을 태워준 것은 다름 아닌 프람호, 즉 북극을 향해 얼음 속을 표류하며 탐험을 시도하다 실패했던 난센의 배였다. 아문센과 스콧은 서로 다른 항로를 택했는데, 그중 스콧의 항로가 조금 길었지만 더 잘 알려진 길이었다. 극지방 경주에서 아문센은 한 달 이상 앞서는 승리를 거두었다. 1911년 12월 남위 90도에 아문센의 작은 탐험대가 먼저 도달한 것이다.

그로부터 35일이 지나 남극에 도착한 스콧은 아문센이 남기고 간 작은 텐트 위에 펄럭이는 노르웨이 국기를 보고 실망할 수밖에 없었다. 게다가 그런 실망은 귀환 도중 스콧과 대원 네 명이 사망함으로써 슬픔으로 바뀌었다.

남극점의 영광과 함께 저술가로도 성공했던 아문센, 그리고 비록 사후였지만 이에 필적할 만한 성취를 이룬 스콧의 사례를 보면서, 섀클턴은 다른 방식으로 남극 탐험의 역사에 영원히 기록되고 싶은 야망을 키웠다. 그는 남극을 중간 기착지처럼 활용해 웨들 해에서 로스 해까지 남극대륙 전체를 횡단하는 야심찬 계획을 세웠다. 이것은 제국 남극대륙 횡단 탐험으로 알려져 있으며, 섀클턴을 웨들 해로 싣고 간 것은 인듀어런스호였다.

이 과정에서 인듀어런스호는 앞서 프람호가 의도적으로 시도했던 전철을 무심코 밟게 된다. 1915년 1월 배가 웨들 해의 얼음 바다에 갇히자 바다 밑에서 선회하는 해류를 따라 시계 방향으로 천천히 돌며 표류한 것이다. 표류하던 배는 웨들 해의 남쪽 경계 빙붕에 100킬로미터 가까이까지 다다랐는데, 이 빙붕은 섀클턴이 상륙해 도보로 남극 횡단을 시도하려던 지점이었다. 하지만 얼음은 더 이상의 근접을 허락하지 않은 채, 천천히 웨들 해안에서 멀어지며 남극반도의 끝으로 밀려나기 시작했다. 4월이 되자 하루에 약 3킬로미터씩 북서쪽으로 표류하면서 육지를 통과할 가능성이 점점 희박해졌다. 작가 앨프리드 랜싱은 이 상황을 이렇게 적고 있다.

> 인듀어런스호는 마치 현미경 아래 놓인 티끌 같은 형국이었다. 웨들 해의 바람과 해류에 휩쓸리며 하릴없이 시계 방향으로 회전하는 엄청난 얼음판 위에 놓여 있는 아주 작은 티끌.[7]

프람호와 인듀어런스호는 둘 다 극지 항해를 위해 노르웨이의 조선 기술로 만든 배였다. 하지만 프람호는 장기간 얼음에서 표류할 것을 염두에 두고 둥근 선체가 위로 밀어대는 얼음의 압력을 견디도록 제작되었다. 인듀어런스호도 얼음을 주위로 밀어낼 정도로 단단했지만 선체가 그다지 둥근 편이 아니었기 때문에 옆에서 쥐어짜듯 밀어대는 얼음에 대응하기는 무리였다. 결국 인듀어런스호는 얼음이 해체되는 북쪽에 도착하기 전에 선체가 깨지면서 침몰하고 말았다. '견디다'는 뜻의 인듀어런스endurance라는 이름에 걸맞지 않게 바다 얼음의 덫을 이기지 못했던 것이다. 배가 침몰한 후 섀클턴과 동료 선원들이 겪은 구조와 생환 이야기는 또 하나의 감동 실화가 되었다.

지구는 태양계에서 생명이 존재하는 유일한 곳일까?

물이 삶에 필수적이라는 사실은 누구나 잘 알고 있다. 인간 신체의 90퍼센트도 물이므로 우리의 성분 역시 대부분은 수소와 산소인 셈이다. 여기에 약간의 탄소와 질소가 더해지면 우리 몸의 96퍼센트가 형성된다. 태양계에서 지구가 특별할 수밖에 없는 것은 표면에 생명의 필수 성분인 물이 풍부한 유일한 행성이기 때문이다. 물을 보존할 수 있도록 태양에 너무 가깝지도 멀지도 않게 자리 잡은 지구를 두고 '금발 소녀' 같은 최고의 행성Goldilocks planet이라 부르기도 한다.

태양에서 지구로 방사되는 에너지의 양은 물이 지구에 존재하는 데 호의적이기는 하지만, 지구는 그렇게 받은 에너지의 약 30퍼센트를 우주로 반사시켜 태양의 온기를 상당 부분 버리고 있다. 그러나 지구의 기후 체계는 이런 반사 손실을 보상하는 대기권을 갖추고 있다. 대기의 99퍼센트는 질소와 산소이고 나머지 1퍼센트는 수증기, 이산화탄소, 메탄 등의 열 보유 기체로 구성되는데, 이것들은 열이 장파장의 적외선 형태로 변해 지구 바깥으로 달아나는 것을 막아준다. 이 차단막은 화석연료 연소를 통해 지구를 덥히는 현재의 인공적 온실가스와 대비되는 말로 자연의 온실효과라 부른다.

자연의 온실가스는 지구 대기의 특성으로 지구 탄생 초기부터 존재했다. 반면에 인공의 온실가스는 지구 역사로 보자면 극히 최근 몇백 년의 현상이다. 지구 본래의 온실가스에 우리가 감사해야 하는 이유는, 바로 이 가림막이 없었더라면 지구가 현재보다 30도 이상 더 뜨거웠을 터이기 때문이다. 그런 온실가스 덕분에 지구는 태양 주위를 도는 눈덩어리 구체가 아니라, 물이 존재하는 푸른 행성이 될 수 있었다.

과연 지구가 태양계에서 생명이 존재하는 유일한 행성일까? 사실 우리의 생명을 담보하고 지구를 존재하게 하는 수소, 산소, 탄소, 질소, 철, 마그네슘, 규소 등은 우주에 존재하는 가장 흔한 필수 원소다. 행성과 생명을 구성하는 데 자연은 가장 흔한 원료를 사용하고 있다.

그렇다면 이렇게 흔한 물질로 구성되면서 생명체에 적합한 다른 곳이 또 존재해야 하지 않을까?

수성과 금성은 물을 보유하기에는 태양과 너무 가깝다. 하지만 이보다 멀리 있는 행성에서는 얼음이 넘쳐난다. 얼음을 물로 전환시킬 에너지만 있다면 이런 행성에도 생명이 존재할 수 있다는 호기심이 고개를 든다. 붉은 행성 화성에서 하얀 챙 없는 모자처럼 보이는 양극 지역은 얼음에 덮여 있는 것이 분명하다. 북쪽 모자 지역은 남쪽보다 지름이 거의 세 배나 크다. 그리고 양극 지방의 표면 반사가 다른데, 이는 구성성분이 다르다는 사실을 암시한다.

화성의 남극은 고체 이산화탄소로 구성되어 있는데, 이것을 드라이아이스dry ice라고 부른다. 열이 가해지면 지구의 물과 달리 액체 상태를 거치지 않고 고체에서 바로 기체로 변하기 때문이다. 화성의 고체 CO_2(이산화탄소)가 '마른' 상태에서 바로 기체로 바뀌는 드라이아이스라면, 지구의 고체 H_2O(얼음)는 '젖은' 상태에서 액체인 물로 전환되는 웨트 아이스wet ice라고 할 수 있다. 화성의 남극 지역이 대기의 주요 성분인 이산화탄소로 덮여 있는 것은 어쩌면 당연하다. 화성 남극의 기온은 이산화탄소가 압축되어 고체로 지표면에 존재할 만큼 매우 차갑기 때문이다.

여기서 놀라운 것은 남극보다 더 큰 북극 모자 표면에는 이산화탄소가 전혀 없고, 지구와 같은 고체 상태의 물, 즉 진짜 얼음이 존재한다는 점이다. 화성의 대기는 지구보다 희박해 지구 대기압의 1퍼센트도 되지 않는다. 그처럼 기압이 낮다 보니 물은 고체에서 기체로 바로 바뀐다. 이 같은 '건식 전환' 현상은 여름철 화성의 북극 지역에서 수증기가 증가하는 것으로 추정할 수 있다.

결론적으로 화성의 양극에 상당한 양의 H_2O 얼음이 포함된 것으로 보이며, 특히 남극 지역의 H_2O는 이산화탄소로 된 얼음의 저 밑에 있을 것으로 추정된다. 이런 비대칭 현상은 북극이 남극에 비해 따뜻하다는 것과 연관이 있어 보이며, 북극에 더 많은 여름철 먼지가 좀 더 많은 햇빛을 흡수하기 때문에 그런 것으로 추측된다.

극지방을 제외한 화성의 표면은 대기압이 매우 낮고 기온도 빙점 이하지만, 과거에 물이 흘렀을 것으로 추정되는 강줄기가 보인다. 지구에서라면 호수, 강, 대양의 퇴적물로 형성되었을 퇴적암층도 나타나고 있다. 한때 물이 흘렀다면 지금도 존재할 수 있다. 그렇다면 화성 지표 아래는 얼음 형태이며, 그보다 깊은 곳은 액체 상태일 것이란 추측이 가능하다. 2008년 화성 관찰용 우주선 탐사 때, 화성 지표를 관통했던 레이더가 남쪽 중위도 지역에 다량의 얼음 퇴적층이 존재한다는 신호를 보냈다. 이것은 먼지와 바위 부스러기 불과 몇 미터 아래에 거대한 빙하가 숨어 있을 가능성을 시사하는 것이다.[8] 그 정도 얼음이 있다면 이 붉은 행성에 물과 생명이 있을 가능성 또한 증폭될 수밖에 없다.

화성 탐사

2007년 8월, '피닉스 마스 랜더Phoenix Mars Lander'라는 화성 우주선의 발사 광경을 지켜볼 기회가 생겼다. 발사 당일 새벽같이 일어나 발사대 가까운 곳에 마련된 해변 전망대로 발걸음을 재촉했다. 점화 시점에 맞춰 카운트다운이 순조롭게 진행되었다. 주 엔진로켓이 점화되고 몇 초가 지나자, 자그마한 우주선을 탑재한 거대한 발사체가 대기를 향해 솟아올랐고, 지구의 중력장을 탈출할 충분한 가속도를 얻은 우주선은 화성을 향한 9개월간의 여행을 떠났다. 모두가 이 장면을 손에 땀을 쥐고 지켜보았다. 화성은 지구에서 8000만 킬로미터 정도 떨어진 비교적 가까운 행성이지만, 우주선 피닉스가 화성 궤도에 진입하기 위해 실제로 여행하는 거리는 6억 8000만 킬로미터나 된다.

화성 착륙선에 탑재된 장비는 화성의 대기와 토양 관련 정보를 송신하고, 특히 어떤 형태로든 미생물이 존재한다면 그 증거를 찾아내도록 고안되었다. 이 장비들은 원활한 작동을 확인하기 위해 남극 로스해의 미국 맥머도 기지에서 헬리콥터로 얼마 안 되는 거리에 있는 드라이 밸리의 극한 환경에서 시험을 거쳤다. 이런 극한의 저온 조건은 아마도 실제 화성의 환경과 거의 흡사할 것이다. 말라붙은 드라이 밸리의 강추위와 강풍은 주변 바위에 온갖 흉터를 새겨놓는데, 화성의 극지역도 이와 유사한 환경일 것으로 추정되기 때문이다.

2008년 5월 피닉스 우주선은 화성에 도착했다. 화성 대기권을 하강하는 숨 막히는 순간이 지나고 북극 모자 지역 가까이 목표 지점에 안전하게 착륙한 것이다. 나는 이런 정밀한 작업에 항상 놀라움을 금치 못한다. 그 착륙 장면을 미국항공우주국NASA의 인터넷 생중계로 지켜보았다. 광활한 태양계를 가로지르는 269일의 여정이 성공적으로 마무리되는 장면은 참으로 감동적이었다. 피닉스는 즉각 도착을 보고했고 몇 분 후 먼지밭에 착륙했다. 장비들을 가동하기 위해 태양열 집광판을 편 피닉스는 열정적인 여행가처럼 고향으로 보낼 사진을 찍기 시작했다.

첫 번째 사진에서 '규칙적인 형태의 지면'이 드러났다. 시베리아, 알래스카, 캐나다 북부의 지형과 유사해 보이는 그 지면은 냉각과 해동을 반복하면서 다각형 모양으로 찌그러진 바위 파편으로 이루어진 낮은 능선 지대였다. 이어서 피닉스는 토양 채취기를 가동해 (나중에 얼음덩어리로 밝혀진) 하얀 덩어리가 포함된 화성의 흙을 떠서 소형 실험실로 가져왔다. 흙에는 미량의 탄산칼슘이 들어 있었다. 이는 석회석의 주성분으로 지구의 물속에 흔히 침전되어 있는 물질이다. 또 흙에는 생물체가 존재할 경우 영양소를 공급할 수 있는 과염소산염의 흔적도 있었다.

하지만 피닉스의 주 장비인 유기화합물 감지기가 말썽을 부려 계획된 실험의 절반 정도밖에 수행하지 못했다. 피닉스는 예정된 3개월을 넘어서까지 작동하며 먼지 폭풍과 멀리 사라지는 태양 사진 등을 찍었지만, 유기 분자는 단 한 개도 감지하지 못했다. 물론 그런 유기물의 부재 증거가 생명체의 완전한 부재를 확증하는 것은 아니기에 여전히 화성에 생명체가 존재할 가능성은 남아 있다. 2008년 10월 태양이 지평선에 다다르자, 태양열 집광판은 이제 더 이상 착륙선에 충분한 빛을 집광할 수 없게 되었고, 11월 중순 피닉스는 침묵 속에 빠져들었다. 화성의 얼음장 같은 암흑 속에서 피닉스가 지금까지 살아 있을 가능성은 거의 없다.

화성 바깥쪽 태양계에도 얼음과 생명체가 있을까?

화성보다 훨씬 멀고 한랭한 목성, 토성, 천왕성, 해왕성은 식별 가능한 구름층 가까이에서 봤을 때 고체 얼음이나 바위 표면을 전혀 볼 수 없고, 오로지 수소와 헬륨가스만으로 구성되어 있다. 목성의 상층 구름 기온은 영하 150도 정도이고, 바깥쪽으로 갈수록 온도는 더 내려간다.

이 거대한 행성들 주위에는 소규모 위성이 많이 존재하는데, 다양한 비례의 바위와 얼음이 수직으로 층을 이룬 채 수백 킬로미터 두께의 얼음장에 덮여 있다. 지구의 바위 표면에서 볼 수 있는 단층과 습곡, 먼 옛날 화강암의 관입 등이 오랜 지질 구조의 변화를 보여주듯, 이 행성들의 얼음 표면도 이런 변화의 증표를 간직하고 있다. 이런 과정 중에 얼음이 녹아 물이 생기면 생명체가 존재할 만한 환경이 조성될 수도 있다.

초기 태양계에서는 수많은 파편들이 날아다니며 충돌해 지금 달에서 볼 수 있는 운석공crater을 만들었다. 달에서 벌어졌던 일이 그대로 발생했다면 이 행성들의 표면도 40억 년 전과 다름없이 수많은 운석공을 갖고 있어야 할 것이다. 하지만 지질학적 시간대에서 달과는 다른 과정이 일어났다면, 표면에는 다른 변화와 수정이 있었을 것이다.

지구에 있었던 고대의 운석공은 지각판 변동 과정에서 거의 사라졌으며, 지표면은 2억 년 내외 주기로 지구 내부와 순환하고 있다. 순환하지 않고 남아 있던 지각판도 시간이 경과하면서 침식이 일어나거나 새로운 퇴적층으로 덮이게 된다. 실제로 지구 표면은 주기적으로 갱신되고 있다. 이는 추운 겨울 동안 구멍이 생기고 파괴된 도로를 봄이 되면 새 아스팔트로 재포장하는 것과 같다.

얼음으로 덮인 목성과 토성의 위성에는 대규모 운석공이 많지만, 몇몇 위성은 운석공이 거의 없이 매우 부드러운 표면인 경우도 있다. 이처럼 마맛자국 없는 젊은 피부는 얼음 표면이 위성의 역사에서 '표면 재생' 과정을 거쳤다는 표시이기도 하다.

얼음 표면의 재생 과정은 어떻게 일어났을까? 하키 게임 때 경기장의 얼음은 스케이트 날에 의해 깎이고 파이게 된다. 하지만 경기 중간에 정빙기로 손상된 얼음에 물을 뿌린 후 신속히 얼려 새로운 표면을 만든다. 혹시 태양계에도 거대한 정빙기가 존재해 행성 표면을 재생시키고 있는 것은 아닐까? 아마도 행성에서는 표면에 있는 두꺼운 얼음이 녹으면서 생성된 물이 이런 과정을 수행하고 있을 것이다. 하지만 얼음을 녹이는 열의 원천은 지구인에게 익숙한 것과는 좀 달라서, 거대한 목성과 토성 주위의 작은 위성들이 밀고 당기면서 발생시키는 조수 간만의 힘에서 나온다. 이런 열 발생 원리는 매우 흥미로운 것이다.

조수간만이 발생시키는 열

사람들은 대부분 조석 현상에 대해 어렴풋이 알고 있을 뿐, 바닷가에 사는 사람을 제외하면 그다지 관심이 없을 것이다. 대양의 조석 현상은 바다를 휘저으며 높낮이를 반복하는 궤도와 태양, 달, 지구의 중력장 사이의 상호 작용으로 생긴다. 사람들이 잘 모르는 사실은 조수의 힘이 지구의 물만 움직이는 것이 아니라, 행성의 단단한 바위까지도 이동시킨다는 것이다. 조수의 힘은 궤도를 공유하는 물체 사이의 거리와 물체의 크기에 의존한다.

달은 지구와 가까이 있지만 그 크기가 지구 질량의 80분의 1에 불과하고, 태양은 질량이 지구보다 332,000배나 크지만 지구와 달의 거리보다 400배나 멀리 있기 때문에, 지구가 태양으로부터 받는 조수의 힘은 달에 비교하면 그리 크지 않다. 이런 조력은 주위를 돌고 있는 행성끼리라면 어디서든 발생한다.

목성이 가진 16개 위성 중 4개는 각각의 크기가 지구의 달과 비슷하고 목성과 아주 가까운 거리에서 돌고 있다. 이오, 유로파, 가니메데, 칼리스토는 1610년 갈릴레오가 처음으로 발견해서 기록했기 때문에 갈릴레오 위성이라 불린다(갈릴레오 시절의 초보적 망원경으로 관측될 정도로 크기가 크다-옮긴이). 이들 위성과 목성 사이의 조력은 지구와 달 사이의 조력보다 훨씬 큰데, 이 위성들이 태양계에서 가장 큰 목성에 근접한 궤도로 돌기 때문이다. 이런 조력은 갈릴레오 위성들의 내부에 힘과 열을 가해 표면 가까이의 얼음, 나아가 바위까지도 녹일 수 있을 만큼 강력하다.

목성에 의한 위성들의 변화는 간단한 실험으로도 확인할 수 있다. 세탁소에서 흔히 볼 수 있는 철사 옷걸이 하나를 준비한다. 보통은 양쪽 모서리를 둥글게 만든 이등변 삼각형 모양이다. 옷걸이를 운동 기구라 생각하고 양손으로 양끝을 잡고 구부린 후, 재빨리 다시 펴기를 반복한다. 이렇게 몇 번만 반복하면 옷걸이 가운데 부분은 만질 수 없을 정도로 뜨거워질 것이다. 구부러진 금속을 다시 펴는 에너지가 금속이 변형되는 부분에서 열로 바뀌기 때문이다. 목성과 위성들의 조력 현상도 위성 내부에 이런 효과를 유발해 조력이 열로 바뀌게 되는 것이다.

목성에 가장 가까이 있는 위성 이오는 표면 바위를 녹일 정도의 조력이 작용하는 거리를 돌고 있다. 그러다 보니 이오의 표면 곳곳에서는 쉴 새 없이 화산 폭발이 일어난다. 유로파는 이오처럼 가깝지는 않지만, 조력이 굴곡에 의한 열을 발생시킬 정도의 접근 궤도를 돈다. 이오에는 표면 바위가 재구성된다는 증거가 적지 않은데, 특히 부드러운 얼음 표면에는 운석공이 거의 없다. 스케이트 링크의 정빙기처럼 외부에서 힘이 공급되는 것은 아니지만, 표면 아래서 녹은 물이 얼음 표면 사이의 열구나 단구를 통해 지상으로 흘러나오면서 비슷한 변화가 일어난다. 가장 바깥쪽에 위치한 칼리스토는 강력한 열을 발생시킬 정도는 아닌 먼 거리에 놓여 있다. 그래서 그런지 이 위성만큼은 지표의 용해나 물의 존재를 알려주는 변형된 표면이 아니라, 초기에 태양계의 운석공이 형성되던 시절의 얼음 표면을 유지하고 있다.

내부에 물이 존재할 가능성 때문에 유로파 위성 탐사의 목표는 외계 생명체를 조사하는 것이 되었다.[9] 태양이 주는 생명 에너지의 혜택이 없는 유로파의 깊은 곳에서도 생명이 발생할 수 있을까? 지구에서 그런 상황이 가능했다면 목성에서도 긍정적인 답을 찾을 수 있을 것이다. 지구 대양의 밑바닥에서는 기괴하게 진동하는 지각판의 경계선을 따라, 완전한 어둠 속에서 오로지 바닥의 온천수에 의존한 생물학적 집단이 진화해 왔다.

지표 근처의 동굴에는 어두운 환경에서 방향을 찾고 이동이 가능하도록 적응한 눈 없는 생물체들이 존재한다. 미국항공우주국은 지표를 관통하는 로봇을 보내 액체 상태의 물이 있을 듯한 지역을 탐사하겠다는 유로파 기획을 구상 중이다. 유로파의 지표면 변화가 지하에 존재하는 물이 활성화된 결과라고 가정하면, 유로파의 표면을 새로 구성한 신생 얼음에 지하의 생명체가 동결된 채로 존재할 가능성도 있기 때문이다.

지구에서 목성보다 더 멀리 떨어져 있으면서 고리를 갖고 있는 토성의 경우를 보자. 얼음 표면을 가진 토성의 위성에도 조수 효과에 의한 굴절과 가열 가능성이 있다. '엔셀라두스'라는 위성은 내부에 원시 생물체가 발생할 가능성을 암시하는 특성을 드러냈다. 2005년 이후 토성 근처에 머물던 무인 우주선 카시니는 엔셀라두스의 남극 얼음 지대에 있는 거대한 운석공 사진을 찍었는데, 카시니에 탑재된 장비가 그 운석공에서 실제로 물이 새어나오는 것 같은 증거를 탐지했다.[10] 엔셀라두스 표면에서 불과 25킬로미터 높이로 저공비행을 하던 중에는 아세틸렌, 에탄, 프로판, 벤젠, 포름알데히드 같은 탄화수소 성분도 감지되었다. 어쩌면 엔셀라두스 내부는 유기 분자가 형성되고 미생물이 살 수 있는 환경일지도 모른다. 태양계는 우리가 상상하는 것보다 훨씬 더 복잡다기하다.

얼음 밑에서 숨 쉬고 있는 생명

얼음 밑의 생명체를 연구하기 위해 굳이 태양계까지 여행할 필요는 없다. 우리 지구에도 그런 기회가 많기 때문이다. 남극 얼음장의 두께는 평균 2.5킬로미터 정도이고, 두꺼운 부분은 4킬로미터 이상으로 엠파이어스테이트 빌딩을 수직으로 열두 개쯤 쌓아놓은 깊이다. 얼음의 표면 온도는 영하 45~50도 내외지만, 얼음 기둥의 아래쪽은 얼음이 녹을 정도로 따뜻하다. 이런 열은 지구의 저 아래쪽에서 온다. 태양 공급에 비하면 미미한 정도지만, 지표 아래쪽의 열도 꾸준히 지속되면 얼음 아래쪽을 녹일 정도가 되는 것이다. 그렇게 녹은 물은 어디로 갈까? 사실상 갈 곳이 없기 때문에 '빙하저 호수'라고 불리며 지구 속 바위 표면에 그대로 머문다.

실제로 러시아의 보스토크 남극 기지의 지하 4킬로미터 아래엔 남극에서 가장 큰 빙하저 호수가 있다. '보스토크 호'라 불리는 이 땅속 호수는 미국과 캐나다 사이에 있는 온타리오 호 정도의 넓이로 평균 깊이는 약 300미터다. 보스토크 기지 밑을 시추해 호수에 도달한 적이 있는데, 그 깊이라면 45만 년 전의 얼음이 존재하는 곳이다.[11] 즉, 보스토크 호에 있는 어떤 생물체이건 50만 년 가까이 격리되어 있었다는 뜻이다. 오랫동안 섬처럼 격리되었던 오스트레일리아는 그 덕분에 캥거루, 코알라, 오리너구리 같은 동물들이 독특한 영역을 구축하고 있는데, 보스토크 빙하저 호수 역시 미생물 진화의 보고인 것이다.

호수에 도달하기 위해 맨 밑바닥의 얼음까지 시추하고 나면, 생물을 실험하기 위한 물 표본 채취, 다른 지역과 어떤 차이가 있는지에 대한 유추 분석 등을 비롯해 매우 흥미로운 실험이 가능해진다. 하지만 실험의 백미는 시추를 통해 호수 표면에서 채집하게 되는 현존하지 않는 생명체다. 따라서 호수를 오염시키지 않고 진입하기 위해서는 각별한 주의가 필요한데, 아직까지도 실험 주체 사이에 완전한 협의가 이루어지지 않은 상태다.

움직이는 물

지구의 물은 이곳에서 저곳으로 계속 이동한다. 주로 대양에서 증발해 비나 눈이 되어 지상으로 낙하한다. 그렇게 낙하한 뒤에는 지표로 스며들고, 지표 바로 아래에 있는 저장소로 천천히 이동한다. 이때 지표면에서 바로 강으로 흘러든 경우는 불과 한두 달이면 바다로 돌아간다. 눈으로 내리는 경우에도 보통 한 계절만 지표에 있다가 곧 바다로 돌아가게 된다. 그러나 남극 얼음 지역에 내리는 눈은 얼음층으로 압축되기 때문에 바다로 되돌아가기 전에 10만 년 이상을 거대한 백색 대륙에 머물거나, 천천히 흐르는 빙하로 변한다. 단기적으로는 지구에 있는 여러 저장소의 상대적 용량 사이에 균형이 유지되겠지만, 장기적으로는 지구에서 가장 큰 두 저장소, 즉 대양과 얼음 사이에 대규모 물의 이동이 발생할 수밖에 없다.

물이 대양을 떠난 후 대륙에서 일시적으로 얼음이 되면 바다 수위가 낮아지면서 해변 가까운 곳은 대륙붕이 노출되고, 대륙은 빙하시대에 진입한다. 이렇게 얼음이 초지와 숲까지 퍼지면 잡식성과 초식성 등 다양한 생물이 의존하는 식량이 사라지게 된다. 그 후 기후 조건이 완화되어 얼음장이 녹으면 물이 대양으로 돌아가서 해수면이 높아지고, 다시 등장한 지표면에서는 새로운 생물학적 점유가 시작된다. 이처럼 얼음을 매개로 구현되는 대양과 대륙 사이 물의 대차 관계는 지난 300만 년 동안에 무려 스무 번이나 일어났고, 훨씬 더 먼 과거에도 몇 번인가 발생한 적이 있다.

빙하시대의 생성과 소멸 과정에서 지구의 얼음은 움직이는 균형추 기능을 했다. 한쪽에 얼음이 많아지면, 다른 한쪽에서는 얼음이 밀려나며 사라지는 것이다. 이 무게중심은 현재도 작동 중이다. 저울 한쪽에는 과거 빙하시대의 무게추가 있고, 다른 한쪽에는 얼음이 사라지도록 밀어붙이는 '인구 상승세'라는 무게추가 있다. 그런데 오늘날 인류가 이런 저울에서 심각하게 한쪽으로 치우쳐 균형을 해치고 있다는 것이 문제다.

3장

얼음이 만든 지구의 역사

_빙하시대의 흔적들

A World Without Ice

A World Without Ice

고작 하루 추위로 1미터나 되는 얼음장이 생길 수는 없다.
– 중국 속담

지금으로부터 12만 년 전 현재의 핀란드 지방 어디쯤, 유난히 서늘했던 여름의 끝자락에서 순록이 풀을 뜯고 있었다. 지난겨울에 참 많이 내렸던 눈은 여름이 다 갈 때까지도 순록의 보금자리로 쓰이는 컴컴한 계곡에 여전히 남아 있었다. 이 잔설은 내년에 대지가 더 넓게 백색으로 뒤덮일 거란 전조이기도 하고, 햇빛이 이전보다 더 일찍 우주로 되돌아가면서 이따금씩 따뜻했던 짧은 가을날마저 빼앗아갈 거란 신호이기도 하다.

내년 겨울은 올해보다 더 길어질 것이며 당연히 봄 해동도 늦게 시작될 것이고, 짧아진 여름엔 더 많은 잔설이 남아 가을날 복사열을 더 많이 우주로 되돌려 보낼 것이다. 여름철에도 눈이 천지를 덮으며 겨울만 계속 길어지는 계절의 역행이 지속되면, 머지않아 순록과 매머드 등은 새로운 초지를 찾아 남쪽으로 이동할 수밖에 없을 것이다. 그렇게 얼음장은 증가하기 시작했다. 이때부터 10만 년 이상 유럽의 상당 지역과 북아메리카는 3킬로미터 두께의 얼음장으로 덮이고, 고위도 지방에서는 대양의 표면까지도 얼게 될 것이다.

빙하시대의 최고기에는 캐나다, 그린란드, 아이슬란드, 스칸디나비아 전체가 얼음에 덮여 있었다. 영국, 독일, 폴란드, 러시아의 우랄 산맥을 넘어 시베리아 서부까지도 얼음 세상이었다. 얼음은 미국으로도 확장되어, 미주리 강과 오하이오 강, 그리고 뉴잉글랜드 지역까지 얼음으로 덮였다. 고산 지대인 북아메리카의 로키 산맥과 시에라네바다 산맥, 유럽의 알프스 산맥과 피레네 산맥, 아시아의 고지대 등에 빙하가 발달해 있었다.

남반구의 남극도 완전히 얼음 천지였다. 남아메리카의 파타고니아 안데스 산맥의 고봉들과 뉴질랜드 남섬에서 바다로 흘러드는 얼음이 주요 경관을 이루고 있었다. 중앙에 적도를 끼고 있는 아프리카의 킬리만자로 산, 케냐 산, 우간다의 루웬조리 산도 전부 얼음으로 덮였다.

바다 얼음도 넓게 퍼져 있었다. 영구빙에 가까운 바다 얼음이 북극해 전체를 덮고 대서양의 아이슬란드까지 뻗어 있었다. 태평양의 얼음은 알래스카와 러시아 극동을 가르는 베링 해의 남쪽까지 펼쳐졌다. 남극을 감싼 남극해도 연중 얼음에 덮여 있었고, 남위 60도 부근까지 얼음이 존재했다. 남반구, 북반구 할 것 없이 계절에 따라 얼음이 더 넓게 퍼지기도 했으나, 남극반도와 남아메리카 사이의 드레이크 해협은 강한 바람과 해류가 결빙을 막아 얼음으로 완전히 차단되지는 않았을 것이다.

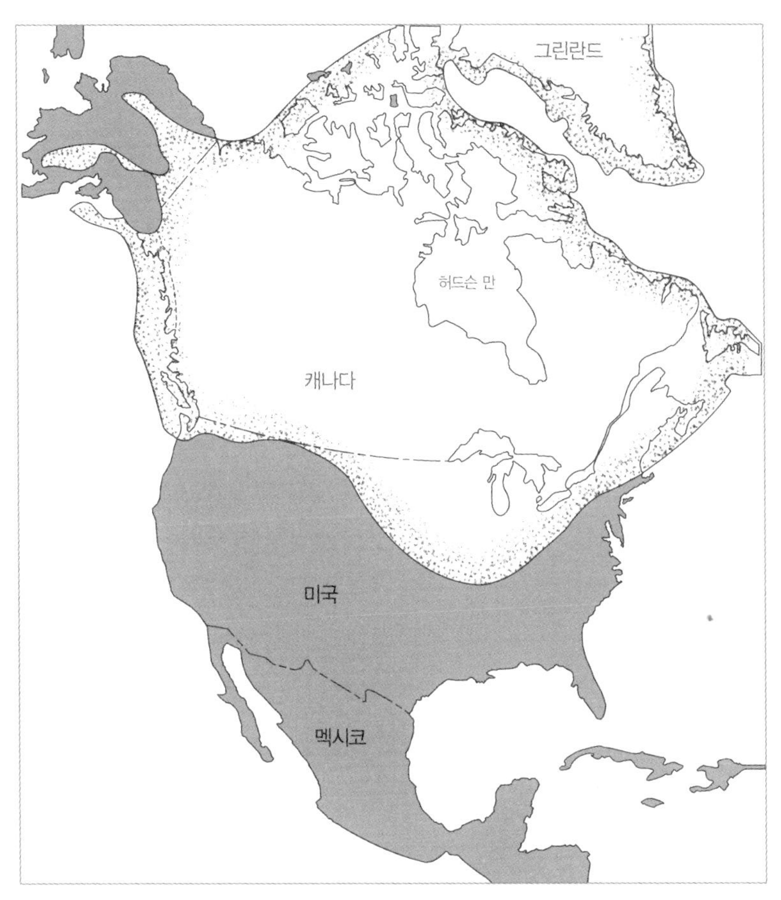

가장 최근의 빙하시대에 북아메리카 대륙을 덮었던 얼음의 최대 넓이(약 12만~2만 년 전)

2만 년 전 지표면에 두툼한 얼음 기둥이 덮여 있었다는 것은 확실한 사실이지만, 19세기 말까지도 과학자들은 얼음이 넓게 분포했다는 사실을 인정하지 않았다. 지질학자들조차 그처럼 넓게 얼음이 지구를 덮고 있었고, 그것도 20회 이상 결빙과 해빙이 반복되었다는 것을 알게 된 지 얼마 되지 않았다.

지금보다 훨씬 많은 얼음이 지구를 덮었던 전혀 다른 세상의 역사를 지질학자는 어떻게 확신할 수 있을까? 그 증거가 땅 속과 바다 밑에서 나오고 있다. 지상의 경관을 돌아보면 그 시절 얼음의 존재를 알려주는 다수의 증표를 볼 수 있고, 바다 역시 물의 감소로 미루어 짐작할 수 있는 유사한 특징을 갖고 있다. 후자는 물이 어디서 오는지를, 전자는 그 물이 다시 어디로 가는지를 알려준다.

땅의 단서

메소포타미아의 비옥한 초승달 지역에서 시작되어 유럽 중부와 북부로 농업이 확장될 때 이주자들은 대지가 온갖 크기, 모양, 색깔의 암반과 바위로 덮여 있는 것을 보았다. 마치 거대한 양념통이 엎어져 후추, 고추, 샐비어, 사프란, 계피 등이 대지 여기저기에 뿌려진 듯했다. 이 규산질 성분의 거대 양념들은 비옥한 실트와 점토 사이에 엄청난 양으로 박혀 있었고, 쟁기질과 씨뿌리기에 큰 장애가 되었으므로, 농사에 적합한 땅을 얻기 위해서는 모두 치워버려야 했다.

그 후 아메리카 신세계에 도착한 유럽인은 미국과 캐나다도 바위 파편으로 뒤덮여 있는 것을 보게 된다. 초기 농부들은 이런 바위들을 한쪽으로 치우거나 농토 사이에 담을 쌓아야 했기에 하루 종일 애를 써야 했다. 로버트 프로스트는 〈담장 고치기Mending Wall〉란 시에서 "좋은 담이 좋은 이웃을 만든다"라는 시구를 통해 이런 상황을 비유적으로 읊었다.

크기, 모양, 구성이 다른 이 바위들은 다양한 지질적 단층의 퇴적물이다. 초기 지질학자들이 알고 있었던 퇴적물 운반 메커니즘은 흐르는 물과 같은 방식이었다. 크고 무거운 돌은 뒤에 남기고 작은 것들만 데리고 가는 물의 흐름이 그랬다. 바위 파편들은 굴러가다 깨져서 모가 나기도 하지만, 결국엔 둥그스름해진다. 끊임없이 밀려드는 파도도 연마 작용을 통해 잘 갈린 모래를 만들어낸다. 하지만 크기와 모양이 뒤섞인 바위 지대는 물에 의한 것이 아니었다. 물 아닌 무언가가 많은 돌을 운반해 이처럼 넓은 지역에 마구 부려놓은 것이다. 이 바위 지대는 북반구의 세 개 대륙을 다 합쳐 무려 1500만 제곱킬로미터에 이를 정도로 넓었다.

결국 우리는 얼음이 바위 파편의 분배역이었다는 사실을 알게 되었다. 바위를 분류하고 둥글게 만들면서 흘러가는 물과 달리 얼음은 그런 일을 전혀 하지 않는다. 얼음이 어떻게 바위를 골라 다른 지역으로 운반하는지는 유럽 알프스 산맥이나 북아메리카 로키 산맥의 빙하에서 볼 수 있다. 먼저 산악 지역 빙하와 관련해 기초적인 지식을 알 필요가 있다. 해마다 고지대에서 눈이 쌓이면 그때마다 밑에 깔리는 하층부는 새로운 눈에 눌리면서 얼음으로 변한다. 얼음이 두꺼워지면 바닥에서 밀려나 아래쪽으로 움직이는데, 이렇게 생긴 얼음의 강은 '빙하의 걸음걸이'로 연간 몇 미터씩 이동한다. 얼음은 저지대로 내려가면서 따뜻한 공기를 만나고, 언젠가는 녹는점에 이른다. 그 단계를 넘어서면 빙하는 계속 흐르는 물로 바뀐다.

남극평원에서 남극횡단산맥을 통해 거대한 빙하가 흐르고 있다. 고지대에서 저지대로 빙하 얼음이 내려가면 모든 계곡의 벽과 바닥에 있는 바위가 뽑히고 깎이는 침식 작용이 일어난다. 이때 파편들은 얼음의 흐름을 따라 저지대로 떠내려가고, 빙하의 마지막 지점까지 운반된다. 이 종점에 이르면 바위는 빙퇴석이라 불리는 퇴적물이 된다. 얼음의 앞쪽, 즉 빙하의 말단은 고정되어 있는 것처럼 보이지만, 실제로는 뒤에 있는 새 얼음이 앞쪽으로 계속 밀기 때문에 녹아야 되는 지점까지 움직여 가는 것이다. 전방을 향해 흐르는 빙하는 바위 파편을 빙퇴석 지점까지 계속 운반해 간다. 이 과정은 여행 가방을 실은 채 아래층으로 내려가는 에스컬레이터에 비유할 수 있는데, 바닥에 닿은 가방들은 뒤죽박죽으로 쌓일 수밖에 없다. 이처럼 빙하가 녹으면 고지대에서 운반된 바위들은 뒤범벅이 된 채 팽개쳐져 저지대의 경관을 형성한다.

기후가 온화해지면 녹은 얼음은 물이 되고 그 물은 거꾸로 계곡을 거슬러 올라가지만, 마지막 빙퇴석 지역은 쌓였던 그대로 남아 있게 된다. 바로 이런 곳이 이전에 추운 시절의 빙하가 최종적으로 도달했다는 증표다.

버터를 자르는 따뜻한 나이프처럼

얼음은 바위를 운반할 뿐만 아니라 경관을 결정짓는 강력한 도구다. 광대한 바위 지대는 과거에 엄청난 얼음장이 존재했다는 증거이며, 오늘날 산악 지역의 빙하도 얼음이 다양한 지역에서 바위를 운반했다는 증거다. 움직이는 얼음이 보유한 엄청난 힘을 무시한 채 얼음장의 특성과 흐름만 묘사한다면 그 그림은 불완전할 수밖에 없다. 대지를 넘어 이동하면서 바위와 땅을 파고 밀어붙이고 깨고 부셔서 가루로 만드는 힘이 산과 계곡을 조각하는 것이다. 그런 얼음의 흐름을 장기간에 걸쳐 견뎌낼 대지는 없을 것이고, 그보다 조각 기술이 더 나은 조각가도 찾을 수 없을 것이다.

산의 정상조차 아래쪽으로 끌어내리는 얼음의 인력에는 굴복을 할 수밖에 없다. 느리지만 결코 지치지 않는 얼음의 흐름은 모든 방향에서 바위를 끌어당기고, 그 결과 산꼭대기가 뾰쪽해졌다는 묘사는 여러 산의 이름에서 표현되고 있다. 뿔 같다는 마터호른Matterhorn, 곰 이빨이라는 베어투스Beartooth, 톱날이라는 소투스Sawtooth 등이 좋은 예다.

움직이는 얼음 밑에 바윗돌이 깔리면 아래쪽 바닥은 거친 사포질을 당하는 형국이 되고, 끌을 가지고 홈을 판 것처럼 얼음이 움직인 방향을 따라 바닥에 긴 줄무늬가 남게 된다. 이런 흠집은 빙하가 형성한 거의 모든 지형에서 볼 수 있는데, 몬태나 글래시어 국립공원, 미시간 반도의 상부, 뉴욕 센트럴 파크에서도 유사한 흔적을 찾을 수 있다.

하지만 흐르는 물과 바람도 지형을 변형시키므로, 지리학자들은 다양한 지형의 특성을 식별하는 데 세심한 주의를 기울인다. 물이 흐르면서 만들어진 산악 지형의 경우 V자 협곡이 형성되지만, 캘리포니아 요세미티 국립공원의 계곡은 U자 모양의 전형적인 얼음 침식 지형으로 티베트 고원에서 흘러내린 갠지스 강과 인더스 강의 상류 지대와 유사한 형태를 보인다.

민첩한 성질을 가진 물은 낮은 지형만 있으면 어떠한 곳에서든 물길을 만들어낸다. 지표면을 지그재그로 흘러가며 평범한 직선 계곡에 여울진 길을 만든다. 반면에 얼음은 크고 딱딱한 통나무 거인 같아서 거의 굴절하지 않고 아래쪽을 향해 치달린다. 방해물이 있을 때 우회하는 물과 달리, 장애물을 뚫고 새 고속도로를 내는 불도저처럼 평탄과 확장 작업을 실시한다. 그 결과 얼음이 깎은 바위 계곡은 바닥은 평탄하지만 옆은 가파른 경사를 이뤄 단면이 U자 형태가 되는 것이다.

자연스럽게 멀리까지 시야가 막히지 않으면서 깊은 계곡 형태가 등장한다. 길고 좁은 모양 때문에 그 이름을 얻은 뉴욕 주의 핑거 호는 얼음이 문지르고 평탄화시킨 계곡의 전형이다.

빙하가 깊고 둥근 단면을 깎으며 계곡을 지나 바다로 가고 난 후 녹아 없어지면, 이 거대한 이랑에 바닷물이 들면서 피오르가 생성된다. 매우 깊게 파인 피오르 계곡에는 바다를 항해할 정도로 큰 선박도 수십 킬로미터, 때로는 수백 킬로미터의 내륙 깊숙이까지 진입할 수 있다. 이 멋진 지형은 최근의 빙하시대가 남긴 유물이다.

아무 데서나 이런 현상이 일어나는 것은 물론 아니다. 몇 가지 조건이 필요하다. 세계지도를 펴면 피오르가 발달한 지형을 쉽게 찾아낼 수 있다. 북반구에 있는 알래스카, 캐나다, 그린란드, 노르웨이 등의 손잡이처럼 튀어나온 지역과 남반구에 있는 칠레 남부의 서해안, 뉴질랜드의 남섬 등이 대표적이다. 이 지역들의 공통점은 무엇일까?

첫째, 바다에서 불어오는 항풍이 바다를 길게 통과하며 육지에 도달하기 전에 충분한 습기를 흡수하는 곳이다. 이런 바람이 높은 고도의 땅과 조우하면, 품고 있던 많은 습기는 비로 내리게 된다. 둘째, 피오르 해안선은 최근의 빙하시대에 적도에서 멀리 떨어진 곳(북위 55도, 또는 남위 45도 이상)으로 기온이 5~8도 이상 낮기 때문에, 강수량 대부분이 눈으로 내려 빙하 얼음을 형성한 곳이다. 셋째, 위도가 양극에 가깝다 보니 빙하가 대지를 넘어 진행하다 녹기 전 상태로도 충분히 바다에 도달할 수 있는 지형이다. 마지막으로, 빙하시대의 해수면은 지금보다 낮았기 때문에 빙하가 현재의 해안선을 훨씬 더 지나 바다 쪽으로 흘러내렸고, 그 당시 노출되어 있던 대륙붕을 깎아 깊은 계곡을 만든 지형이다. 빙하시대가 끝날 즈음 녹은 물이 돌아오면서 해수면이 올라가자, 그 깊은 계곡에 물이 차오르면서 경치 좋은 물길로 변한 것이다. 피오르는 빙하시대의 선물로, 흐르는 얼음의 엄청난 힘을 일깨워주는 유산이다.

호수의 탄생

얼음장이 떨어뜨린 파편들은 아무렇게나 파인 지표면에 그대로 남았고, 한편으로는 얼음이 녹으면서 지구의 움직임도 잦아들었다. 그 결과 지표면은 휴일에 작업이 중단된 공사장 같은 상태로 남게 되었다. 이제 빙하의 작업력은 현장을 떠났고, 최소한 수만에서 수십만 년 동안은 돌아오지 않을 것이다. 저지대에는 물이 들어찼고 미네소타, 미시간, 캐나다 북부 등에는 파편이 곳곳에 남아 수천 개의 작은 호수가 되었다. 유럽의 핀란드와 스웨덴 일부, 러시아 북서부 역시 이와 유사한 호수 지역이 되었다. 늦은 오후 점점이 흩어진 호수 지역을 비행기에서 내려다보면, 호반 위로 비치는 햇빛이 작은 보석이 되어 반짝이는 광경이 끝없이 이어진다.

빙하 작용의 결과는 얼음의 활동 흔적을 훌쩍 넘어선다. 지표를 덮었던 얼음의 범위에 빙하의 파편과 그 안에서 생성된 호수까지 포함한다면, 빙하 작용의 범위는 얼음이 녹으면서 만든 물에도 적용할 수 있을 것이다. 대륙 규모의 얼음장과 연계된 물의 부피는 엄청났다. 당시 주요 빙하 작용으로 대양에서 물이 끌려나오면서 전 세계에 걸쳐 해수면이 180미터 이상 낮아졌다. 그 후 얼음이 줄어들고 녹은 물이 이동하면서 곳곳에 퇴적된 모래와 자갈은 이제 채석장이 되어 건설, 도로 공사, 제조업 등에 이용되고 있다. 빙하 퇴적물과 대조적으로 물에 의한 퇴적물은 크기, 모양, 구성 등에서 매우 유사한 형태로 모인다.

얼음이 녹아 물이 모인 지역에는 거대한 호수가 형성된다. 북아메리카의 오대호, 유타 주의 그레이트솔트 호 등은 '얼음이 녹은 물'의 잔해가 만든 경관으로, 과거에 이처럼 넓은 지역에 얼음이 존재했음을 말하고 있다. 또 그레이트솔트 호는 지금보다 훨씬 더 크고 깊었으며, 소금 호수가 아닌 민물 호수였다. 유타 주 대분지의 넓은 함몰 지형은 로키 산맥을 덮고 있던 얼음이 녹은 물을 받아 생긴 곳으로, 지질학자들이 보너빌 호라 부르는 선사시대에 형성된 호수 지역의 유물이다. 가장 물이 많았던 1만 7000년 전의 보너빌 호 표면은 현재의 그레이트솔트 호보다 300미터 이상 더 높게 유타 주 서부를 덮고 있었으며, 호수 크기도 지금보다 12~13배 이상 넓었다.[1]

그렇다면 오대호는 민물 호수인 데 반해, 그레이트솔트 호는 소금 호수인 이유는 무엇일까? 물이 흘러나갈 곳이 없는 지형에 자리 잡은 보너빌 호에서 증발 현상만 일어났기 때문이다. 고지대에 자리 잡은 보너빌 호에서는 증발량이 유입량이나 강수량을 오랫동안 초과하고 있었다. 이 때문에 물이 줄면서 호수 수위가 점차 낮아졌고, 용해된 소금 농축은 증가했다. 과거의 보너빌 호 지역이 노출되면서 소금 바닥이 드러나 현재의 보너빌 소금 평원이 되었다. 현재 이 지역은 경주용 차들이 세계기록 경신을 향해 질주하는 곳으로 유명하다. 대분지 지역의 산맥에 올라서면 보너빌 호가 형성했던 예전 지형이 거인의 욕조처럼 둘러 있고, 그 가운데 급격히 파인 지형을 볼 수 있다.

슈피리어, 미시간, 휴런, 이리, 온타리오 등 북아메리카 오대호는 이보다 더욱 넓어 미국의 8개 주와 캐나다에 접해 있다. 이곳에는 북아메리카 지표수의 85퍼센트, 전 세계 담수의 20퍼센트가 담겨 있다. 오대호는 모두 강으로 연결되어 있다. 세인트메리 강은 슈피리어 호에서 휴런 호와 미시간 호로 물을 넘기고, 디트로이트 강은 휴런 호와 이리 호를 연결하며, 나이아가라 강은 거대한 나아이가라 폭포를 거치면서 이리 호와 온타리오 호로 이어진다. 마지막으로 온타리오 호가 세인트로렌스 강으로 흘러들면서 오대호의 긴 물줄기는 드디어 대서양으로 나가게 된다.

이 호수들이 점한 저지대는 북아메리카 얼음장에 의한 지형 형성 과정에서 연약한 지반이 파헤쳐졌고 나중에 호수가 될 기반이 준비된 것이다. 미시간 반도 저지대를 둘러싼 미시간 호와 휴런 호 분지는 남쪽을 향해 맷돌질을 해댔던 1.6킬로미터 두께의 얼음과 비교도 어려울 정도의 연약한 고생대 이판암 지역이다.

이와는 대조적으로 탄산마그네슘으로 구성된 강도 높은 바위인 나아아가라 백운암 지역은 얼음의 침식을 견디고 남아 있다. 오대호 주변을 활처럼 둘러싼 나이아가라 지층 지역은 위스콘신의 그린베이에서 북으로 뻗은 도어 반도와 휴런 호 중간을 가로지르고 나서 조지언만을 형성하는 매니툴린 섬과 브루스 반도의 중추다. 나이아가라 지층이라는 이름이 암시하듯, 이 지역에 형성된 지층은 이리 호에서 흘러나오는 나이아가라 강의 기저를 이루는데, 이리 호 출구를 빠져나와 나아가라 폭포에서 50미터 아래로 급강하한 후 온타리오 호를 거쳐 바다로 흘러든다.

이 호수 분지는 빙하의 침식 작용으로 형성되었지만, 현재 이 지대를 채우고 있는 물은 빙하가 녹은 물이 아니라, 지난 빙하시대가 끝난 후 여러 번에 걸친 재충전의 결과다. 오대호 고위도 지역에 해마다 내리는 비와 눈이 나이아가라 폭포까지 물을 흘려보내고, 이 물이 온타리오 호를 거쳐 대서양으로 흘러드는 것이다. 연간 손실과 충전량은 이 호수의 1퍼센트 내외이므로 오대호 전 지역의 물이 모두 교환되는 데에는 약 100년 정도가 소요된다. 그러므로 오염이 심해져 정화를 해야 한다면 1세기가 필요하다는 계산이 나온다.

오대호와 보너빌 호 사이에는 유사점과 상이점이 있다. 과거에 규모가 크고 고지대였던 보너빌 호처럼 오대호도 비슷한 환경이었다. 그러나 보너빌 호와 달리 오대호 분지는 2만 년 전 빙하기의 최전성기에 북아메리카 얼음장으로 덮여 있었다.

하지만 북쪽으로 후퇴 중이던 얼음장의 끝단은 녹은 물이 세인트로렌스 강으로 빠져나가는 것을 막는 장벽이 되었다. 아직 건재한 북쪽 얼음 때문에 가로막힌 해빙수의 통로는 미시시피 강과 멕시코 만이 대신해 주었다. 그러다 보니 얼음이 오대호의 북쪽 경계를 따라 댐처럼 작용하게 되어 오대호는 현재보다 훨씬 높은 수위를 형성하고 있었다. 위성사진을 보면 미시간 호, 휴런 호, 이리 호 등의 수면 경계선이 확실히 드러난다. 이 호수들은 현재보다 훨씬 넓게 퍼져 있었기 때문에, 고대 호수의 선물인 퇴적물과 잔존 광물이 현재 매우 유용하게 쓰이고 있다. 그저 크고 평탄했던 평원은 농업 용도와 공항 부지로 주목받고 있다. 과거에 거대했던 이리 호의 지면에 건설된 디트로이트 메트로 공항은 현재 호숫가에서 30킬로미터나 떨어져 있다.

또 하나의 거대한 호수는 캐나다 매니토바 주에서 온타리오, 서스캐처원, 노스다코타, 미네소타까지 뻗어 있었다. 19세기 지질학자 루이 아가시의 이름을 딴 애거시 호는 남북으로 1100킬로미터, 동서로 320킬로미터나 되는 넓이였다. 최대 넓이였던 1만 3000년 전에는 캘리포니아나 몬태나보다 커 텍사스의 3분의 2 정도였다. 호수를 채운 물이 오대호를 다 합친 것보다도 80퍼센트 이상 많았던 당시 최대의 호수였다.

하지만 애거시 호는 해빙수 대부분을 바다에 내어주었다. 이제는 사라진 호수의 경계와 거대한 면적은 캐나다 남부에서 인접한 미국 중북부에 이르는 넓은 지역에 그 자취를 남기고 있다. 그렇게 졸아든 호수가 바로 오늘날의 위니펙 호인데 이리 호와 온타리오 호의 중간 넓이로, 현재 기준으로도 큰 면적이지만 과거와 비교하면 전성기의 그림자 정도밖에 안 될 것이다.

얼음장이 녹으면서 엄청난 양의 물을 배수해 바다로 보내기 위한 큰 강이 발달했다. 북아메리카 얼음의 최종 경계는 주변에 형성된 주요 강에서 찾을 수 있다. 오늘날 우리는 얼음장의 남쪽 경계였던 미주리 강과 오하이오 강, 서쪽 경계였던 매켄지 강을 보며 이런 사실을 유추할 수 있다. 매켄지 강은 북극해로 흘러들지만, 미주리 강과 오하이오 강은 훨씬 전에 녹은 물을 배수하던 미시시피 강과 합류해 멕시코 만으로 향한다. 얼음장이 녹으면서 바다를 향한 출구도 열렸다. 세인트로렌스 강이 오대호 지역의 배수를 시작하면서 녹은 물은 더 이상 멕시코 만이 아닌 북대서양으로 흘러들었고, 결과적으로 대서양 해류 순환과 기후의 주요 변수가 되었다.

거대한 홍수 가설

19세기 초 오하이오 강과 미주리 강은 대륙 내부 탐험에 나섰던 메리웨더 루이스와 윌리엄 클라크에게 통로가 되어주었다. 루이지애나 매입으로 알려진 1803년의 대규모 영토 확장이 확정된 직후 루이스와 클라크 탐험대는 토머스 제퍼슨 대통령의 공식 지시를 받았다. 제퍼슨은 미국 국토 4분의 1에 해당되는 미시시피 강 서부 내륙을 프랑스에게서 사들였다. 1804~1806년에 루이스와 클라크의 탐험 목적은 프랑스한테 얻은 이 땅이 어떤 상황인지 알려는 것이었다.

> 귀하의 임무는 미주리 강 탐험이며, 태평양 수로를 항해하기 위해 상업 목적으로 대륙을 횡단할 때 컬럼비아, 오리건, 콜로라도 등의 강이 실용적인 수상 교류 수단이 될 수 있는지도 조사하기 바란다.
>
> \- 미합중국 대통령 토머스 제퍼슨

제퍼슨은 단순한 통상을 넘어, 토착민과 우호적으로 접촉하고 상이한 지역의 동식물과 광물 자원까지 관찰할 것을 지시하고 있다.

루이스와 클라크 탐사대는 미주리 강을 따라 강의 발원지인 지금의 아이다 호 경계에 이르렀으며, 대륙 분수령(로키 산맥 분수계로, 이 지점을 기준으로 서쪽의 태평양과 동쪽의 산악 지대로 빗물이 나뉘어 흐른다—옮긴이)을 횡단했다. 분수령을 넘어선 탐험대는 스네이크 강, 컬럼비아 강을 지나 태평양에 도착했다.

컬럼비아 강 분지의 경관은 해빙수에 많은 신세를 지고 있다. 컬럼비아 강은 현무암 지대를 통과해 워싱턴과 오리건을 지난다. 이 바위들은 약 1500만 년 전 마이오세 중기에 태평양 북서부 지역으로 용암이 넘쳐흐르면서 형성된 화산암이다. 현무암 상층부에는 바람에 불려온 먼지들이 수십 미터 두께로 덮여 있다. 인류 역사상 가장 파국적인 대홍수가 일어났던 최종 빙하기 말에 생성된 지형이다.

스포캔 또는 미줄라 홍수로 알려진 이 대홍수 가설은 1만 5000년 전에 몬태나 서부 클라크포크 강의 협곡에 얼음이 쌓여 댐처럼 되면서 시작되었다. 이 얼음 댐이 거대한 미줄라 호를 만들었는데, 미국 대륙 중부의 오대호가 잠정적으로 고지대에 유지될 수 있었던 것과 같은 상황인 셈이다. 이 댐이 갑자기 붕괴하자, 호숫물이 봇물 터진 듯 컬럼비아 강을 따라 시속 80킬로미터 가까운 속도로 흘러내렸다. 이때 며칠 동안 흘러내린 물의 양은 아마도 전 세계 강의 저수량을 초과할 정도였으리라 추정하는 사람도 있다.

이런 급류는 독특한 경관을 만들 수밖에 없다. 곳곳에 바위가 갈라지면서 생긴 거대한 단애와 현무암 모암(광맥을 품고 있는 바위－옮긴이)을 따라 생성된 깊은 협곡이다. 이런 단애의 끝은 부채꼴로 펼쳐지는데, 나이아가라 폭포에서 볼 수 있는 말발굽 모양을 닮았다. 거대한 폭포들이 단애를 따라 넘쳐흐르면서 엄청난 양의 물을 운반하고 아래쪽에는 깊은 웅덩이를 만들었다. 현무암으로 덮인 탁자 같은 섬들은, 유타나 애리조나 사막에서 볼 수 있는 메사(꼭대기가 평평하고 주위가 급경사를 이룬 대지－옮긴이)처럼 강 곳곳에 점점이 흩어졌다. 미친 듯 소용돌이치는 물은 온갖 침식 작용을 일으키며 집채만 한 현무암들을 굴러내리게 했고, 마지막 도착지인 평원에 율동적인 줄무늬를 새겨놓았다. 이렇게 만들어진 높고 낮은 지형이 얼마나 대단한지는 하늘에서 내려다봐야 겨우 알 수 있다.

이런 물의 흐름은 태평양 연안까지 이어졌다. 물은 빙하시대의 낮은 해수면 때문에 대륙붕의 좁은 바위 사이를 가로지르며 협곡을 만들었다. 홍수가 바다로 몰려들면서 대양 바닥에는 침전물이 쌓였는데,

이중 상당 부분은 몬태나에서 실려온 것이었다. 이런 홍수가 아마도 2000년 이상에 걸쳐 몇 번이고 반복되었으리라고 지질학자들은 추정한다. 몬태나의 얼음이 북쪽 멀리로 퇴각하자 그동안 유지되었던 얼음 댐도 사라졌고, 그제야 컬럼비아 고원에서 물세례가 멈추게 되었다.

이렇게 워싱턴 주를 가로질러 펼쳐진 독특한 경관은 수로 암반 용암 지대(물은 흐르지 않으나 수로 형태로 펼쳐진 바위 협곡–옮긴이)라 불린다. 이 경관의 규모와 형성 과정은 대륙의 얼음장이 그렇듯 현 세대 인간의 경험치를 넘어서고 있다. 수로 지형에는 물이 사라졌고 현무암도 더 이상 굴러 내리지 않으며 폭포는 말라버린 상태지만, 지형만은 옛날 그대로 남아 있다. 그리하여 용암 고원을 가로질러 엄청난 담수가 흘러내리던 시절의 증표가 되고 있다.

최근의 고고학적 증거는 1만 4000년 전 오리건에 한 인간이 존재했다는 것을 말하고 있다. 아마도 북아메리카 서부 지역 최초의 인간이었을 것이다. 계곡을 흘러내리던 물기둥이 지축을 흔들며 대지에 내리는 광경이 수시로 벌어지던 당시에 살았던 사람을 떠올려 보자. 그런 대홍수는 50~60년 간격으로 찾아왔으리라고 추정되는데, 이는 그 지역 거주인의 생애 주기와 비슷하다. 지진이 잦은 해변에 밀려들던 쓰나미에서 역사의 단편을 찾는 사람들이 그러했듯이, 이런 홍수도 여러 세대로 이어지는 전설과 구전의 역사적 소재가 되었을 것이다.

시카고 대학의 지질학자 하렌 브레츠가 1920년대에 거대한 홍수 가설을 제안했을 때 사람들은 그를 비웃었다. 지구 표면의 형성 과정에서 있을 법하지도 않은 사건들을 강조하고 출현 빈도까지 잦았다며 제시한 지질학 이론인 격변설Catastrophism 때문이었다. 당시 전통적인 지질학계에서 선호한 이론은, 경관이 합리적으로 쉽게 이해될 수 있고, 장기간에 걸쳐 천천히 작동하는 과정의 산물이라는 동일과정설 Uniformitarianism이었다. 하지만 브레츠가 홍수 개념을 입증하는 사례를 계속 제시하면서 이 새로운 제안은 마침내 수용되었다.

북아메리카와 유라시아 대륙을 덮고 있던 두꺼운 얼음 기둥은 또 한 가지 효과를 가져왔다. 바로 얼음 밑에서 찌그러져 있던 지각 표면에 대단한 부하로 작용한 것이다. 캐나다 중부에서 얼음이 녹고 해수면이 상승하자, 대양의 물이 대규모 침강 지역을 채웠고, 현재 허드슨 만이라 부르는 해양 만입 지형을 형성했다. 얼음의 부하가 사라진 현재는 그런 지각이 서서히 다시 올라오면서 허드슨 만의 바닷물은 더 깊은 대양으로 빠져나가고 있다. 보너빌 호가 증발 때문에 졸아든 것처럼, 허드슨 만도 대륙 표면이 해수면 위로 솟아오르는 만큼 졸아들고 있다.

한편 유럽 얼음 기둥의 중심은, 스웨덴과 핀란드 중간에 위치한 보트니아 만에 있었다. 북아메리카처럼 이곳에서도 얼음의 부하 때문에 지각이 찌그러졌지만 얼음이 녹자 바닷속에서 바위 표면이 서서히 융기하고 있다. 이런 장기간의 지질학적 과정으로 캐나다와 페노스칸디아(스칸디나비아 반도, 콜라 반도, 카리알라, 핀란드 지역을 말하는 지질학 용어–옮긴이)에서는 빙하가 밀어붙여 차지했던 땅이 평화롭게 회복되고 있다.

하지만 그런 복구가 앞으로도 계속될지는 분명하지 않다. 후빙기 지각 변동이 눌려 있던 지각을 융기시키지만, 이런 융기는 현재 인위적 기후 변화가 가져오는 극지방 얼음의 감소와 이로 인한 해수면 상승과 경쟁 관계에 있기 때문이다. 만약 해수면 상승이 지각의 융기보다 빠르다면, 바다가 또다시 땅을 정복하게 될 것이다.

빙하시대가 바다에 남긴 흔적

빙하시대가 대양에 남긴 흔적은 대양저를 형성하는 바닷조개의 화학 분석을 통해 찾아볼 수 있다. 대양에서 물이 증발하고 대륙붕의 얼음 위에 눈으로 내리는 과정에서 바닷물에 용해되었던 화학 성분은 계속 농축된다. 작은 해양 생물은 패각 형성 과정에 이런 화학 물질을 사용하게 되므로, 빙하시대 조개는 현재보다 훨씬 집약된 화학적 성분을 갖게 된다. 이런 생물체가 사멸해 해저에 떨어진 결과, 대양에 물은 적었으나 고농도의 화학 성분이 농축되어 있던 시대를 대표하는 지층이 조개 무덤으로 쌓이는 것이다. 이처럼 층화된 해양 생물의 무덤은, 지난 300만 년 동안 모든 대륙에서 스무 번이 넘는 빙하시대가 있었고, 그때마다 대양에서 물을 끌어가 남은 물에 상당한 화학적 부하가 걸리도록 만들었다는 사실을 드러낸다.

이 같은 수량 감소의 증거로는, 희귀한 산소 동위체 18이 바닷조개에 상대적으로 풍부하다는 점을 들 수 있다. 이 산소 동위 원소의 핵에는 여분의 중성자가 두 개 있어, 보통의 산소 동위체 16과 비교하면 12퍼센트 정도가 무겁다. 이런 여분의 무게는 산소 동위체 16과 비교해 산소 동위체 18을 함유한 물이 증발하는 것을 어렵게 만든다. 결국 남아 있던 물에는 산소 동위체 18이 농축되어, 산소 동위체 16에 대한 산소 동위체 18의 비율이 증가하게 된다. 결과적으로 껍질을 형성할 때 바닷속 화학 물질을 이용하는 조개에는 산소 동위체 18이 다량 농축되므로, 이를 보면 바닷물의 양은 적고 얼음의 양은 많았다는 것을 알 수 있다.

현재 대륙붕을 덮고 있는 얕은 물 아래에는 낮아진 해수면을 간접적으로 알려주는 또 다른 지형적 특성이 있다. 미국 동해안의 지형을 예로 들면, 허드슨 강과 서스쿼해나 강이 대서양을 향해 흐르는 체사피크 만 앞바다에는 대륙붕을 수백 킬로미터나 갈라놓는 깊은 골짜기가 있다. 빙하기에 해수면이 낮았을 때 대륙붕이 노출되었고, 강은 바다에 도달하기 위해 지금보다 훨씬 먼 길을 가야 했다. 얼음이 녹으며 물이 더욱 많아지자 강은 현재보다 더 강한 침식력을 갖게 되었다. 그 결과 노출되어 있던 대륙붕에는 깊은 계곡이 생겼는데, 이런 상황은 대륙붕 암반에서 원유를 채굴할 때 사용되는 방법으로 쉽게 추론할 수 있다. 오늘날 대양 밑바닥에 완전히 잠겨 있는 해저 계곡으로는 허드슨 계곡과 볼티모어 계곡이 있다.

대륙붕 가장자리에서 대양저로 가면 급격히 깊어지는데, 대양의 대부분 수량이 이런 저지대에 담겨 있다. 대륙붕 상부까지 물이 있는 현재 상황으로 보아, 대양에는 해분ocean basin이 본래 담을 수 있는 양보다 더 많은 물이 담겨 있다는 뜻이고, 결국 그중 상당 부분이 대륙의 가장자리에 있는 대륙붕을 덮고 있다고 봐야 할 것이다.

지질학 용어에서 대양은 해수가 존재하는 곳이 아니라, 융기한 대륙을 둘러싼 깊은 분지로 정의된다. 현재 지구에 존재하는 모든 얼음이 녹는다면 분지에 담겨 있는 물이 늘어나 해수면은 지금보다 75미터 이상 상승할 것이다. 2만 년 전에 등장했던 최근 빙하기의 최고조에 해수면은 현재보다 180미터 가까이 낮았다. 당시 북아메리카의 동부 해안선은 대륙붕과 거의 근접한 상태로 지금의 해안선보다 수백 킬로미터 이상 바다 쪽으로 물러나 있었다. 대서양으로 흘러온 빙산은 대륙붕 주변을 따라 흐르는데, 때로는 빙산 아래쪽의 날카로운 부분이 바다 밑 암석과 퇴적층에 깊은 계곡을 만들기도 한다. 이런 긴 상처는

사우스캐롤라이나 앞바다의 대양저에서도 볼 수 있다.[2]

얼음물이 바다에 이르렀을 때

금융 시장에서 자본 이동은 시장을 불법적으로 교란하지 않고도 가능하다. 물론 그런 이동이 적절한 시간 간격을 두고 조금씩 이뤄진다는 가정에서다. 질서가 준수될 때 시장은 그와 같은 유형을 따르지만, 가끔 어느 부문의 주식이 막대한 양으로 일시에 쏟아져 나오면 혼란은 불가피할 것이다.

금융 시장의 상황을 얼음과 대양의 저수조 사이의 이동에도 적용해 볼 수 있다. 점진적으로 변화하는 기후 때문에 녹은 해빙수는 강으로 흘러들어 결국엔 바다에 이른다. 강의 담수는 바람과 조류의 힘을 빌려 대양의 염수에 섞일 것이다. 거대한 지구의 수리학적 회계 장부는 점차 감소하는 얼음 계정과 차츰 증가하는 대양 계정 사이에서 균형을 이루게 될 것이다. 수리 자원이란 자본이 한 저장소에서 다른 저장소로 질서 있게 이동한 셈이다. 하지만 수리 자원의 이동에도 대혼란을 가져오는 격렬한 변동이 있을 수 있다. 그런 격변이 바로 북아메리카 대륙의 얼음장이 녹던 지난 시기에 일어났다.

격변이 있기 바로 전에는 북아메리카 얼음장의 남쪽 주변을 따라 흐르던 해빙수가 미주리 강과 오하이오 강으로 흘러들어, 미시시피 강을 지나 멕시코 만에 도착했다. 따뜻한 물과 소금기 있는 물이 합쳐져 흐르다가 대서양 조류의 소용돌이로 들어서는 것이다. 하지만 1만 2800년 전 북아메리카 얼음장의 앞쪽은 세인트로렌스 강 계곡의 저지대 지형을 통해 이보다 훨씬 짧은 경로로 바다와 만났다. 많은 양의 차가운 물이 미시시피 강을 따라 길게 흐르지 않고, 북동쪽으로 방향을 튼 다음 가스페 반도를 따라 대서양에 이른 것이다. 북쪽을 향해 서서히 흐르던 따뜻한 멕시코 만류 상부에 차가운 담수가 주입되면, 북대서양에 전달되던 열이 가로막힌다. 그동안 북쪽 지방의 주민에게는 차가운 물이 흘러들면서 갑자기 기온이 하강하는 현상이 수수께끼와도 같았을 것이다.

이처럼 아이슬란드, 그린란드, 서부 유럽에 1000년 이상이나 냉기가 감돌았던 시기를 소빙하기라 부른다. 최후 빙하기의 전성기가 시작되기 수천 년 전에 이미 이런 상황이 발생했던 것이다. 하지만 얼음물이 감소하면서 따뜻한 멕시코 만류의 온도 차이를 상쇄할 수 없게 되자, 1000년에 걸쳐 이어졌던 한랭 조류가 종말을 맞고 있다. 즉, 전보다 훨씬 북쪽까지 열전달이 가능해지면서 아이슬란드와 서부 유럽이 점차 따뜻해지고 있는 것이다.[3]

빙하시대는 어떻게 오는가

무엇이 빙하시대를 불러오는가? 주기적으로 대륙에 두꺼운 얼음이 축적되는 이유는 무엇일까? 단지 빙하기가 생성된다는 증거만으로 이 질문에 답할 수는 없을 것이다. 대륙 차원의 결빙은 지질학적 관점에서 흔한 일이 아니며, 빙하시대를 초래하는 조건 역시 자주 도래하지 않기 때문이다.

지난 300만 년 동안 여러 번에 걸쳐 얼음이 전진하기 전에 등장했던 광범위한 빙하 작용은 2억 7500만 년 전에서 3억 년 전쯤에 고생대 말기의 곤드와나 대륙에서 발생했다. 이를 뒷받침할 상당한 사례를 지질학적 기록에서 수집할 수 있다.

빙하 작용에서 중요한 기능을 하는 한 가지 요소는 육괴(대륙이나 광대한 토지-옮긴이)의 위치다. 고위도에 위치한 땅일수록 눈과 얼음이 축적될 가능성이 증가하는데, 예를 들어 오늘날 남극대륙은 완전히 남극권 안에 있고, 그린란드의 대부분은 북극권 안에 있다.

한편 현재 북극을 에워싼 북극해에서 볼 수 있듯 바다가 고위도에 위치하는 경우라 해도 해수면에 두꺼운 얼음이 축적되는 것은 아니다. 물론 북극해 상부에 바다 얼음이 형성되기도 하지만 그저 부유하는 정도이며, 그조차도 지속 기간이 10년을 넘지 못한다. 하지만 축적된 지상의 얼음은 수십만 년 이상 존재한다. 남극대륙에서 가장 오래된 얼음은 무려 80만 년이나 된 것이고,[4] 그린란드에도 10만 년 이상 존재하는 얼음이 있다.[5] 그 밖에 대기와 대양의 순환 양식 변화도 고위도 지방의 얼음 축적과 상당한 개연성을 갖고 있다. 지질학적 사건으로 1장에서 논의되었던 드레이크 해협과 남극대륙의 형성이 그 예다.

최근 들어 300만 년 전에 일어났던 초대형 폭풍이 발생할 수 있는 조건이 조성되고 있다. 최근의 얼음장이 1~2만 년 전의 상태로 물러나고 있는 것이다. 그렇다면 300만 년 전에는 과연 무슨 일이 일어났던 것일까? 중요한 변화의 조짐은 남아메리카와 북아메리카를 잇는 파나마 지협의 융기 현상이다. 하지만 두 대륙의 연결 부분에 발생한 변화보다 더 중요한 것은 두 대륙을 가르는 대서양과 태평양에 관련된 것이다. 파나마 지협이 생성되어 두 대양이 단절되기 전 대서양과 태평양은 북아메리카와 남아메리카 대륙 사이에 형성된 틈을 통해 동서의 해류를 교환하고 있었다. 그러다 파나마 지협이 막아서면서 대서양 표면 해류의 대부분은 남에서 북으로 흐르게 되었다. 그 결과 따뜻한 물이 북극해로 운반되면서 대기 순환과 북쪽 지역의 강수 양태를 변화시켰고, 전보다 많아진 눈의 일부가 여름에도 녹지 않으며 현대판 빙하시대의 순환이 시작되었던 것이다.

빙하시대가 도래하는 전환점을 밝히는 데 가장 기초적인 초점은 얼음의 축적 과정이다. 겨울의 강설량이 여름의 해동량을 넘어서게 만드는 요소는 무엇일까? 녹는 양보다 많은 눈이 쌓이면 해가 지나면서 눈이 축적되는데, 은행 잔고처럼 버는 것보다 쓰는 게 적은 상태가 몇 년간 계속되면, 통장에 있는 돈이 늘어날 수밖에 없다. 눈의 축적은 지구의 계절 변화와 관련되는데, 특히 여름에 해동량이 적을 수밖에 없는 추운 고위도 지방과 관계가 있다. 결정적인 지역은 북극해 근처로, 페어뱅크스 북쪽의 알래스카에서 북부 캐나다, 그린란드의 남쪽 끝, 아이슬란드 근해, 스칸디나비아와 러시아 북부를 아우르는 곳이다. 겨울과 여름의 승부가 조금이라도 변화되어 그런 지역의 여름이 짧아지면, 바로 빙하시대가 시작되는 것이다.

과연 무엇이 지구의 계절을 결정지을까? 겨울, 봄, 여름, 가을을 거치면서 다시 겨울이 오는 이유는 무엇일까? 계절을 발생시키는 데는 두 가지 중요한 요인이 있다. 가장 큰 영향을 미치는 것이 '경사 계절tilt season'이며, 이보다 작은 영향을 미치는 것이 '거리 계절distance seasons'이다.

경사 계절은 지구의 자전축과 관련된다. 지구는 양극을 관통하는 가상 축을 중심으로 자전하는 동시에 365일보다 조금 더 긴 시간 동안 태양 주위를 공전한다. 자전축은 태양의 공전축과 완전한 수직이 아니라 23도 정도 기울어 있다. 그래서 1년 중 절반은 지구의 한쪽이, 다른 절반은 나머지 한쪽이 햇빛을 더 받게 된다. 1년에 한 번 태양을 가운데 두고 공전하면서 태양을 향해 기울어진 반구는 여름이 되고, 멀리 기울어진 반구는 겨울이 된다.

계절을 만드는 두 번째 요소는 공전궤도가 눌린 타원형이라는 점이다. 공전의 중심인 태양이 정중앙이 아닌 한쪽에 치우쳐 있는 것이다. 그 결과 타원을 따라 도는 지구와 태양 사이의 거리는 항상 변한다. 지구가 태양에 가까이 가면 햇빛 조사량이 증가하고 멀어지면 감소한다. 해마다 태양을 공전하면서 발생하는 태양열의 변화는 따뜻한 기간과 추운 기간을 결정짓는 요소가 되는데, 이것을 거리 계절이라 부른다.

경사 계절과 거리 계절의 병합 효과는 햇빛에 의한 계절적 변화의 총합으로 나타나는데, 이 두 효과의 합은 남반구와 북반구에서 상이하게 나타난다. 6월 21일경 북반구는 태양을 향해 기울어져 있고, 이때 지구는 공전궤도에서 가장 먼 곳에 위치한다. 경사 계절 요인 때문에 북반구가 햇빛을 더 받고는 있지만, 태양에서 멀리 떨어져 있기 때문에 조사량이 감소한다. 여섯 달 후인 12월 21일경 남반구가 태양을 향해 기울어질 무렵이면, 지구는 6월 21일에 비해 공전궤도상으로 태양에 접근해 있다. 따라서 남반구의 경사 계절 요인과 거리 계절 요인의 합이 북반구보다 커지게 된다. 이렇게 양 반구의 계절 요인은 비대칭적이 되고, 남반구는 북반구보다 강한 계절 변인을 갖게 된다.

이제 한 해의 햇빛이 어떻게 지구에 영향을 끼치는지에 관해 개략적으로 알아보자. 이 설명은 계절이 성립되는 메커니즘만 말해줄 뿐, 어떤 계절적 변화가 고위도 지방에 눈의 축적을 가져오고 빙하시대를 불러오는지에 대해서는 알려주지 못한다. 게다가 실제 상황은 이 설명보다 훨씬 복잡하다.

경사와 거리 계절 요인으로 양 반구가 수용하는 햇빛의 양은 주기적으로 변화하는데, 지구 자전축의 경사와 태양 공전궤도가 매우 느린 속도로 변동하기 때문이다. 이런 작은 변화는 태양계에 있는 다른 행성 사이의 인력장 체계 때문이지만, 가장 큰 요인은 바로 지구보다 318배나 크고 태양계에서도 가장 큰 행성인 목성이다.

이런 행성의 인력 작용은 지구의 계절적 변동과 관계하는 세 가지 섭동perturbation(다른 행성의 인력으로 타원 궤도에 변화를 일으키는 일-옮긴이)을 발생시킨다. 첫째는 거리 계절 요인, 둘째는 경사 계절 요인이 영향을 받게 되고, 이 두 요소를 가감한 셋째가 최종적으로 그 힘이 작용할 지구상의 지리적 위치를 결정짓는다.

이처럼 느린 변화는 20세기 초 이런 요소가 기후 변화에 미치는 영향을 지적했던 세르비아 지구물리학자의 이름을 따 밀란코비치 주기Milankovitch cycles라 부르며, 세 가지 순환 과정으로 구성되어 있다. 그 중 가장 긴 순환 과정에서는 타원이 약간 길어졌다가 다시 둥글게 되는 동시에 공전궤도를 따라 천천히 회전하고, 그 전 과정을 도해하면 꽃잎 모양이 된다. 이런 과정의 총 주기는 약 10만 년으로 추정되는데, 그동안 당연히 계절과 관련된 거리 변화가 수반된다. 두 번째 순환에서는 지구 자전축이 4만 1000년을 주기로 22.1도에서 24.5도 사이를 오가는데, 현재의 경사는 23.5도다. 이 경사가 심해질수록 계절 변화는 더 극단적이 되고, 경사가 줄어들수록 계절은 고른 양상을 보인다. 세 번째 순환은 이른바 세차운동precessional motion 때문에 발생하는데, 이런 현상은 회전하는 팽이의 축이 천천히 비틀거리는 것과 유사하다. 이런 변화가 자전축을 변화시키고 양 반구 중에서 거리 및 경사 계절 요인이 강화될 반구를 결정하는데, 현재 강화된 영향을 받는 지역은 남반구인 셈이다.

지구의 자전축이 만드는 세차운동은 2만 3000년마다 완전한 순환을 이룬다. 따라서 순환 과정의 절반 동안은 남반구, 다음 절반 동안은 북반구 지역에 강화된 힘이 영향을 미치게 될 것이다. 계절 간 대비가 최고조에 이르는 것은 타원형 궤도의 찌그러짐과 지구 자전축의 경사가 최대일 때다. 세차운동은 어떤 반구가 거리와 경사 계절 효과를 최대로 받게 될지를 결정해 준다.

이 세 가지 기간의 총합 효과, 즉 10만 년과 4만 1000년과 2만 3000년의 총합 효과가 지구의 어떤 장소에서 받게 될 햇빛의 증감분을 결정짓는다. 이런 총합 효과는 마치 전자 음악의 합성 효과를 듣는 것과 비슷하다. 세 가지 음색이 서로 다른 음량으로 연주되는 것이다. 이런 배합은 통상 불협화음에 가깝지만, 때때로 두 음색이 조화된 화성이 나기도 하고, 주요 음색이 크고 분명한 소리로 들릴 수도 있다. 결국 밀란코비치 요소의 배합은 고위도 지방의 눈 축적과 빙하시대의 시작을 결정짓는다.

몇 번인가 지나간 10만 년 순환 기간에 고위도 지방의 일조량을 결정짓는 데 거리 계절 요인이 지배적이었음을 보여주는 두 계열의 증거가 있다.

한 계열은 산소 동위체 16에 대한 산소 동위체 18의 질량 비율로 추정한 해양 화석층 자료다. 이런 퇴적층에서 우리는 최근 네 번에 걸쳐 발생했던 낮은 수위의 대양이 약 10만 년의 간격을 갖고 있다는 것을 알게 되었다. 다른 한 가지 계열은 러시아 보스토크 기지에서 남극 동부의 얼음장을 시추해서 얻은 심해저 빙핵ice core의 자료다. 이 빙핵은 극지방의 기온이 10만 년의 주기성을 갖고 있음을 보여주는데, 대양이 최저 수위를 나타낼 때 최저 기온이 나타난다는 것이다. 최저 기온 시점이 최저 수량 시기와 일치한다는 것은 우연이 아닐 것이다. 줄어든 대양의 물이 땅으로 옮겨져 추운 대륙에서 얼음으로 자리 잡게 되기 때문이리라. 초기의 빙하 순환에서 남극의 얼음은 4만 1000년의 주기성을 드러냈다. 이것은 경사 계절 요인이 태양과 다른 행성의 장기적 관계 속에서 지구를 이리저리 흔들어대는 세 가지 요인 중 주역임을 시사한다.

밀란코비치 기후 순환이 빙하시대의 페이스메이커지만, 다른 요소 역시 얼음 축적에 일정한 역할을 하고 있다. 지구의 알베도가 증가하고 지표의 식생이 늘어나는 얼음에 점거당하면서, 극지방의 복사량과 탄소 순환이 변하는 것도 고려해야 할 요소다. 이런 변화는 밀란코비치의 계절 성향이 촉발시킨 극지방의 한기를 더욱 증폭시킬 것이다.

인류의 이동

300만 년 전 두 대양 사이에 생성된 파나마 지협은 극지방뿐만 아니라 여러 곳에 영향을 끼쳤다. 대양끼리의 교류가 조정되면서 촉발된 대기의 연관 효과가 지구의 강수량 분포에 변화를 가져온 것이다.

인류 진화의 요람인 아프리카도 예외는 아니었다. 그 지역에 불어닥친 건조함이 대륙 전체를 차고 건조하게 만들었고, 특히 적도 북쪽 지방에 큰 영향을 끼쳤다. 숲이 초지에 밀려나면서 현생 인류의 조상인 오스트랄로피테쿠스는 변화된 환경에 적응하기 위해 고통을 감내해야 했지만, 진화를 향한 압력이 기술과 도구의 사용을 촉진시키기도 했다.

바로 이즈음 석기가 출현했는데, 이런 도구를 만들고 사용한 사람들은 바로 초기 인류의 대표들이었다. 250만~150만 년 전까지 초기 인류는 주로 아프리카에 퍼져 살았고, 이후에야 유럽과 아시아 서남부로 이동했다. 그때 이미 북유럽과 아시아에 걸쳐 얼음장이 주기적으로 이동하며 기후 환경이 변화한다는 걸 알고 있었거나, 큰 피해 없이 생존하기 위해 대처할 정도는 되었을 것이다.

스페인 북부 부르고스 시 근처의 아타푸에르카 유적지는 최초의 유럽인 거주지로 알려져 있다.[6] 미시간 대학의 주제프 파레스 박사는 국립 부르고스 인간진화연구소에서 일하며, 인류학자이자 지질학자로서 인류 역사를 재구성하기 위해 10년 이상 연구에 몰두했다. 그의 역할은 지리학과 물리학을 아우르는 다양한 기술로 거주 연대를 추정해 아타푸에르카의 시간대를 확립하는 것이다. 2007년 그와 함께 들어갔던 서늘하고 어두운 동굴 속에는 아프리카를 떠나 세계 각지로 흩어진 초기 인류의 상황을 알려주는 뼈와 화석, 그리고 도구가 여러 겹의 퇴적층에 나타나 있었다.

초기 인류의 여정은 걷기였다. 전 세계를 걸어서 이동하는 것은 쉬운 일이 아니었겠지만 '천 리 길도 한 걸음부터'라는 오래된 속담이 있지 않은가? 아프리카를 떠났던 인류의 다양한 선조들은 오로지 풍부한 먹을거리를 찾기 위해 조금씩 유럽과 아시아로 영역을 넓혀 나갔다. 그렇게 50만 년이 지나는 동안 하이델베르크 원인과 네안데르탈 원인은 유럽에 정주했고, 아프리카에서는 현 인류인 호모사피엔스가 자리를 잡아가고 있었다. 빙하시대의 중간인 약 7만 년 전 현생 인류는 아프리카의 기후 변화를 절감하고 있었다. 건조한 기후로 식량을 거둘 수 없게 되면서 절멸 직전까지 내몰렸던 것이다.[7] 그리하여 지구에서 살 만한 곳을 찾아 나선 인류의 마지막 이동이 시작되었고, 현생 인류는 멀리까지 이동하지 않을 수 없었다. 이런 인류의 여정은 공교롭게도 대양의 물을 거대한 대륙 얼음으로 바꾼 마지막 빙하시대가 열어준 길을 따라 진행되었다.

그 당시 인류의 이동 통로가 되었던 물과 얼음 사이에 무슨 일이 일어났던 것일까? 물과 얼음은 같은 물질이면서 두 얼굴을 갖고 있는 H_2O의 특성에서 비롯되었다. 지구가 보유한 H_2O의 총량은 대개 안정적이지만, 빙하시대에는 물과 얼음의 구성 비율이 변하고 있었다. 빙하시대에 대륙에 있던 대규모 얼음은 대양에서 회수한 물이 전환된 것이며, 회수의 증표는 해수면 하강으로 나타난다. 대륙붕이 드러나 그 그 땅이 건조되면서, 온화했던 시기라면 얕은 물로 덮여 있었을 곳이 사람이 이동할 수 있는 길을 내준 것이다. 동남아시아와 인도네시아, 파푸아뉴기니, 오스트레일리아의 많은 섬 사이에 넓고 얕은 지대가 통로로 제공되면서 오스트레일리아에는 5만 년 전부터 사람이 거주하게 되었다.

초기 인류가 아시아 동쪽의 캄차카 반도와 극동 러시아의 추코트카 반도를 향해 나아간 것도 3만 년 전이었다. 아메리카 대륙에 사람이 살게 된 직접적 원인도 베링 해와 알류샨 열도를 가로지르는 해저가 드러나 길이 생겼기 때문이다. 수천 킬로미터가 넘는 베링 해를 건너는 통로가 1만 4000년 전 사람들을 아메리카 대륙으로 이끌었던 것이다.

알류샨 통로를 따라가던 인류의 이동은 알래스카 남쪽과 북아메리카 서해안을 따라 더 남쪽으로 이어졌다. 따라서 아메리카 해안에 존재하는 인류의 흔적[8] 역시 1만 4000년 전까지 거슬러 올라갈 수 있다. 알래스카에서 남아메리카의 파타고니아까지는 14,000킬로미터가 넘는 먼 길이다. 하지만 수천 년 동안이라면 한 해에 수십 킬로미터씩만 가도 새로운 지역으로 이동할 수 있을 것이다. 딸기나 포도 같은 과일을 따 먹고 장미 냄새를 맡으면서 생활하던 사람들에게 시간은 많았을 것이고, 신세계를 향한 경이로움도 이동하는 데 한몫을 했을 것이다.

거주 가능한 대륙으로 이동하던 인류의 확산은 마침내 종지부를 찍었다.[9] 거대한 얼음장이 녹아내리면서 해수면이 높아졌고, 아시아와 북아메리카를 연결했던 육교도 갑자기 사라졌다. 결과적으로 아메리카 대륙에 정착한 사람들은 자신들만의 땅을 갖게 되었다.

최근의 빙하시대가 막을 내리려는 지금, 얼음은 북쪽으로 계속 퇴각 중이다. 물론 빠르게 풀리던 기후를 가로막는 방해물이 없지는 않았다. 호수의 얼음 녹은 물이 대량으로 급격히 배출되었던 소빙하기의 온난화 추세를 거스른 사건들이 바로 그것이다. 1만 1000~1만 2000년 전 북반구가 1000년 동안이나 서늘해지는가 하면 8200년 전에는 애거시 호가 허드슨 만을 통해 대서양으로 흘러들며 잠시 동안이지만 기온이 하강했다. 하지만 이 같은 교란은 빙하시대의 마지막 안간힘이었을 뿐 지구 전역의 기온은 현재 수준까지 상승했으며, 향후 8000년 동안 이 정도에 머무를 것으로 보인다. 기후 안정성 덕분에 인간은 인구를 대폭 증가시킬 수 있었다.[10] 이 과정에서 유목 생활이 정주 농업으로 대체되었으며, 정착생활이 가져오는 혜택을 일찍 알아차린 사회는 더욱 빠르게 발전했다.

지난 300만 년 동안 되풀이된 빙하시대는 극적으로 경관을 변모시켰고, 기후 변화에 대처해야 하는 사람들에게 위협이 되었다. 물 공급은 끊임없이 변동했다. 얼음이 인간을 내모는가 하면, 해수면이 낮아지면서 새 길이 열리기도 했다. 얼음이 세계를 통제했고, 인간은 얼음의 진퇴에 따라 수동적으로 대응했다. 최근의 빙하시대가 마지막에 이르면서 여러 번에 걸친 결빙 압력이 있었던 탓에 인간의 현명함이 연마되었고, 이에 따라 진보된 기술로 무장한 인류는 급격한 인구 증가의 기반을 세웠다.

수적으로뿐만 아니라 능력 면에서도 호모사피엔스의 우세가 계속되면서, 그들의 자취가 지구에 새겨지기 시작했다. 인간의 압력으로 멸종한 매머드나 마스토돈 같은 대형 육상 포유류는 사냥으로 멸종 위기에 몰린 아메리카 들소의 전철이다. 농업이 발달하면서 변화된 땅과 물의 사용법은 인류를 둘러싼 생활양식까지 바꾸었다. 하지만 어느 누구도 그런 경향이 유럽에서 1100~1500년 사이, 북아메리카에서 19~20세기 동안에 일어난 대규모 벌채로 이어지리라고는 예상하지 못했을 것이다.

1800년경 지구의 인구는 10억이 되었고, 1만 년 전에 비하면 무려 250배가 증가했다. 오늘날 인구는 1800년에 비해 일곱 배가 늘었으며, 이미 지구가 감내할 수 있는 기술적 한계를 한참이나 넘어섰다. 불과 2만 년 전만 해도 이 행성에서 불가항력이었던 얼음이 인간의 활동에 밀려 퇴각하고, 절멸의 궤도에 들어선 것으로까지 보인다. 이제 더 이상 인간은 자연에 수동적으로 적응하는 존재가 아니라, 지구 환경에 커다란 변화를 몰고 오는 주역이 되었다.

4장

인간을 향한 얼음의 절규

_가장 확실한 온난화의 증거

A World Without Ice

어떤 이는 눈으로 직접 불빛을 봐야 길을 찾지만,
어떤 이는 따뜻한 기운만으로도 그 길을 찾는다.
– 캐럴라인 셰더

북아메리카와 유럽을 덮은 얼음장은 약 2만 년 전쯤 최고조에 이르렀고, 그 후부터는 얼음이 녹기 시작했다. 이런 용해는 얼음장이 최고조에 이른 후 1만~1만 2000년 동안 기후가 따뜻해졌기 때문인데, 지표 온도 역시 8~11도가량 상승했다. 이 변화는 마지막 빙하시대에 최고로 추웠던 지구를 오늘날보다 약간 더 따뜻한 정도로 만들었고, 이런 따뜻한 기온 안정대는 중기 홀로세(현세) 최적기the Mid-Holocene Optimum 라 불린다. 이런 상승 과정이 항상 평탄했던 것만은 아니다. 수축되는 얼음장이 대양으로 곤두박질치면서 해빙수가 갑자기 용솟음치면, 열대 지방의 열을 추운 곳으로 운반하는 해류가 잠시 교란되기도 했다.

자연에서 변화하는 기후 효과를 읽어내 역사적 기후를 재구성하는 것은 분명 과학의 한 영역이지만 한편으로는 예술에 가까운 작업이기도 하다. 고고기후학이라 불리는 이 작업은 적지 않은 조각이 제대로 맞지 않으며, 어떤 때는 아예 맞출 조각이 없기까지 하다. 게다가 보통은 처음부터 퍼즐 상자에 그려져 있는 완성도를 알 수가 없기에 더욱 어렵다.

자연의 흔적과 인간의 기록에서 얻는 이런 조각을 기후과학자들은 '기후 대용 자료'라고 부른다. 대용 자료는 온도계나 우량계 같은 측정 기구를 불완전하나마 대신할 수 있는 것이다. 그러나 역사적 재구성 과정에서 대용 자료가 유용하려면, 각 기후 효과가 기록되었던 시간대를 표시해 줄 수 있어야 한다.

기후를 재구성하기 위해서는 여러 해를 아우르는 기록을 찾아야 하는데, 이때 매해의 정보를 줄 수 있는 대용 자료가 있다면 더욱 유용할 것이다. 해마다 약간씩 성장하면서 나이테를 더해가는 나무는 이런 대용 자료의 좋은 예다. 나이테의 두께는 나무가 성장하기에 해당 해가 좋았는지 나빴는지 여부를 알려준다. 너무 덥거나 춥지 않고 축축하거나 건조하지도 않은 조건이면 나이테는 굵게 자라고, 가뭄 등으로 기온의 압박이 있을 때는 성장이 지연되어 가늘어진다. 극지방이나 고산지대 등 생존 가능한 온도의 경계 지역에 있는 나무들의 경우, 환경 변화에 민감하기 때문에 대용 자료로 훨씬 유용하다. 또 나이테는 1년이라는 기간에 대응하기 때문에 시대를 환산하기가 쉽다.

얼음으로 변하는 쌓인 눈 역시 좋은 대용 자료인데, 해마다 축적된 눈은 계절에 따라 반복되어 빙하나 얼음장에서 쉽게 구별되는 층을 이루기 때문이다. 눈의 층이 두껍다는 것은 그 당시 많은 눈이 왔다는 지표인 동시에, 그 눈이 얼음의 H_2O 속에서 산소와 수소 동위체로 빠져

나올 만한 기온이었다는 지표이기도 하다.

해양 환경에서는 해수의 온도를 나타내는 산호초가 이런 지표가 될 수 있다. 이처럼 땅과 바다에 고루 분포된 대용 자료는 지구의 평균 기온을 재구성하는 데 필수적이다.

바람에 실려온 먼지도 건조 정도와 바람 형식의 지표가 된다. 먼지는 대양, 호수, 빙하에 떨어져 쌓이는데, 이 세 가지 환경에서 퇴적물이나 얼음층과 결합한다. 이처럼 변화하는 먼지양은 바람이 침식시킨 지표의 취약성을 나타낸다. 먼지는 가뭄 기간에 특히 증가하기 때문이다. 먼지의 광물 성분을 통해 먼지가 어디서 시작되었는지를 알 수 있기 때문에, 기후학자들은 먼지의 원천에서 퇴적 장소까지의 대기 순환 형태를 재구성한다. 오늘날 위성사진을 보면 아프리카 북부 사하라 사막에서 서쪽으로 거대한 먼지 구름이 불고 있는 것이 자주 보이는데, 이런 먼지는 대서양 밑바닥에 천천히 축적되고 있다.

농업 생산이나 건강, 얼음양에 관한 인간의 기록 또한 유용한 대용 지표이다. 햇빛과 비가 충분하면 나무가 더 잘 자라듯이 농작물도 풍작이 된다. 밀이나 콩의 수확량, 포도 농사 등의 연간 기록도 기후 조건에 관한 지역적 대용 자료로 유용하다. 또한 공중 보건 기록을 잘 분석하면, 화창한 날씨와 춥거나 습기가 많았던 해를 가려낼 수 있다. 수백 년에 걸친 어로 선단의 자료 속에도 북대서양에서 만난 바다 얼음의 지리학적 기록이 남아 있다.

그럼 대용 자료가 빙하시대 이후의 기후에 대해서도 의미가 있을까? 지구 기온은 기온 안정화 시절에 도달했던 8000~1만 년 전부터 20세기까지 하강해 현재는 1도 정도 낮아진 상태다. 물론 하강기 중간에도 오르내림이 있어, 서기 950~1200년경의 중세 온난기처럼 따뜻하거나 1400~1850년경처럼 소빙하기라 불린 시원했던 때도 있었다. 하지만 장기적으로는 안정적이었기 때문에 인류가 성장하고 확산하는 황금기가 도래했던 것이다. 이때는 훗날 온전한 상태로 발굴된 얼음 인간의 시대였다. 그들이 비워준 자리는 다양한 식품과 금속 도구의 이점을 발견했던 중부 유럽인 시대로 이어졌다.

중세 온난기는 유럽인이 짧은 여름에만 자라는 적은 풀로 가축을 길들이며 그린란드 남부와 뉴펀들랜드에 최초로 정착한 시기였다. 이 강인한 이주민과 후손은 그린란드에 300년 이상 남아 있었지만 날씨가 더 추워지고 여름의 초지와 곡물이 완전히 사라지면서 이곳을 떠났다.

중세 온난기의 최고 기온은 21세기보다 따뜻하지 않았던 20세기 중엽의 기온을 대용 자료로 재구성된 것이다. 이 시기부터 시작된 완만한 기온 하강은 500년 이상 지속되면서 곧 소빙하기로 연결된다. 미약하게나마 존재했던 그린란드의 식물 생장기가 완전히 사라졌으며, 아이슬란드를 발붙이기 어려운 곳으로 만들 만큼 계절적 바다 얼음은 대서양 남쪽까지 연장되었다. 증가된 강설로 산악 빙하가 계곡을 따라 내려오면서 흉작이 보편화되기 시작했다.

북대서양 지역에서의 중세 온난기와 소빙하기는 그린란드의 빙핵, 유럽의 나이테, 풍부한 역사적 자료 등에 잘 기록되어 있다. 그런데 만약 이런 자료가 지역 차원의 기후 변화를 나타낼 뿐, 다른 모든 지역에 영향을 미친 전 지구적 사건이 아니라면 어떻게 하나?

결론부터 말하자면, 전 지구적 차원에서도 똑같은 일이 벌어졌던 것이 확실하다. 주로 북대서양 지역에서 일어났던 것으로 기록되긴 했지만, 대양과 대기의 순환이 그런 변화를 지구 곳곳으로 전파했으리라 예상되기 때문이다.

기후 변화를 정확히 측정하게 되다

1600년대 초 인류는 기후 감시 능력을 획기적으로 발전시켰는데, 온도계의 발명이 바로 그것이다. 이 새로운 기술 덕분에 이전과는 차원이 다른 계량적 정확성으로 온도 변화를 측정할 수 있게 되었다. 하지만 온도의 기준 척도가 고안된 것은 다시 1세기가 지난 1724년으로 독일 기술자 가브리엘 파렌하이트에 의해서였고, 그로부터 20년이 지난 1744년에는 안데르스 셀시우스가 또 다른 온도 척도를 들고 나왔다. 이 두 가지 척도는 현재까지도 살아남았는데, 어는점인 섭씨 0도는 화씨 32도이며, 화씨 단위는 섭씨 단위의 9분의 5와 같다. 현재 도량형에서 미터법을 채택한 나라는 모두 섭씨를 쓰고 있으며, 주요 국가 중 미국만 유일하게 화씨를 사용 중이다.

온도계의 발명과 화씨와 섭씨의 확산으로, 어디서든 온도 측정이 가능해졌고 비교도 할 수 있게 되었다. 계량의 기초가 확립되고 통용되면서 지구의 평균 기온을 관찰할 수 있게 되었으며, 그 결과 19세기 중엽부터 현재까지 기온의 상승 경향도 알 수 있게 되었다.

프라하의 클레멘티엄 관측소 같은 유럽의 몇몇 지점에서는 200년도 넘게 일일 기온을 기록해 왔다. 하지만 오랫동안 세계 각지에 설치된 관측소가 충분하지 않았기에 지구적 차원에서 어떤 주장을 내세울 상황은 아니었다. 특히 남반구의 대륙과 광활한 대양 지역에서의 측정은 거의 이루어지지 못했다. 남극조차도 1903년이 되어서야 최초로 국립 스코틀랜드 남극탐험대 기상관측소가 오크니 섬에 설치되었고, 1904년 이래 이 기지는 아르헨티나에 의해 운영되고 있다.

17세기와 18세기에 측정되지 못했던 것은 기온만이 아니었다. 발달된 과학 수준이 전체 지구로 확산되지 못했던 것이다. 하지만 예수회 신부들만은 곳곳에 기상관측소를 설립해 나갔고, 나중에는 아시아와 아메리카 대륙에도 지진관측소를 설치했다. 이들은 오래된 역사적 기록에 대한 이해가 자신이 일하는 지역의 환경을 파악하는 데 필수적임을 잘 알고 있었던 것이다. 한편, 이들은 원주민을 상대로 '자유 신학'이라고 불리는 신앙을 전파했기 때문에 스페인과 포르투갈의 왕정 및 교권과 사이가 나빴다. 결국 예수회 신부들은 2세기에 소환을 당했고, 그 후로 기후 자료의 관찰과 기록은 중단되었다.

몇몇 섬에 설립된 관측소를 제외하면 해수면 온도 기록의 대부분은 항해하는 배의 일지에서 얻은 것이다. 항해하는 배에서 이루어지는 해수면 온도 관측은 주로 바닷물을 양동이로 퍼 올린 다음 온도계를 담그는 식으로 진행되었는데, 나중에는 배의 엔진을 냉각시키려고 빨아들인 해수를 측정하는 형식으로 변화되었다.

오늘날 지구의 온도 측정은 세계 각지의 수천 지점에서 일간 및 연간 기준으로 이뤄진다. 이런 측정은 모든 대륙에서 이뤄지는데, 바다 위의 상선, 군함, 관측선은 대양을 항해하면서 기온을 측정하며, 위성을 통해 기온 자료를 전송하는 고정형·유동형 부표도 촘촘히 배치되어 있다. 이처럼 수백만 온도계의 측정치를 평균한 것을 우리는 지구 기온 변화의 계기 관측 자료instrumental record라 부른다. 하지만 이처럼 지구 전체를 아우르는 측정을 시작한 지는 불과 150년밖에 되지 않은 것이다.

장소와 시간이 제각각인 이런 대규모 자료를 취합하려면 깊은 주의가 요구되고, 상당한 통제 기술도 필요하다. 기상학자들은 새로운 측정 방법이 개발되는 경우 관측소의 온도계를 수시로 교체한다. 이전에는 시골이었던 곳이 도시로 변하면 관측 위치도 바꿔야 한다. 이전에는 양동이로 물을 퍼서 측정하던 해수면 온도도 선체의 흡입공을 통한 방법으로 바뀌었다. 평균을 잡기 위해 기상학자들은 관측소가 많은 지역과 그렇지 못한 지역에 신중하게 지역별 가중치를 부여해야 한다. 반가운 소식은 세계 유수의 기관들이 이런 문제점에 주의를 기울이면서 독자적인 측정 방법을 사용해 내놓은 측정 결과가 매우 유사하다는 사실이다.

판결: 지구는 더워지는 중

수백만 개의 온도계가 150년 이상을 기록한 결과는 무엇일까? 바로 지표면이 평균적으로 1도가량 따뜻해졌다는 사실이다.

150년 동안 줄곧 기온이 오른 것은 물론 아니다. 해마다 기복은 있었다. 10여 년 동안 기온이 상승한 때도 있었고, 둔화되거나 갑자기 냉기가 찾아든 때도 있었다. 하지만 지난 150년 동안의 평균 기온 그래프를 보면 기상학자가 아닌 사람이라도 온난화 추세를 쉽게 알아볼 수 있고, 현재는 그런 경향에 가속도마저 붙어 있다. 지난 25년간의 온난화 추세는 지난 150년과 비교하면 네 배나 더 가파르다. 지구의 열이 급격히 오르고 있는 것이다.

그렇다고 지리학적 관점에서 모든 지역이 평균적인 행태를 보이고 있는 것은 아니다. 어떤 지역은 평균보다 높고 어떤 곳은 평균보다 낮으며 몇몇 지역은 거의 변화가 없기도 하다. 그러나 계기 관측 자료가 보여주는 결과는 분명하다. 지구의 표면 온도는 지난 150년 동안에 심각하게 증가했으며, 지난 반세기는 중세 온난기보다 더 더웠다. 그 기간의 계기 관측 자료는 정확한 관측이 이루어진 초기보다 훨씬 빨리 지구 온도가 상승하고 있음을 보여준다.

이런 상황이 지표에만 국한된 것은 아니다. 지표도 더워졌지만 지표 위의 대기 온도도 상승했고, 대륙 지표면보다 낮은 대양의 해수 온도도 올라갔다. 대양 깊은 곳의 온도 측정은 몇 가지 다른 원천에서 수집되었다. 대양의 온도 구조에 관한 지식은 비밀리에 항해해야 하는 잠수함과 마음에 드는 고기의 서식지를 찾아야 하는 어선들에게도 중요하다. 소리는 따뜻한 물에서 더 빨리 진행하므로 음파 측심의 정확

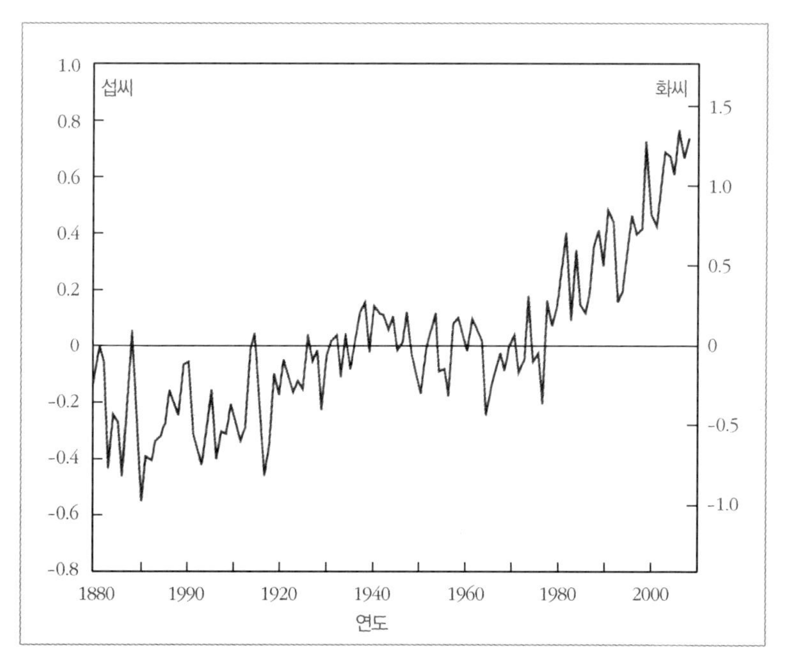

지구 평균 기온의 변화 그래프(1951~1980년 평균으로부터의 편차).
자료 출처: 미국항공우주국 고다드 우주연구소

도를 높이려면 대양의 온도 구조를 알고 있어야 한다. 해수면을 출발한 음파가 해저에서 반사되어 돌아오는 시간이 깊이 측정의 중요한 요소이기 때문이다.

수십 년 동안 수집된 이런 자료는 미국 국립대양자료센터에 보관 중인데, 이 자료는 대양이 어떻게 온도 상승에 반응하는지를 알려주는 보물 상자와 같다. 이 자료를 분석하면, 1950년 이후로 대양의 해저에 상당한 열이 흡수되었고, 그 열의 3분의 2가 750미터 깊이에 저장되어 있다고 나타난다.[1]

대륙의 지표 아래 존재하는 암석층의 온도도 변화하는 지표면 온도의 영향을 받고 있다. 지난 20년에 걸친 나의 분석 작업도 암석이 겪었던 기후 역사를 재구성하기 위해 세계 각지의 지표 온도를 수집 · 분석하는 데 집중되었다. 지구 온도를 분석하는 원리는 간단하다. 저녁 때 피운 캠프파이어 옆에 쌓았던 돌의 내부는 불이 꺼지고 한참이 지난 아침에도 여전히 따스할 것이다. 내부의 온도를 알아내 몇 단계의 계산을 거치면, 지난밤 캠프파이어가 얼마나 뜨거웠는지를 알 수 있다. 돌의 표면이 경험한 지난밤의 '기후'가 드러나는 것이다.

마찬가지로, 일정한 간격을 두고 지각의 암석이나 그린란드와 남극 대륙의 두꺼운 얼음장을 시추하는 것으로 온도를 측정할 수 있다. 3000~6000킬로미터 깊이에 이르는 바위 구멍은 광물이나 수맥, 또는 과학 조사를 위해 자주 시추된다. 그 후 바위 구멍의 온도를 기후 변화가 없던 지역의 유사한 깊이에서 측정한 온도와 비교한다. 온도가 변칙적인 지역은 지표에서 아래로 전달된 과거의 온도 변화를 담고 있는 것이다. 그린란드 얼음장을 시추하면 150미터 아래에서는 소빙하기를, 450미터와 750미터 깊이에서는 홀로세 최적기를 찾아낼 수 있다.

그렇다면 바위는 온도를 얼마나 오랫동안 기억할까? 바위를 통해 열이 전달되는 속도는 매우 느리다. 최근의 빙하기를 최장 2만 년 전이라 가정해도 표면에서 1.6킬로미터 이하로는 열이 전달되지 않을 정도다. 따라서 지표의 최상층 지각은 지난 수천 년 동안의 기후 변화를 매우 효과적으로 드러내는 열 저장고로서 역할을 하게 된다.

세계 각지의 800개가 넘는 시추공 온도를 세밀히 분석한 결과,[2] 5세기 전 지구의 평균 온도는 현재보다 1도 정도 낮았다는 것을 파악할 수 있었다.[3] 1500년 이후 지구의 암석은 처음에는 천천히 나중에는 더 빨리 따뜻해졌고, 500년에 걸친 온도 상승분의 절반 이상이 20세기에 일어났다. 암석으로 추정한 표면 온도의 변화는 1860년부터 독립적으로 측정된 계기 관측 자료와 완전히 일치한다. 두 가지 이상의 독립된 방법으로 같은 결과에 도달할 경우에 과학적 결론은 더욱 설득력을 갖게 된다.

대양의 물과 대륙의 암석이 그렇듯이 대기 역시 따뜻해지고 있다. 1950년대 이후 기상 관측 기구와 1970년대 이후의 위성 측정 결과는 지표면의 계기 관측 자료와 비교하기엔 기간이 짧지만, 대기 온도의 추세를 다양한 높이에서 한눈에 보여준다. 위성 자료는 표면 측정에 비해 제약이 많지만, 기술적 난점이 하나씩 해결되면서 차이가 거의 사라지고 있다.

오늘날은 두 가지 방법으로 측정한 표면 온도 자료가 거의 유사한 정도까지 왔다. 전 세계의 땅과 바다, 대양 심해, 대륙의 암석, 지표 위 대기권에서 과학적 도구로 수행된 온도 측정 결과는 모두 같은 목소리를 내고 있다. "지구는 따뜻해지고 있다."

기후 변화를 부인하는 자들의 첫 번째 입장

20세기가 끝나고 21세기가 시작된 10년 동안 지구온난화보다 더 각광을 받은 과학 주제는 없을 것이다. 〈뉴욕타임스〉, 〈워싱턴포스트〉, 〈월스트리트 저널〉의 심층 보도와 해설이 넘쳐났고 〈타임〉, 〈뉴스위크〉, 〈이코노미스트〉, 〈비즈니스위크〉, 〈베니티 페어〉, 〈아틀랜틱〉, 〈뉴사이언티스트 사이언티픽 아메리칸〉, 〈와이어드〉, 〈스포츠 일러스트레이티드〉 등에서도 커버스토리로 다루었다.

전 부통령 앨 고어가 직접 나서서 〈불편한 진실An Inconvenient Truth〉이라는 영화를 제작하는가 하면, 웨더 채널은 매주 특집으로 〈지구 예보Forecast Earth〉를 내보내기 시작했다. 미국 상원과 하원은 공식적으로 기후 변화 청문회를 열었다.

처음에는 '그렇다더라' 식의 인용 기사가 대부분이었고 대치되는 논점에 관한 분석은 거의 없었다. 하지만 곧 '공정하고 균형 잡힌' 보도 자세가 눈속임일 뿐이라는 것이 드러났다. 이 문제의 주역은 탄소에 기반을 둔 거대한 에너지 산업이라는 것을 다들 알게 되었기 때문이다.[4] 거대 기업은 논쟁 중인 기후 과학을 '혼란의 과학', '애매모호한 과학'이라고 폄하하거나, 아예 '미친 과학'이나 '쓰레기 과학'으로 매도하면서 혼란을 부추기는 배후 세력이었다.

기후과학계의 합의가 왜 증가하는지를 잘 알고 있으면서도 화석연료 산업에서 자금을 지원받는 과학자들은 소위 회의론자, 또는 기후 반대파의 악역을 맡지 않을 수 없었다. 기후 변화에 관해 거의 확고해진 과학적 합의를 공격하는 것은 마치 사마귀가 수레를 가로막는 형국이다. 그 엉성한 부정론을 다음 네 가지로 요약해 살펴보자.

1. 지표 온도를 측정한 계기 관측 자료에 결함이 있다.
2. 기후 변화의 원인은 전적으로 자연적인 것이다.
3. 기후 변화는 결과적으로 큰 혜택이 될 수도 있다.
4. 기후 변화를 해결하는 데 드는 비용보다 경제적 실익이 훨씬 적을 것이다.

이 네 가지는 인위적인 기후 변화를 새로운 이념처럼 생각하고 부정하거나 현실에 눈을 감으려는 선입견이 불러온 반대였다. 이런 주장 중 단 하나라도 설득력을 갖거나 증명이 되면, 온난화와 관련된 모든 내용이 무의미하다고 공격하는 식이다.

반대론자의 주장은 부정확한 정보, 반신반의, 오해, 단순화, 거짓말 등으로 꽉 채워져 있지만, 무엇보다 중요한 것은 그 모든 주장의 배경이 되는 연계성 개념이다. 반대론자들은 기후 변화와 관련된 모든 논의가 서로 연계된 것으로 보고, 그중 하나의 고리만 끊어져도 기후 변화 논의가 더 이상 지속될 수 없다고 생각한다.

물론 기후 변화와 관련된 과학적 줄거리가 연계된 것은 사실이지만, 이는 여러 증거로 직조된 강력한 그물 침대라 생각해야 할 것이다. 설사 그중 한 가닥이 약해지더라도 기후 변화의 진실은 여전히 서로를 지지할 것이기 때문이다.

반대론자들은 첫 번째 진지를 성공적으로 방어한 다음 기후 변화를 보여주는 나머지 자료가 모두 증거력이 부족하다고 목소리를 높이면 싸움이 끝날 거라 예상한 듯하다. 이렇게 방향을 잡은 반대론자들은 과학적 인식이 부족할 수밖에 없는 대중을 복잡한 논쟁 속으로 끌어들인 후, 지구온난화를 입증하는 관측 자료를 공격해 혼란을 가중시켰다.

- 도시의 열섬 현상이 기록을 왜곡시키는데, 어떻게 도시에 있는 관측소의 자료를 믿겠는가?
- 10년마다 온도계를 교환한다는데, 그렇게 1세기 동안이나 계속 바꾼 온도계의 기록을 우리더러 믿으란 말이냐?
- 현재 뉴햄프셔가 지구온난화의 영향을 받아 따뜻하다고 하더니, 뉴햄프셔가 역사상 가장 춥다는 일기예보는 또 뭔가?
- 지구가 따뜻해지고 있다면, 지난 수십 년 동안 남극의 드라이 밸리나 황량한 네바다 주가 그저 시원하기만 할 정도로 변했단 말인가?
- 지구 온도를 재는 위성 자료에는 온난화 징조가 없다던데, 그럼 자료의 앞뒤가 안 맞지 않는가?
- 모르긴 몰라도 대륙이 따뜻해지면서 바다는 시원해지고 있을걸.

이런 주장을 반박하기 위해 과학적으로 흥미로운 온갖 반증이 제시되었다. 이제부터 그런 주장을 간단히 요약해 보자.

첫 번째, 열섬 현상은 사실이지만 시골의 기상학적 자료를 이용하여 최종 자료는 충분히 교정되었다. 또한 지구 면적의 70퍼센트를 차지하는 대양에는 도시가 하나도 없다는 점도 잊지 말아야 할 것이다.

두 번째, 온도계 교체 논란은 일정 기간 동안 헌 것과 새 것을 비교해 같은 결과가 나오는지 확인하면 끝나는 일이고, 그런 절차는 당연히 시행되고 있다.

세 번째, 어떤 장소가 겨울에 매우 춥거나 여름에 매우 덥다는 반론은 비논리적이다. 기후 변화는 장기적 추세를 말하는 것이지, 연간 고저 변동을 말하는 것이 아니기 때문이다.

네 번째, 실제로 어떤 곳은 평균보다 더워지고 어떤 곳은 추워지더라도, 평균 기온이 전체적으로 높아지고 있다는 것이 핵심이다. 기후 체계에서 모든 장소가 동일한 방향의 변화를 보이기는 힘들다.

다섯 번째, 위성 자료와 표면 관측 자료의 차이는 초기에 이미 해결되었다.

여섯 번째, 대륙이 따뜻해지는 반면 해양은 차가워질 것이라는 주장은 사실이 아니다. 지난 반세기 동안 해양의 온도 추세는 지극히 일관적이었다.

자연이 가진 온도계

관측 기록의 정확성에 관해 논쟁할 때 '지구가 뜨거워진다는 사실은 반드시 과학적 도구에 의해 입증되어야 한다'는 선입관이 자리를 잡으면, 부분에 치중하다 전체를 잃는 우를 범할 수 있다.

자연은 땅과 바다에 사는 동물과 식물이라는 온도계를 갖고 있다. 계절의 온랭에서 해마다 단서를 얻는 식물들은 이전보다 훨씬 빨리 싹을 틔우고, 새들도 더 이른 철에 알을 낳는다. 따뜻한 곳을 찾아 이주하는 철새들이 겨울철 서식지를 향해 가야 할 가을에도 여전히 어슬렁거리고 있는가 하면, 어떤 철새들은 겨울이 따뜻해지자 이주를 포기하고 따뜻한 곳에 눌러 앉는다. 벌레들은 더 높은 산으로 옮겨 살기 시작했으며, 겨울이 춥지 않아 여름의 개체 수가 줄어들지 않다 보니 숫자가 급격히 늘어나기도 한다. 호수의 물이 따뜻해지면서 물고기 개체 수도 변화 중인데 냉수 어종인 월아이walleye(민물 농어류)나 송어는 따뜻한 물에 사는 베스나 블루길로 점차 대체되고 있다.

자연의 변화 시기에 초점을 맞추는 생물계절학phenology은 계절에 따른 개체의 도착과 출발, 꽃의 개화와 낙화, 새의 부화 등을 다루는 생물학의 한 분파인데, 취미로 이를 즐기는 자연주의자도 적지 않다. 환경적 자료인 장기 온도와 강수량, 그리고 생물계절학 자료를 규칙적으로 수집하는 것은 기후 체계의 윤곽을 연구하는 데 결정적이다. 하지만 이 연구자들은 대부분 무명이며 취미 삼아 또는 전공으로 이 일을 묵묵히 수행하고 있다. 이런 작업은 이렇다 할 상이나 인정을 받기 어렵지만, 광대한 과학 발전을 위한 자료에는 분명히 기여한다. 로열 홀로웨이 런던 대학의 대기과학자 유안 니스벳은 "과학적 관측이란 사랑도 보상도 없는 신데렐라"라고 말한 적이 있다.[5] 이런 신데렐라 과학을 한번 살펴보자.

뉴욕에서 북쪽으로 130킬로미터 정도 떨어진 휴양지 모홍크 마운틴 하우스의 울퉁불퉁한 노두 위에는 기상관측소가 자리를 잡고 있다. 1896년 이후 누군가 한 사람은 매일같이 온도와 눈과 비를 측정한 자료를 읽기 위해 이 봉우리를 올라야 했다.[6] 1세기가 훨씬 넘는 기간 동안 관측자는 모두 다섯 명에 지나지 않았으며, 그중 한 명은 이 휴양지 설립자의 후손인 다니엘 스밀리로 반세기 동안이나 그 임무를 수행했다. 그는 온도 말고도 개화 시기, 봄에 도착하는 여러 새 종류, 작은 호수의 온도와 산성도 등 이 지역의 역사를 기록하는 자료를 남겼다.

이곳에서 수집된 수천 개의 일간 관측 기록은 1896년 이후 연평균 기온이 1.5도 상승했고, 식물 생장 기간이 열흘이나 연장되었다는 것을 보여준다.

2001년 러시아 연구 여행을 떠난 나는 몽고 국경 북쪽인 남부 시베리아의 이르쿠츠크에서 며칠을 보냈다. 그리치치 본초자오선에서 동경 105도 위치인 이르쿠츠크는 서경 105도인 내 고향 네브래스카 주와 런던에서 동서 방향으로 똑같은 거리만큼 떨어져 있다. 시베리아 구노선의 횡단철도역이기도 한 이르쿠츠크는 신설된 철도 노선이 지나는 노보시비르스크 같은 시에서 서쪽으로 무려 1600킬로미터나 떨어져 있다. 1727년 비투스 베링이 베링 해를 발견하기 위해 3년에 걸쳐 말을 타고 내륙을 탐험하던 중 이르쿠츠크에서 겨울을 난 적도 있다. 이르쿠츠크는 300년이나 된 화려한 장식의 목조 가옥과 소비에트 시절의 콘크리트 아파트가 대조를 이룬 채 존재하는 곳이다.

한 시간도 되지 않는 거리에는 세계 최고 수심에 최대 담수 저장량을 자랑하는 최고령 호수 바이칼 호가 위치해 있다. 수심 1700미터에 세로로 600킬로미터를 길게 뻗은 바이칼 호는 동아프리카의 탕가니카 호와 비슷하게 단층 지구대 계곡을 덮고 있다.

2001년 4월 초에 내가 바이칼 호를 찾았을 때는 1미터 두께의 얼음장이 덮여 있었고, 봄 해빙은 6주나 더 있어야 한다는 설명을 들었다. 바이칼 호 옆에 위치한 태양관측소에서 일하는 과학자와 대화를 나누다, 불과 몇 킬로미터밖에 떨어지지 않은 곳에 대단한 가족이 살고 있다는 것을 알게 되었다. 무려 3대에 걸쳐 바이칼 호를 연구하고 있다는 것이다. 2차 세계대전이 끝난 직후 이르쿠츠크 주립대학에 부임했던 미하일 코츠호프는 바이칼 호의 기온 측정과 생물학적 조사를 시작했다.[7] 여름에는 배로, 겨울에는 얼음에 구멍을 뚫어가며 조사를 수행했다. 1968년 코츠호프가 사망한 후 그를 보좌하던 여동생 올가가 측정 작업을 이어받았고, 나중에는 그녀의 딸 리유보프 이즈메스테바가 보좌역으로 합류했다. 2000년에 올가가 사망한 후 이르쿠츠크 대학의 교수가 된 리유보프가 이 작업을 계속하고 있다. 이렇게 축적된 온도 측정 자료는 바이칼 호 표면 온도가 25년에 0.5도씩 상승하고 있으며, 그런 온난화가 호수 깊은 곳으로도 침투하고 있다는 사실을 보여준다.

알래스카의 포인트 배로에서 약간 떨어진 보빙(내륙빙의 끝이 바다로 흘러들어 육지의 앞쪽을 둘러싸고 바닷물 위에 벼랑을 이룬 얼음덩이 – 옮긴이) 지역인 쿠퍼 섬은 실질적으로 북아메리카에서 가장 북쪽 지점이다. 북극권에서도 500킬로미터 북쪽에 위치한 이곳은 검정 바다오리와 희귀한 바닷새의 서식지이기도 하다.

1972년 젊은 조류학자 조지 디보키는 이런 바닷새들의 서식 행태를 연구하기 시작했다.[8] 그 후 30년 동안 여름철을 바다오리와 함께 쿠퍼 섬에서 보냈고 때로는 북극곰도 연구했다. 대부분은 '골방 외톨이' 신세였겠지만, 때로는 연구 조수와 함께한 적도 있었다. 그는 쿠퍼 섬에 바다오리가 돌아오는 때와 알이 깨지고 하늘을 날게 되는 때 등을 꼼꼼히 기록했다. 디보키가 발견한 것은 북극 여름철의 생육 순환이 열흘 이상 앞당겨졌다는 사실이었다. 눈이 녹기 시작하면 바로 둥지를 만드는 바다오리는 눈이 녹기 전에는 결코 작업에 들어가지 않는다. 그러므로 둥지 작업이 이전보다 빨라지고 있다는 것은 연간 해빙 시기의 대용 변수로서 좋은 지표이다. 한편 바다오리의 개체 수는 1990년을 정점으로 줄어들기 시작했다.

북극의 온난화가 진행되면서 쿠퍼 섬 서식지에서 바다 얼음은 점점 더 멀리 떠나고 있다. 바다 얼음 주변은 바닷새들이 둥지를 틀기 좋아하는 장소인데, 이처럼 바다 얼음이 슬며시 이동하면 바닷새가 먹이를 구할 장소가 사라지는 셈이다.

자연 최고의 온도계는 가장 민감하면서도 명백한 기후 변화의 지표인 얼음이다. 얼음은 따뜻해지면 녹을 수밖에 없기 때문이다. 얼음이 고체에서 액체로 변하는 데는 이념적으로 부담을 느낄 필요도 없으며, 정치적으로 배려를 할 필요도 없다. 얼음은 그냥 녹을 뿐이다.

얼음의 계절

네브래스카에서 보낸 나의 어린 시절을 돌아보면 인쇄된 달력보다는 실제 계절이 좌우하는 연중행사들이 있었다. 동네의 하키는 조지 호수가 어는 것을 신호로 시작되었고, 오리 사냥은 수많은 수로로 엉켜 있던 플랫 강이 얼음으로 막힐 때 시작되었다. 미네소타 강가로 가는 가족 낚시 여행은 북쪽을 따라 1000킬로미터나 이어지는 강 얼음이 깨지면 시작이었다. 5월 말 아버지가 미네소타의 인터내셔널 폭포 근처에 사는 친구에게 얼음이 다 녹았는지 묻는 전화를 하고 일주일쯤 지나면, 우리 가족을 위한 월아이 견지낚시 철이 찾아왔다. 지구촌 곳곳의 사회 행사 상당수가 해마다 오가는 얼음과 연결되어 있다.

매디슨은 위스콘신 주의 주도이자 위스콘신 대학이 있는 곳이다. 위스콘신 시 양쪽으로 자리 잡은 멘도타 호와 모노나 호는 1836년 위스콘신 주가 만들어진 이래 주민들의 대표적 휴식 공간이었다. 150년 이상 기록되어 온 가을 결빙과 봄 해빙 날은 매우 흥미로운 점을 시사한다. 1850년 멘도타 호는 12월 초에 얼었다가 다음 해 4월 초에 녹았지만, 150년이 지난 후 결빙은 9일이나 늦어졌고 해빙은 무려 2주나 빨라졌다.

미시간 호 동쪽 연안의 그랜드트래버스 만 역시 19세기 중반부터 기후가 기록되고 있는 곳이다. 1851년 이후 120년 동안 만이 완전히 결빙한 것은 10년에 일곱 번꼴이었으나 1980년대에는 여섯 번, 1990년대에는 세 번으로 줄더니 21세기의 첫 10년 동안은 겨우 두 번만 얼었다.[9] 완전히 결빙된 후 얼음이 만 전체를 덮은 날도 35일로 줄어들었다.

결빙 기간이 줄어드는 것은 북아메리카 호수에서만 일어나는 현상이 아니다. 스칸디나비아, 유럽, 아시아 등 장기 관측 기록을 갖고 있는 곳은 모두 같은 결과를 보여준다. 또한 북극으로 흘러드는 캐나다의 매켄지, 시베리아의 앙가라와 레나 등 주요 강도 비슷한 경향을 보이고 있다. 북반구의 담수에서 생기는 겨울철 얼음은 이제 보기 드문 현상으로 치부될 지경이다.[10]

뉴질랜드, 안데스, 알프스, 알래스카, 로키 산맥, 중앙아시아, 적도 아프리카 등 곳곳의 산악 빙하도 줄어들고 있다. 미국 지리조사국과 설빙자료센터는 여러 기간에 걸쳐 미국 대기와 빙하의 사진 자료를 축적해 왔다.[11] 몬태나 글래시어 국립공원에서 빙하는 1850년에 150곳이 존재했으나 현재는 30곳도 되지 않는다. 지금과 같은 추세로 녹는다면 2030년경에는 모두 사라질 것으로 보인다.

남아프리카 적도에서 위도로 불과 몇 도 아래에는 킬리만자로 산이 있다. 해발고도가 5800미터나 되는 킬리만자로 산은 사람들의 마음속에 눈과 얼음이 덮인 산정으로 각인되어 있다. 아프리카를 상징하는 대표적인 명소로, 어니스트 헤밍웨이의 단편소설 《킬리만자로의 눈

The Snows of Kilimanjaro》의 현장이기도 하다. 하지만 20세기를 지나면서 킬리만자로는 계속 얼음을 잃고 있다. 2008년에 잔류하는 얼음의 부피는 1세기 전과 비교하면 10퍼센트도 안 되는 수준으로, 지금처럼 손실이 계속된다면 2020년경 적도 아프리카에서는 얼음이 완전히 자취를 감출 것으로 추정된다.

캐나다 앨버타 주의 애서배스카 빙하는 북아메리카에서 방문객이 가장 많은 곳으로, 캐나다 경관 중 1, 2위를 다투는 밴프 국립공원과 재스퍼 국립공원 사이에 자리 잡고 있다. 빙하의 쇠퇴는 한 해 간격으로 빙하가 위치했던 지점을 표시하려고 설치한 빙하 시작점 지표를 통해 쉽게 알 수 있다. 125년 동안 애서배스카 빙하는 첫 번째 지표 위치에서 거의 1.6킬로미터나 뒤로 후퇴했다.

알프스 빙하 지대의 퇴각이 워낙 빠른 것을 우려한 관광 회사들은 여름철 해빙을 늦추기 위해 거대한 태양 반사막을 빙하 위에 설치하는 등 필사적인 안을 짜내고 있다. 지금처럼 녹아내린다면 금세기 말쯤 알프스 빙하는 추억 속에나 남아 있게 될 것이다. 아시아의 히말라야 빙하도 중국 황하의 연간 수량만큼 많은 양의 얼음을 해마다 잃어버리는 형편이다.

툰드라 여행일

극지방 동토를 여행하는 것은 쉽지 않지만, 상식과 달리 여름보다는 겨울이 훨씬 용이하다. 여름철의 백야는 상상을 초월하는 가시성을 확장해, 사람이 거의 살지 않는 지역까지 수월하게 여행하도록 도와주기도 한다. 하지만 이 장엄한 풍경 속에는 함정이 숨어 있다. 녹아서 물러진 땅이 스펀지처럼 되면서 겨울철 언 땅에서 가능했던 차량 통행을 가로막는 것이다. 연중 평균 기온이 어는점 이하인 영구동토대조차 여름철에는 일부에서 해동이 일어나 '활동 지역'으로 바뀌고 있다. 겨울철에 얼어 있던 지표 아래 0.3~1미터 정도의 표면이 여름에 진창이 되는 것이다. 그래서 광물과 원유를 채굴해 운반하거나 과학기지 및 멀리 떨어진 거주지에 보급품을 운송하는 일은 주로 겨울철에만 가능하다.

이 시기 중 차량 통행이 가능한 일수를 '툰드라 여행일'이라 부르는데, 이 툰드라 여행일이 급격히 줄고 있다. 1970년에는 알래스카의 동토를 일곱 달 이상 다닐 수 있었지만, 오늘날은 1월 초부터 5월 중순까지 단 네 달만 통행이 가능하다. 땅 위를 여행할 수 있는 날이 10년 단위로 한 달씩 줄어들고 있는 것이다. 툰드라의 표면에서 '활동 지역'이 발생하는 기간이 현재는 1년 중 3분의 2 정도지만, 21세기 말에는 1년 내내 계속되면서 결국 이 지역 전체가 통행 불가 상태가 될 것 같다.

남극 다음으로 거대한 얼음 창고, 그린란드

극지방 섬인 그린란드는 멕시코보다 더 넓은 지역으로 대서양 북쪽의 북극권 안에 위치해 있다. 남극 다음으로 거대한 얼음 창고인 이 섬은 얼음이 해변을 제외한 모든 지역을 덮고 있다. 이것들이 녹아내린다면 현재의 해수면은 6미터 이상 상승할 것이다. 얼음 기둥의 상층부는 해발 3600미터 높이지만, 얼음 아래 300미터에는 얼음 무게에 눌린 또 다른 암반층의 해수면이 존재한다. 그린란드의 얼음은 천천히 바다로 미끄러지며 섬 주위에 수백 개의 빙하 흐름을 만들어낸다.

빙하는 아래 작은 구멍이 뚫려 있는 빗물받이 통에 비유할 수 있다. 물이 생기면 구멍으로 흘러 나가겠지만, 비가 오지 않아 물이 없을 때는 통 속에 들어찬 얼음이 아주 천천히 줄어들며 조금씩 물을 흘려보낼 것이다. 밑으로 빠져나가는 물의 양과 위에서 붓는 강수량이 같으면 통 속의 수위는 변하지 않는다. 하지만 빠져나가는 물보다 강수량이 많으면 수위는 상승하게 될 것이다. 눈이 변해 만들어지는 얼음이 재충전되지 않으면, 결국 그린란드의 얼음도 녹아서 줄어들 수밖에 없다.

여름철 저지대의 기온이 따뜻해지면서 해마다 그린란드의 얼음장 주변은 녹아내리고 있다. 20세기 들어 얼음이 녹으면서 이 지역의 면적과 고도는 상당히 불안정해지고 있다. 지난 세기를 지나며 이런 해동 지역이 넓어졌고, 더 높은 고도까지 확장되기 시작했기 때문이다. 여름철에 녹는 그린란드의 면적은 30년 전과 비교하면 30퍼센트 이상 확장되었고, 지금은 해발 1800미터 이상의 고지대 얼음까지도 녹고 있다.

한여름에는 해빙 지역이 물웅덩이와 호수를 만들어, 마치 하얀 배경에 파란 보석을 박아놓은 듯한 정경을 자아낸다. 이 물은 겨울에 다시 결빙하므로 녹아서 빠져나가는 얼음양과는 무관하다. 녹아서 강으로 흘러내린 물 중 바다에 이르는 물은 순수한 얼음 상실량이 되어 해수면을 상승시킨다.

그린란드와 남극대륙 얼음 총량의 증감 여부를 결정하기는 결코 쉬운 일이 아니다. 이를 측정하는 기술 중 하나가 항공 레이저 고도 측정

인데, 비행기로 얼음 표면을 낮게 날면서 레이저 광선을 아래로 반복해서 발사하는 것이다. 지표에서 반사된 레이저 광선이 비행기로 되돌아오는 데 걸린 시간을 환산하면 얼음 표면의 높이를 추정할 수 있다.[12] 몇 달 동안 이런 측정을 반복하면 얼음의 높이에 일어난 변화를 알 수 있게 된다. 만약 표면이 낮아졌다면 얼음이 줄어드는 감소 현상이 발생한 것이고, 높아졌다면 얼음 축적이 일어난 것이다. 하지만 이런 높이 측정은 오해의 소지가 있다. 새로 생긴 얼음 때문에 지표 높이가 1미터 상승한 경우라도, 얼음 밀도에 1미터가 추가된 것으로는 볼 수 없다는 점이다. 왜냐하면 새로 내린 눈은 상대적으로 가볍고 푹신하기 때문이다.

얼음 총량의 변화 여부를 측정하는 또 다른 방법은 지구 주변을 도는 인공위성을 이용해 지구 인력을 측정한 후 이를 원용하는 것이다. 매우 작은 인력 변화라 해도 다양한 암석층의 밀도 변화와 연계되어 있기 때문이다. 평균치에 비해 저밀도인 바위의 총량은 인력 부족 상태를, 고밀도인 경우는 인력 초과 현상을 나타낸다. 일반적으로 인력은 평균을 초과하는 밀도를 가진 암석 지역에서는 증가하고, 평균보다 부족한 밀도 지역에서는 감소한다.

한편 지구를 도는 위성의 궤도에는 약간씩 섭동이 일어나는데, 한 지역의 질량과 인력의 작은 변화가 위성을 가속 또는 감속시키기 때문이다. 따라서 위성 궤도를 세밀하게 관측하면 해당 지역의 얼음양 변화를 유추할 수 있다. 이와 관련해 2002년 이래 그린란드와 남극 상공에서 실시되고 있는 그레이스GRACE: Gravity Recovery And Climate Experiment 사업에 관심이 집중되고 있다. 그린란드를 대상으로 한 그레이스 실험에서는, 빙하 내부에서 지속적으로 물이 유출되면서 얼음양이 감소하고 있다는 보고가 나왔다. 남극 지역의 얼음양도 지난 몇 년 동안 75퍼센트까지 감소했는데, 이는 주로 대륙 주위에 떠 있던 빙붕이 갈라지면서 분리된 빙하가 바다로 흘러내리고 있기 때문으로 보인다.

얼음이 둥둥 떠다니는 바다

북극해는 북극을 둥글게 감싸고 있는 바다이다. 북극해의 지름은 약 4500킬로미터로 한쪽은 북아메리카와 그린란드가, 다른 한쪽은 유럽과 아시아가 둘러싸고 있다. 바다 전부가 북극권 안쪽에 있기 때문에 극단적인 햇빛 변화를 겪는데 겨울에는 암흑이, 여름에는 백야가 지속된다. 북극해 대부분은 1년 내내 거대한 바다 얼음에 덮인 상태다. 여름철에는 얼음이 녹아서 바다 표면 일부분이 열리기도 하지만, 겨울이 되면 1~2미터 두께로 결빙한다.

20세기 상반기에 북극해의 3분의 1 정도가 얼었다 녹았다를 반복했지만, 바다의 3분의 2는 오래된 얼음이 층층이 쌓인 그대로였고, 5년 이상 그 상태인 곳도 있었다. 얼음은 오래될수록 두꺼워져서 때로는 4.5미터 이상이 되기도 한다. 언뜻 보기에는 북극해에 쌓인 바다 얼음의 대부분이 그대로 있는 것처럼 보이지만, 지금 보고 있는 얼음과 전에 본 얼음은 결코 같은 것이 아니다. 바다 얼음은 극동 지역에서 시작해 북극을 거친 다음 스칸디나비아로 빠져 대서양으로 흘러가기 때문에, 북극해의 어떤 얼음도 5년 이상 그 자리에 머무르지 않는다.

탐험의 시대였던 16~19세기에는 소빙하기의 냉각기와 일치한다. 북극해의 얼음은 캐나다 북쪽의 다도해 사이를 흐르는 수많은 해협의

구석구석에서 형성된다. 이 미로 같은 수로는 얼음이 없을 때에는 유럽에서 아시아에 이르는 최단 거리로 아프리카나 남아메리카를 통하는 것보다 3분의 2 정도 단축된 길을 제공한다. 이 바닷길은 실제 항해용도라기보다는 개념상 북서 항로라 불렸는데, 그동안 얼음에 막혀 있었기 때문이다. 하지만 얼음이 줄어들면서 동양과 서양을 잇는 교역로가 될 준비를 하고 있다.

디스커버리호를 타고 떠났던 마지막 항해에서 제임스 쿡은 북서 항로의 서쪽 입구를 찾고 있었다. 1778년 여름 알류샨 열도의 서쪽을 따라가다 베링 해로 들어섰지만 동쪽으로 난 항로가 보이지 않았다. 베링 해에서 북위 70도를 넘어섰고 동쪽에 육지가 가까워지자, 쿡은 혹시 이 지역이 서쪽 관문은 아닐까 하는 생각을 떠올렸다. 그리고 캐나다와 그린란드 사이에 3000킬로미터 간격으로 마주보고 있는 배핀 만까지는 얼마나 될지 계산하기 시작했다. 하지만 실제 상황은 달랐다.

이틀 후에 쿡은 멀리 광활한 얼음 위에서 반짝이는 구름을 보게 된다. 얼마 지나지 않아 그 얼음이 다가왔고, 3미터도 넘는 두께의 육중한 얼음벽이 하늘 끝까지 펼쳐져 있었다. 희망이 없다고 생각한 쿡은 할 수 없이 태평양 항로로 배를 돌렸다. 그로부터 6개월 후 하와이에서 폴리네시아 원주민과 싸우다 죽었으니, 이것이 그가 본 마지막 얼음이었다.

그 후에도 북서 항로를 찾기 위한 항해가 계속되었지만 아무도 성공하지는 못했다. 1845~1847년 프랭클린 탐험대는 항로 중간에서 얼음에 갇혔고, 결국 굶주림으로 전원이 사망해 전설이 되었다. 1906년에야 노르웨이 탐험가 아문센이 3년간의 항해 끝에 북서 항로를 통해 알래스카에 도달했다. 그는 그로부터 5년 후 최초의 남극 정복이란 영예를 얻기도 했다. 하지만 아문센이 만났던 얼음은 18~19세기 탐험가들이 마주했던 장애물보다는 나았을 것이다. 왜냐하면 19세기 초반에 이미 소빙하기는 정점을 지나 내리막길로 가고 있었기 때문이다. 그리하여 1906년에 아문센은 따뜻해진 기후의 혜택을 입게 된다.

여름철 바다 얼음의 퇴각과 겨울의 재결빙은 장기적이고 규칙적인 현상이지만, 20세기 후반이 되면서 여름철 해빙 때에는 더 많은 얼음이 녹기 시작했고, 겨울철에 복구되는 결빙은 줄어들고 있다. 20세기 말의 여름 바다 얼음은 19세기 중엽과 비교하면 25퍼센트 가까이 감소했다. 바다 얼음의 평균 두께 역시 19세기 중엽보다는 절반쯤 감소했다.

러시아의 쇄빙선 야말은 몇 년째 북극에 관광객을 수송하고 있다. 2000년 8월 야말이 북극에 도착했을 때 승선자 모두가 놀라지 않을 수 없었다. 물길이 열려 있었던 것이다. 가끔 얼음 사이로 물길이 열리는 이런 빙호 수역은 드문 현상이 아니다. 그렇게 얼음이 없는 수역을 러시아어로 폴리냐polynya라고 부르는데, 이제는 세계적으로 통용되는 말이 되었다. 빙호는 얼음 아래 해류의 용승(영양염이 많은 심해수 등에서 200~300미터 중층의 찬 해수가 여러 가지 원인으로 상승해 해면으로 솟아오르는 현상 – 옮긴이)이나 상공의 바람에 따라 변화무쌍하다.

몇몇 빙호는 대양 해류의 안정성을 반영하는 지질학적 특성으로 영구적으로 존재하기도 하지만, 보통은 일시적으로 생성되어 오늘 있던 것이 내일 사라지기도 한다. 북극해의 빙호가 얼마나 많이 존재하는지 정확히 알 수는 없지만, 전반적으로 바다 얼음이 매우 얇아진 가운데 북극에 이르는 길 끝까지 빙호가 산재해 있다는 2000년도 기록이 있다. 과거에도 여러 차례 북극을 항해했던 야말호 선장은 이제야 처음으로 빙호 하나를 보았다며 이런 변화에 놀라움을 표시했다.

기후 변화를 보여주는 징표는 북극뿐만 아니라 남극에서도 나타난다. 남극대륙에서도 얼음은 쉬지 않고 자란다. 남극에서는 거대한 얼음이 일상다반사이니, 18년 동안 이 대륙을 오간 나는 웬만해서 쉽게 놀라지 않는다. 그러나 2007년 12월 중순 지평선의 장관을 봤을 때는 얼어붙지 않을 수 없었다. 남극대륙의 끝이자 비교적 따뜻한 남위 61도 서경 54도인 엘리펀트 섬과 클래런스 섬 사이에 지금까지 한 번도 보지 못했던 초대형 얼음이 떠 있었던 것이다. 길이 50킬로미터, 폭 20킬로미터 크기의 얼음덩이가 수면 위로 30미터 이상 깎아지른 절벽을 드러내고 250미터 정도는 물에 잠긴 상태로 남쪽 바다에 솟아 있었다.

이 거대한 얼음장은 웨들 해 안쪽 깊숙이 자리 잡은 필히너 빙붕이나 2001년경 뉴질랜드 남쪽으로 4000킬로미터 거리에 있던 로스 빙붕에서 떨어져 나왔을 것으로 추정된다. 이런 거인을 숫자로 표현하는 것은 별 의미가 없다. 155제곱킬로미터의 얼음덩어리란 과연 어느 정도 크기일까? 맨해튼의 열다섯 배? 오대호의 이리 호수에 담긴 물의 양? 어쨌든 이 거대한 얼음이 바람과 해류에 실려 시속 3킬로미터의 느릿한 속도로 정처 없이 떠가고 있었다.

이처럼 떠다니는 얼음섬 옆을 항해하면서 촬영해 봤자 그저 얼음 절벽만 가득 담길 뿐이어서 사진으로 그 규모를 짐작하는 것도 불가능하다. 차라리 이 얼음 전체를 볼 수 있는 곳까지 한참을 뒤로 물러나는 것이 낫다. 이런 광경을 위성에서 내려다보는 것처럼 사진 한 장에 담으려면 150킬로미터쯤 위로 올라설 곳이 있어야 할 것이다.

남극대륙 주변에서 이처럼 거대한 빙붕이 깨져 나오는 것을 일시적 현상으로 넘겨서는 안 된다. 프랑스만 한 로스 빙붕은 남극대륙 주위에 자리 잡은 가장 큰 유빙이다. 남극대륙의 양쪽 끝이 모여 손가락 모양으로 뻗은 남극반도의 산군은 남아메리카 대륙을 향해 좁고 길게 이어진다. 고지대에 있던 산악 빙하는 수만 킬로미터의 바위 해변을 따라 바다로 떠내려간다. 한 세기 전의 포경업자, 과학자, 탐험가의 이름이 붙은 라르센, 필히너, 론, 윌킨스 빙붕에도 닳고 깨지는 현상이 일어나고 있다.

1996년 초 내가 익스플로러호에 타고 있던 때, 선장과 탐사 대장은 대원들에게 로스 섬을 일주하는 최초의 항해가 시작될 것이라 발표했다(익스플로러호는 10년 후 엘리펀트 섬에서 멀지 않은 곳에서 침몰했다. 로스 섬의 이름은 1842년 이 지역을 탐험했던 영국 탐험 대장 제임스 클라크 로스를 기리기 위한 것이며 로스 빙붕 역시 그렇다). 로스 섬은 반도의 동쪽 끝에 위치하고 있으며, 남극에서 열한 번째로 큰 섬이다. 발견될 때부터 줄곧 얼음에 갇혀 있었지만, 이제야 일주 가능성이 엿보인 것이다.

이 섬의 위치는 남극대륙과 이어진 라르센 빙붕의 바로 남쪽이다. 2년 전 라르센 빙붕의 북쪽 끝에서 룩셈부르크 크기만 한 얼음이 분리되면서 거대한 빙산이 되어 웨들 해에 처박힌 적이 있다. 그렇다면 로스 섬을 죄고 있던 얼음 방벽이 헐거워진 것은 아닐까? 그런 가능성이 우리를 얼음 바다로 불러냈던 것이다. 그러나 얼음이 여전히 섬을 거머쥐고 있었기 때문에 첫 시도는 헛수고였다. 하지만 다음 해 익스플로러호는 로스 섬을 일주하는 데 성공했다. 수천 년 동안 닫혀 있던 물길이 드디어 열린 것이다.

그로부터 5년 후 라르센 빙붕에서 또다시 미국의 로드아일랜드만 한 크기의 얼음이 떨어져 나왔다. 이 얼음이 부유하며 한 달 동안이나 항해에 제약을 주면서, 과학 탐사용 선박만이 위험을 무릅쓰고 출항하는 상황이 되었다. 2008년 3월 하순, 남극대륙 남서쪽의 윌킨스 빙붕이 갈라지며 거대한 섬 같은 얼음을 바다로 흘려보내기 시작했다. 빙붕에서 처음 갈라져 나온 얼음은 길이가 40킬로미터에 폭이 1.6킬로미터쯤 되었는데, 이 얼음이 갈라지자마자 그 후방에 있던 380제곱킬로미터나 되는 얼음이 또 쪼개져 나왔다. 2008년 11월에 촬영한 사진을 보면 남아 있던 빙붕에서도 여전히 균열이 진행 중인 것이 드러난다.

남극을 에워싼 빙붕은 얼음물이 흘러나오는 빙하의 입구를 막아 연못을 만든 거대한 얼음 조각이다. 일부 빙붕은 땅에 닿아 멈춰 있기도 하지만, 대개는 엄청난 크기의 얼음 조각이 되어 떠돈다. 빙하의 흐름을 늦추는 물막이 버팀목처럼 서 있던 빙붕이 부서지면, 빙붕 때문에 갇혀 있던 빙하는 자유를 얻고 가속도가 붙은 채 바다로 향한다. 남극에서 흘러나오는 모든 빙하를 대상으로 한 최근 조사를 보면 동쪽에서는 얼음 손실이 거의 없지만, 서쪽과 남극반도 지역에서는 상당한 손실이 기록되고 있다.[13]

그린란드와 남극에서 얼음이 그토록 빨리 줄어드는 이유는 무엇일까? 욕조의 물 높이는 물이 어느 정도 높이까지 차오르느냐로 결정되는데, 이는 대양이라는 자연 욕조에도 해당된다. 빙하시대가 오가는 동안 대양의 수위가 오르내리고, 이는 수백 미터에 달하는 해수면 변화를 수반한다. 인류가 지난 수만 년 동안 경험했던 따뜻하고 안정적인 시기에는 해수면에 극적인 변화가 없었다. 증발을 통한 손실과 강수 및 빙하의 흐름을 통한 축적 사이에 균형이 유지되었던 것이다. 지난 수천 년 동안에도 대양이란 회계 장부에서 이런 회수와 축적이 계속되었지만 대체로는 균형 상태였다.

하지만 20세기에 들어서면서 지구가 따뜻해지고, 대륙에서 얼음의 순손실이 일어나면서 이런 대양의 균형이 흔들리기 시작했다. 첫째, 얼음이 녹는 양이 늘어 바다로 회수되는 물이 증가하거나 때로는 빙하에서 풀려난 얼음이 바로 바다로 뛰어드는 현상 때문이다. 둘째는 바다가 따뜻해지면서 해수의 부피가 늘어나기 때문이다. 액체는 대개 온도가 상승하면 부피가 커지는데, 유리통에 액체를 채운 온도계도 이런 팽창 현상을 이용한 것이다. 온도가 상승하면 눈금이 그려진 통에 담긴 액체의 높이가 올라가는 것이다.

홍수 때 강 유역을 보면 이런 수직적 변화가 확실하다. 수직적 변화인 침수 높이는 제방과 건물의 벽으로 가늠할 수 있고, 수평적 변화는 물에 잠긴 지역이 증가하는 것으로 쉽게 알 수 있다. 해수면 변화도 이렇게 유추할 수 있다. 해수면 측정에는 검조기란 장비를 사용하는데, 주로 만과 항구의 조류 고저를 알아보는 것이다. 이 기구는 매일같이 해수면의 높낮이를 측정할 뿐만 아니라 1년, 10년, 100년 같은 장기 변화도 측정한다. 지구 곳곳에 있는 수천 개의 검조기 자료에서 수집 · 분석한 결과는 20세기에 해수면이 약 20센티미터나 상승했다는 사실이다. 그중 3분의 1은 얼음과 해빙수가 새로이 바다에 유입되었기 때문이고, 3분의 2는 따뜻해진 바닷물의 부피가 팽창한 데 기인한 것이다.

해수면 상승을 육안으로 손쉽게 알 수 있는 현상은 해수면의 수평적 확장이다. 부드러운 경사도의 해변이라면 약간의 해수면 상승에도 종래의 해안선을 새로 정의해야 될 정도로 바닷물의 침입이 일어난다. 경사도가 1도 정도인 완만한 해변에서 해수면이 20센티미터 상승한다면 해안선은 무려 12미터나 안쪽으로 들어오게 될 것이다. 밀물 때면 추가로 12미터가 더 침수될 것이고, 그렇게 되면 결과적으로 높은 파도에 더 취약해진다.

IPCC

1988년 유엔은 IPCC라는 국제적 과학 기구를 출범시켰다. 이 기구의 임무는 기후 변화가 실제로 발생하는지, 무엇이 그런 변화를 초래하는지, 과거의 기후 변화는 어떠했고 미래의 기후 변화는 어떻게 진행될 것인지, 이를 완화시키거나 이런 변화에 적응하기 위한 대책은 어떠해야 하는지를 논의하는 것이었다. 이 협의체 구성 임무는 유엔 산하 기구인 세계기상기구WMO와 유엔환경계획UNEP에 부과되었다.

IPCC는 연구 기관은 아니지만, 전 세계에서 발간되는 과학 전문 학술지를 동료평가(같은 분야 전문가들의 공동 평가-옮긴이)하여 요약 · 평가하는 업무를 수행한다. 또 5년 주기로 기후 변화와 관련된 제반 상태를 서술하는 정기 보고서도 내고 있다. 이 보고서는 1990년, 1995년, 2001년에 발간되었으며, 2007년에는 4차 보고서가 나왔다. 이 보고서는 과학 분야의 현역 전문가 팀이 집필하고, 선임 저자 팀이 각 장별로 정리한 후, 엄선된 소수의 조정 저자들에 의해 일관성 있고 통일된 최종 체제를 갖추게 된다. 대략 2000명이 넘는 과학자들이 4차 보고서에 참여했다.

IPCC에는 몇 가지 원칙이 있다. 과학 자료가 평가 대상 목록에 등재되려면, 평가보고서가 출간되기 최소한 1년 전에 출판되어 이 저작에 대한 과학적 논쟁과 토의 과정이 가능해야 한다. 이는 마감 시간을 평계로 검증되지 않은 개념이나 관측 자료가 보고서에 등재되는 것을 배제하려는 것이다.[14] 또한 1989년에 경제적이고 깨끗한 재생 가능 에너지라고 발표되었으나 나중에 사이비로 판명된 '저온 핵융합' 같은 날림 연구의 가능성을 걸러내려는 것이다.

IPCC에서 사용 중인 동료평가 제도란, 신중한 과학자 사회에서 연구의 품질을 관리하기 위해 마련한 중요한 절차다. 동료평가를 거쳐 출판된 학술 논문은 그 연구가 해당 분야의 다른 현역 연구자 집단의 검토를 통해 독창성, 방법론, 자료 품질, 결론 등을 검증받았음을 의미한다. 학술지에 등재되는 논문은 대부분 이런 비평 과정을 통해 출판 전에 몇 번의 수정을 거친다. 그러므로 이런 평가에 불합격한 연구 자료는 당연히 거부된다.

IPCC가 출판하려는 연구 결과는 이미 독립적인 학술지에서 동료평가를 거친 후 출판된 것들이지만, 동료평가만으로 통과 절차가 끝나는 것은 아니다. 그 내용은 기초과학 연구자이면서도 해당 연구 집필에 직접 관여하지 않았던 대규모 기후 연구자 집단에 송부된다. 이들에게는 평가서 초안이 정확하고 균형 잡혔는지, 왜곡과 과장이 없는지를 검증해 달라는 동료평가가 과제로 주어진다. 평가는 공식적으로 발표되고, 연구자에게 보내 응답을 받을 수도 있다. 연구 발표자들은 수용, 반영, 거부, 반박 등을 통해 모든 비평의 요지에 답할 의무가 있다. 기후 변화에 대한 4차 평가보고서의 물리학 분야에만 개인 연구자 600명의 3만 건 넘는 의견이 제출되었다.

개정된 평가보고서는 검토가 가능하도록 유엔에 가입된 각국 정부 대표단에 제출된다. 이런 논의는 과학과 경제학과 정치적 정책의 총체다. 그러나 아직 보고서를 서술할 공식 언어로 각국 정부에 의해 최종적으로 인정을 받는 과정이 남아 있다. 어휘를 선정할 때 미묘한 의미를 놓고 논쟁이 생기기도 하고, 때로 '비동의에 동의한다agreement to disagree' 같은 단서가 붙을 때도 있다. 이런 과정을 거쳐 최종적으로 자료가 승인되어야 공식 문건으로 공개될 수 있으며, 2007년 4차 평가보고서의 최종 평가에는 130개 국가가 참여했다.

검토 과정을 이토록 길게 쓴 이유는 IPCC의 문서가 지극히 보수적 관점에서 평가되었다는 것을 말하기 위해서다. 평가 과정을 통해 무리한 추측이나 문제성 있는 과학, 그리고 검증되지 않은 가설 등이 철저히 제거되었다는 뜻이기도 하다. 모든 단계에서 불확실성이 세심하게 검토 · 서술된 것이다. 그 결과는 과학이 우리에게 알려줄 수 있는 최소공배수적 합의다. 최종 보고서는 정책적 규범을 배제함으로써 각국 정부가 무엇을 해야 하는지 전혀 언급하지 않는다. 보고서는 다양한 시나리오와 인과관계에 있는 결론을 제시할 뿐이다. 우리가 X를 한다면 Y를 예상할 수 있고, W를 하지 않는다면 Z를 예상할 수 있다는 식이다.

IPCC의 철저하고 체계적인 품질 관리는 주로 목소리에만 의존하는 기후 변화 반대론자와 강한 대조를 보인다. 회의론자들은 진정한 과학적 증거를 폄하하는 기득권 이해집단에게 보조금을 받는 신문, 방송, 출판물을 과학적 선언의 장으로 활용한다. 이들 반대론자들은 동료평가나 주류 과학계를 설득하는 문제 따위엔 거의 관심이 없다. 이들이 노리는 청중은 지방자치단체 의원, 국회의원, 나아가 세계의 지도층이다. 바로 이들이 기후 정책을 좌지우지하기 때문이다.

여기서 IPCC의 4차 보고서가 기후 변화의 증거를 어떻게 보고 있는지 한두 줄만 읽어보기로 하자.

"기후 체계가 따뜻해지는 것은 의심할 여지가 없다. 지구 차원에서 대기와 대양의 온도가 상승 중이고, 광범위하게 눈과 얼음이 녹고 있으며, 평균적으로 해수면이 상승하고 있는 것이 분명하다."[15]

모든 얼음이 우리에게 외치고 있다. 정치나 정서, 관습이 아닌 우리 모두가 이해하고 알아들을 수 있는 목소리로 경고한다. 잠자는 거인이었던 얼음이 이제 깨어나려 하고 있다. 무엇이 이 거인의 족쇄를 풀게 만드는지 깨닫지 못한다면 재앙은 이미 정해진 것이다. IPCC가 사용한 '의심의 여지가 없다'란 말은 막다른 길을 의미한다. 최종 평결에 논란의 소지가 없다는 뜻이기도 하고, 실수할 여지가 없다는 뜻이기도 하다. '어쩌면 혹시' 같은 상황은 끝났다. 중대한 기후 변화가 일어나고 있는 것이다. 과학자들의 이런 이구동성은 유래가 없는 일이기도 하다.

그렇다면 기후 변화의 원인은 무엇일까? 다음 두 장에서는 이처럼 심각한 기후 변화의 시기로 지목받는 20세기를 중심에 두고 자연적 요소와 인위적 요소로 나누어 지구온난화를 살펴보기로 하자.

5장

지구의 온도조절장치가 이상하다

_자연적 현상의 '비자연적' 징후

A World Without Ice

밝은 태양은 사라졌고
빛도 길도 없는
영원한 우주의 어둠 속에서
별마저 헤매고 있다.
얼음 조각 같은 지구가
달 없는 하늘에 떠서
가렸다 검어지기를 반복하고 있다.
아침이 오가고 다시 또 왔지만, 낮은 결코 오지 않았다.

– 조지 고든 바이런, 〈어둠 속에서〉(1816)

1815년 4월 초 인도네시아 자바 섬의 자카르타 시, 저 멀리서 포성 같은 날카로운 폭발음이 들리기 시작했다. 도시가 공격을 받는 것도 아니었고, 조난당한 배가 구원을 요청하는 것도 아니었다. 자카르타 사람들은 나중에야 이 소리가 인도네시아 군도를 따라 동쪽으로 2000킬로미터 떨어진 탐보라 화산의 경고였다는 사실을 알았다. 탐보라 화산은 일주일이 넘도록 몇 번이나 거칠게 분출했다. 4월 11일에 최고조에 달했던 산사태와 엄청난 화산재로 식수가 오염되었고, 산기슭을 따라 흘러내린 붉고 뜨거운 독가스와 흙먼지 구름으로 7만 명 이상이 목숨을 잃었다. 하지만 이런 참상은 인근 지역에만 그치지 않고 몇 년에 걸쳐 전 세계로 확산되었다.

화산 분출로 4200미터 높이의 산 정상이 2800미터로 낮아졌고, 90제곱킬로미터 크기의 화산쇄설물이 대기로 흩어졌다. 몇 달 동안 대기권의 제트기류가 이 파편들을 세계 각지로 나르면서, 햇빛이 지표면에 닿지 못하고 차단되었다. 이런 과부하를 대기가 신속히 제거할 수 없으므로 당연히 이듬해에는 기후 변화가 일어났다. 북반구 전역에서 기온이 정상 이하로 내려갔고, 유럽과 북아메리카의 작황이 크게 감소했다. 6월 초에 코네티컷 주에 눈이 내리고, 메인 주의 호수가 7월 중순에 어는가 하면, 버몬트 주의 산이 8월 중순까지 눈으로 뒤덮였다.[1] 살인적인 서리가 6월과 7월에 한 번씩, 8월에는 두 번이나 엄습해 뉴잉글랜드 지방에 흉작을 몰고 왔다. 1816년 전 세계는 '여름 없는 한 해'를 보내야 했다.

이는 화산이 분출할 때 대기로 쏟아져 나온 재, 먼지, 화학적 연무 등이 햇빛의 일부를 차단해 지표가 뜨거워지지 못했기 때문이다. 이 화산 분출물은 지구의 알베도를 수년 동안 증가시켜, 지구로 유입되는 햇빛을 전보다 훨씬 많이 반사시켰다. 얼마 후 재와 먼지가 지구로 떨어져 대기가 깨끗해지면서 햇빛이 전처럼 쏟아지고 나서야, 지구는 간신히 예전의 온화함을 되찾았다.

물론 탐보라 산의 분출이 대기와 기후에 지구 차원의 영향을 미친 유일한 화산 폭발은 아니었다. 536년 파푸아뉴기니 동쪽 뉴브리튼 섬의 화산 분출은 중동 지역에 다음과 같은 기록을 남겼다.

> 해가 검어지고 흑암이 열여덟 달 동안이나 계속되었다. 하루에 해를 보는 것은 고작 네 시간이었고, 그 빛도 흐릿한 그림자 정도였다. 모두가 다시는 해가 예전처럼 빛나지 않을 거라 여겼다. 열매는 여물지 못했고, 포

도주는 시어빠진 포도 맛 그대로였다.[2]

이 분출로 인한 먼지는 훗날 그린란드와 남극의 빙핵 속에서 발견되었다. 알프스, 스칸디나비아, 러시아 북극 지방의 나이테 자료로 추정하면, 지난 2000년 이래 북반구에서 가장 강력한 분출이었으며, 1815년 탐보라 화산 때보다 냉각 효과가 훨씬 더 컸던 듯하다.[3]

1883년 8월 인도네시아의 크라카타우 화산이 분출하면서 15제곱킬로미터가 넘는 재와 먼지가 대기로 뿌려졌다. 폭발음이 인도양 남쪽에 있는 모리셔스에서도 들렸고, 대기로 흩어진 입자들 때문에 전 세계에 때아닌 붉은 일몰이 나타날 정도였다. 1884년 영국 화가 윌리엄 애슈크로프트는 〈첼시 일몰〉이라는 그림을 그려 이때의 하늘을 남겨두었다. 이 그림은 1888년 영국 왕립학회에서 발간된 크라카타우에 관한 과학 보고서 속표지에 등장하기도 했다. 이 분출 후 수년 동안 세계는 화려한 일몰과 엄혹한 겨울을 겪어야 했다. 1886~1887년의 전설적인 혹한과 1888년의 지독한 눈보라 때문에 미국 대평원에서 애를 먹었던 정착민과 목장주는 결국 방목형 축산에 종지부를 찍어야 했다.

이런 사건들은 대량의 화산재가 대기권으로 올라가 대기 순환을 통해 세계에 흩어질 때, 지구 기후에 몇 년 동안이나 영향을 끼칠 수 있다는 좋은 예다. 화산 작용은 인류가 번성하기 이전의 장구한 시대에도 지구 기후에 큰 영향을 끼쳤다. 그러나 이는 사실 기후 변화 기제라는 자연의 화살집에 들어 있던 많은 화살 중 하나일 뿐이다.

지금부터는 인류가 등장하기 전에 지구 기후를 변화시켰던 다른 요인을 살펴보기로 하자. 기후가 변하지 않고 그대로 지속

되면, 지표면에 흡수되는 에너지와 우주로 방사되는 에너지가 균형을 이루게 된다. 즉, 기후 변화를 일으키는 모든 요소는 지표에서 저장과 방출의 균형을 깨뜨리는 것이라 할 수 있다. 이런 파괴 요소로는 태양에서 지구에 도달하는 햇빛의 양, 지구가 우주로 반사하는 에너지의 양, 우주로 방사되지 않고 대기권에 포획된 열 등의 변화를 들 수 있다.

태양열 배달

태양과 지구의 거리가 변하면서 지구의 온도는 상당한 영향을 받게 되고, 자전축의 경사 및 축의 진동 변화는 계절적 변화에 영향을 미친다. 하지만 이 같은 밀란코비치 주기는 10만 년, 4만 1000년, 2만 3000년 등의 장기적 변화인 탓에, 태양계가 생성된 45억 년 전부터 환산하면 태양의 방사 에너지 증가는 매우 느리고 변동 폭도 별로 크지 않다. 태양 방사의 장기적 증가는 태양과 유사한 수백만 개의 별에서 흔히 볼 수 있는 진화적 특성이다. 태양계가 탄생한 초기에 원시 태양의 방사량은 현재의 70퍼센트에 지나지 않았다. 초기의 침침한 태양을 생각했을 때, 그 시절 지구 역시 상당히 차가웠고 얼음도 흔했을 것이란 유추에 이르게 된다. 즉, 현재 태양 방사의 70퍼센트 조건으로 지구 표면 온도를 환산한다면, 초기 지구는 얼음으로 덮여 있었을 것이다. 하지만 지질학자들은 지구의 나이만큼이나 오래되고 광범위한 퇴적암층을 분석해 초기 지구에도 액체 상태의 물이 존재했음을 밝혀냈다. 이런 모순을 천문학자 칼 세이건과 조지 멀린은 '젊지만 어두운 태양의 역설faint young Sun paradox'이라 명명했다.[4]

이 역설은 서서히 증가하는 태양 방사에 대응해 지구의 대기도 함께 진화했다는 논리로 해결할 수가 있다. 오늘날 대기 중에 존재하는 산소는 식물이 햇빛으로 생물 자원을 만드는 과정에서 광합성으로 발생되는 주요 부산물이다. 하지만 지구 역사 초기, 초록색 식물이 진화하기 전의 대기에서 산소를 만드는 중요한 원천은 광합성 작용이 아니었다. 초기 지구의 대기에는 산소가 거의 없었고, 광합성이 없는 상황에서 산소 생산은 광해리photo-dissociation(화합물의 분자가 빛을 흡수해 일어나는 해리－옮긴이)라 불리는 미약한 기제에 의존했다. 태양에서 오는 방사 에너지가 물 분자 속 산소와 수소 원자의 결합을 분리시킨 후, 그 중 약간의 산소를 대기 중에 방출하는 것이다. 오늘날에도 이런 광해리 작용이 일어나지만, 광합성과 비교하면 산소의 양이 훨씬 적으며, 더욱이 초기 지구의 흐릿한 태양 아래서 그 작용은 더욱 비효율적이었을 것이다.

산소가 거의 없는 환경에서 초기 지구의 대기 중 탄소는 수소와 쉽게 결합해 메탄을 형성했다. 하지만 메탄은 강력한 열 포획 가스였으며, 산소를 함유한 이산화탄소와 비교하면 무려 스무 배나 강한 온실가스였다. 그래서 초기 지구의 대기는 매우 특별한 담요 기능을 수행했다. 지구에 서서히 산소가 풍부해지면서 이산화탄소가 점차 메탄을 대체했고, 이에 따라 대기의 열 포획도 조금씩 줄어들었다. 태양의 열이 지금보다 약했을 때는 대기권의 열 포획 담요가 매우 강했고, 점차 태양의 방사열이 강해지면서 그 담요는 약해져 갔다. 그 결과 지구 표면의 평균 온도는 물이 액체 상태로 있을 정도의 범위 안에서 유지되었다.

온실 같은 지구

지구에 다다르는 태양 에너지는 대부분 대기권을 거치면서 감소되거나 증강된다. 폭발적인 화산 작용이 태양 방사가 지구 표면에 닿는 것을 막기도 하고, 대기 중 온실가스가 이런 열이 우주로 다시 돌아가는 것을 방해하기도 한다. 그렇다면 온실가스는 지구 밖으로 달아나는 열을 어떻게 포획할까? 이 현상은 집에서 흔히 볼 수 있는 전자레인지를 통해 추리할 수 있다. 전자레인지는 자외선보다 파장이 짧은 전자파를 오븐 안에서 발생시킨 후 음식에 침투시켜 열로 데운다. 더 자세히 말하면, 접시에 놓인 음식 안의 물 분자 속으로 극초단파가 흡수되는 현상이다. 극초단파가 음식에 흡수되면, 그 안에 있던 운동 에너지가 열역학 제1법칙에 따라 또 다른 에너지인 열로 바뀐다.

이제 이런 현상을 태양계 차원으로 옮겨보자. 태양이 발생시키는 주 에너지는 가시광선 영역에 있고, 사람은 이 파장대를 눈으로 볼 수 있도록 진화해 왔다. 이 파장에는 일곱 가지 무지개 색깔이 모두 포함된다. 파장이 가시광선보다 짧은 자외선과 더 긴 적외선은 미미한 에너지를 가지고 있을 뿐이며, 태양이 방출하는 에너지는 대부분 가시광선 형태로 지구에 도달한다.[5]

지구 대기는 가시광선에 대해 투과성이므로, 태양에서 발생한 에너지는 그대로 대기권을 통과해 지표에 흡수되어 열을 내게 된다. 지구가 계속 에너지를 흡수하지는 않기 때문에 심각한 용해가 일어날 정도로 데워지지는 않으며, 지구는 일정 수준 이상으로 뜨거워지는 것을 피하기 위해 우주로 열을 내보내는 경로를 갖고 있다. 그런데 태양에서 받은 에너지를 재방사할 때 등장하는 것은 가시광선이 아니다. 본체에서 에너지를 발산하는 파장은 표면 온도에 따라 다른데, 태양과 같이 고열의 본체는 단파장을, 행성과 같이 상대적으로 찬 본체는 장파장을 방사한다.

표면 온도가 6000도에 이를 정도로 뜨거운 태양에서는 가시광선 형태의 에너지가 나오지만, 표면 온도가 15도 정도인 지구에서는 적외선으로 방사된다. 그런데 이 과정에서 지구 대기권이 낚시꾼으로 끼어든다. 가시광선은 그대로 통과시키는 대기가 적외선은 그냥 내보내지 않는 것이다. 대기에 있는 몇 가지 가스가 지구 밖으로 나갈 적외선을 흡수해 방사 에너지를 열로 전환시킨다. 이것이 바로 '온실효과'이며, 내보내야 할 양보다 많은 열을 지구가 포획하게 되는 과정이다. 그 결과 초기보다 더워진 지구는 유입량과 방출량의 균형을 회복하기 위해 방출량을 늘리게 된다.

온실효과는 단순한 과학 이론이 아니라 관측과 측정이 가능한 현상이며, 만약 이런 작용이 없었더라면 지구는 훨씬 춥고 살기 힘든 곳이 되었을 것이다. 사람들이 이 현상에 감사해야 하는 이유가 여기에 있다. 지구에서 방사되는 적외선을 대기 중에서 흡수하는 주요 가스는 수증기, 이산화탄소, 메탄 등으로 대기 총량의 1퍼센트도 채 되지 않는다. 분자 100만 개 중 수백 개 정도가 이산화탄소이고 그중 두 개 남짓이 메탄이지만, 지구 대기는 이 적은 지분을 가지고도 짭짤한 수익을 내고 있는 셈이다. 어떤 이는 이런 적은 양으로 과연 무슨 효과가 있겠냐며 고개를 젓기도 한다. 그러나 대기 중 미량 원소 가스가 지표면 온도를 15도 이상 달구고 있다는 사실로 미루어, 만약 이것들이 없었더라면 어떻게 되었을지를 생각해 볼 필요가 있다. 결국 자연의 온실효과가 지구를 태양계에 존재하는 흔하디흔한 얼음덩어리가 아니라 물을 가진 푸른 행성으로 만든 것이다.

이산화탄소가 흡수하는 적외선이 대기 중에 작용하는 과정은 20세기 후반에 이르러서야 논의되기 시작했지만, 측정은 그보다 훨씬 이른 1859년 존 틴들에 의해 이루어졌다. 1859년은 에드윈 드레이크가 펜실베이니아에서 석유를 발견한 해이기도 하니, 과연 이것을 역사적 우연이라고 넘겨야 할지 모르겠다. 그로부터 한 세기 후, 석유를 태울 때 나오는 이산화탄소가 틴들이 처음으로 발견한 원리 그대로 대기권을 덥히리라는 것을 어느 누가 상상이나 했겠는가?

지구의 지표 온도조절기

지표 온도가 걷잡을 수 없이 오락가락하는 것을 막아준다는 의미에서 지구는 '온도조절기'라고 할 수 있다. 그렇다고 가정에서 매일같이 온도를 조절하는 장치 같지는 않다. 지구의 온도조절은 수백만 년에 걸친 조정이며, 온도에 관여하는 지질학적 과정과도 연계되어 있기 때문이다. 짐 워커는 지질학적 온도계를 구상하면서 대기과학, 해양학, 지질학, 지구화학 등을 통합한 학제 간 접근을 시도했다.[6]

온실가스 이산화탄소가 평균 이상으로 축적되고, 이 때문에 대기가 데워져서 지구가 조금 더워졌다고 가정해 보자. 이때 지구의 온도조절기는 어떻게 온도를 내릴까? 지질학자들이 풍화작용이라 부르는 화학반응은 고온에서 좀 더 효율적으로 이뤄진다. 따라서 지구가 따뜻해지면, 땅에서 강을 거쳐 바다로 배출되는 화학 물질의 양이 증가한다. 육지의 암석에서 풍화작용으로 분해되는 요소 중 하나인 칼슘이 바다로 흘러들면, 물에 녹아 있던 탄소와 결합해 탄산칼슘이 되고, 마지막에는 석회석이 되어 대양저에 쌓인다.

석회석이 쌓이는 과정에서 탄소가 바닷물에서 분리되면 바다는 대기에서 더 많은 이산화탄소를 끌어들이고, 그에 따라 온실효과가 줄면서 지구는 식게 된다. 하지만 지표가 식으면 땅 위의 풍화작용은 이전보다 줄어 바다로 유입되는 칼슘 공급이 감소하며 석회석 퇴적도 적어진다. 그리하여 대기 중에 이산화탄소 축적이 늘어나고 온실가스가 증가해 지구는 다시 더워진다. 온도조절기는 이런 식으로 지구의 온도를 조정하는 사명을 충실히 수행한다.

지구의 온도는 석회석을 형성하는 칼슘의 양에 영향을 받으며 대기가 제공하는 자연의 온실효과에 따라 온난과 한랭 사이를 오가고 있다. 결국 온도조절기의 기능은 대기에서 이산화탄소를 흡수하는 대양의 물과 대양저의 석회석 퇴적에 의존하고 있다. 그러므로 물이 없다면 지구의 온도조절기는 정지하고 말 것이다.

온도조절기 없는 금성

태양계에 속한 행성 중 지구와 가장 가까운 금성은 태양에서 두 번째에 위치한 행성이다. 금성은 크기, 중력장, 화학적 조성 등의 여러 면에서 지구와 유사하며 대기까지 갖고 있다. 하지만 금성은 지구와 태양 사이 거리의 4분의 3에 위치해 태양에 가깝기 때문에 표면 온도가 지구보다 높다. 금성의 표면 온도가 무려 460도를 넘는다는 천문학자들의 보고는 참으로 놀랍다. 이 정도 온도면 납이 녹을 지경으로, 표면에 물 따위는 아예 존재할 수도 없다.

무슨 까닭으로 금성은 이런 상태일까? 금성의 대기 조성과 질량에서 그 단서를 찾아볼 수 있다. 금성을 덮고 있는 가스층은 지구 대기보다 백 배 가까이 두껍고, 거의 전부가 이산화탄소다. 한마디로 금성에 두꺼운 온실 담요가 없었더라면 400도가 넘는 표면 온도가 유지되지는 않았을 것이다. 금성과 지구에 존재하는 탄소의 총량은 비슷하지만, 지구 대기에는 탄소의 양이 얼마 되지 않는다. 지구의 탄소는 석탄, 석유, 천연가스, 석회석 등의 형태로 보관되어 있기 때문이다. 다시 말해서 지구의 탄소는 대부분 지하에 매장되어 있지만, 금성의 경우는 대기권에 퍼져 있다. 이런 차이가 표면 온도의 차이로 직결된 것이다.

그렇다면 금성은 왜 지질학적 온도조절기를 이용해 물과 조화를 이루면서 표면 온도를 제어하는 지구를 닮지 못했을까? 한 가지 추론은 태양에 더 가까이 있는 금성이 지구보다 두 배가 넘는 태양 에너지를 받고 있다는 점이다. 많은 증발이 일어나 지표수가 완전히 고갈되었고, 물이 없는 환경에서 어떤 생물권도 석탄을 만들 수 없었으며, 대양이 없으니 석회석을 퇴적시킬 수도 없었다. 요컨대 탄소를 고체 형태로 격리시키지 못한 금성은 탄소가 대기 중에 이산화탄소로 축적되면서 매우 강력한 효과를 가진 온실 담요를 형성했다.

단기 기후 변동

수십억 년에 걸친 태양의 진화와 수백만 년 동안 작동해 온 지질학적 온도조절기 개념으로는 고작 수십 년이나 한 세기 정도의 심각한 변화를 설명할 수 없다. 이런 장기적 자연 과정에서는 변화가 매우 느리기 때문에, 한 세기 정도는 거기서 거기라고 해야 할 것이다. 따라서 20~21세기의 급격한 온난화에는 다른 차원의 설명이 필요하다. 물론 그렇다고 해도 태양에서 방사되는 에너지의 변동이 기후 변화를 일으키는 중요한 요소라는 점에는 변함이 없다.

우리는 수년에 걸친 물리학자와 천문학자의 연구 덕분에 태양이 매우 활동적이며, 태양에서 방사되는 에너지도 1분, 1일, 1년, 10년 등 매우 다양한 시간대에 따라 변한다는 사실을 알게 되었다. 이같이 짧고 예측하기도 어려운 태양의 급속한 변화는 서서히 변화하는 세 가지 형태의 밀란코비치 장기 주기와 섞이게 된다.

태양의 단기 변동은 다양한 경로로 지구에 영향을 준다. 태양에서 무려 160만 킬로미터 이상 솟구쳐 오르는 플레어flare(태양 표면 폭발－옮긴이)는 매우 강력해서 지구의 라디오 전파를 며칠 동안이나 교란할 정도이며, 심한 경우 통신위성의 전자 장비에 피해를 주기도 한다. 태양의 아우트버스트outburst(태양 흑점 부근에 발생한 폭발 현상과 이로 인한 전하입자가 돌발적으로 지구에 쏟아지는 현상－옮긴이)는 군사적으로 지대한 관심사다. 왜냐하면 우주에서 활동하는 전투용 정찰위성이 교란을 받게 되면, 군사작전에서 매우 중요한 무인비행체의 원격 조정이 무력화될 수 있기 때문이다.

대략 10년 주기인 태양 출력의 변동은 태양 표면의 흑점 증가로 관측할 수 있다. 흑점은 태양 원반에 불규칙하게 나타나는 검은 조각들로, 400년 전부터 천문학자들이 관찰해 오고 있다.[7] 흑점 숫자는 약 11년 주기로 증감하는데, 각 주기마다 흑점의 개수로 표현되는 주기의 강도는 수 세기에 걸쳐 증감을 반복한다.

일반적으로는 흑점이 많아질수록 태양이 방사하는 에너지가 증가하며, 반대로 흑점이 적어지면 방출 에너지가 감소한다. 흑점 부분은 주위를 둘러싸고 있는 밝은 부분보다 온도가 낮은데, 이를 두고 흑점이 많이 관측되는 경우에는 태양이 적은 에너지를 방사하고 있다고 잘못 생각할 수도 있다. 하지만 흑점이 많다는 것은 태양이 활발히 동요하고 있어, 우주를 향해 방사할 에너지를 표면에 더 많이 끌어모으고 있다는 뜻이다. 결론적으로 태양이 잠잠할 때는 흑점이 적고 외부로 방출되는 에너지도 줄어든다.

1650~1715년경에는 태양 표면에 흑점이 매우 적었는데, 19세기의 영국 천문학자 에드워드 마운더가 이 현상을 처음으로 연구·기록했다. 그래서 우리는 그의 이름을 따서 이 기간을 마운더 극소기Maunder minimum라 부르고 있다. 소빙하기로 알려진 이 시기에 지구에서는 광범위한 기후의 하향 변화가 있었다. 빙하 계곡이 확장되었고 작물을 재배할 수 있는 기간도 짧아졌다(4장 참조).

20세기 전반기에는 흑점 주기의 최고점이 몇 주기 동안이나 잇달아 증가했다. 이렇게 수십 년 동안 태양 활동이 증가한 것도 1910년에서 1950년 사이에 지구 평균 온도가 상승하는 데 영향을 끼쳤을 것으로 추정된다. 하지만 20세기 후반 들어 태양의 방출량은 점점 감소하고 있으며, 2008년에 있었던 흑점 주기의 최저점은 지난 하반세기 중 가장 방출량이 낮은 때였다.

1978년부터 대기권 상부에 떠 있는 과학위성은 유입되는 태양 방사량을 매우 자세히 측정하고 있는데, 가시광선뿐만 아니라 자외선과 적외선까지 계측하고 있다. 이런 관측 덕분에 단순히 흑점 수를 측정하던 이전보다 훨씬 포괄적인 정보가 축적되고 있다. 하지만 위성 측정 자료 역시 단순한 흑점 자료와 마찬가지로 20세기 말부터 태양의 에너지 방출량이 감소하고 있다는 결과를 제시하고 있는데도, 지구의 온도는 같은 기간에 줄곧 상승했다. 따라서 흑점이 아닌 태양의 다른 요소가 이 기간의 지구온난화에 연루되었을 것이다.

20세기 화산 작용의 감소

1815년 탐보라 화산과 1883년 크라카타우 화산의 분출은 19세기 화산 활동의 대표 사례였다. 1902년 과테말라의 산타마리아 화산이 분출했다. 이 분출은 3.3제곱킬로미터에 달하는 화산쇄설물을 성층권까지 올려 보낸 다음, 지구 전체에 흩뿌렸다. 탐보라나 크라카타우보다는 작은 규모였지만, 화산학자들은 산타마리아 화산 폭발을 지난 몇 세기 동안 일어난 5대 화산 활동 중 하나로 기록하고 있다. 그로부터 10년 후 알래스카 카트마이 산의 노바럽타 화산이 이보다 크게 분출해 10제곱킬로미터의 쇄설물이 대기권에 분출되었다.

크라카타우, 산타마리아, 노바럽타 화산의 분출은 대기권에 자욱한 흙먼지를 발생시켰고, 그 후 30년 가까이 기후를 서늘하게 만들었다. 1912년 노바럽타 화산 이후 반세기 동안 이렇다 할 화산 폭발이 일어나지 않으면서 대기는 청명하게 유지되었다. 화산 활동의 부재로 인한 대기권의 청명함은 1910년에서 1950년 사이에 지구의 평균 기온이 상승하는 데 일정 부분 기여한 것으로 보인다. 하지만 20세기 후반에 들어 화산 활동은 다시 재개되었다. 1963년 인도네시아 아궁, 1982년 멕시코 엘치촌, 1991년 필리핀 피나투보 화산의 분출은 대기권을 먼지로 뒤덮으며 태양을 가로막았다.

20세기 후반에 일어난 이 같은 자연 현상만 반영한다면, 당시 흑점 활동이 조용했던 태양의 방출 에너지가 먼지 자욱한 지구 대기권을 통과하기 어려웠을 것이므로, 지표 온도를 하강시키는 데 일조했으리라고 추정할 수 있다. 그러나 20세기 중반부터 지구 온도가 계속 상승했다는 사실은 이 현상이 기후 조정에 관여하는 유일한 요소가 아니라는 점을 보여준다. 지구 역사상 처음으로 다른 영향력, 즉 인위적인 요소가 부각되면서 자연의 작동 메커니즘에 그림자가 드리우기 시작한 것이다.

기후학자들은 변화의 원인을 자연적인 것과 인위적인 것으로 구분하고 있다. 기후 변화를 초래했던 지구 역사의 대부분은 거의 자연적이었는데, 그 기간에 인간이 존재하지 않았기 때문이다. 인류의 선조는 300만 년 전에 지구에 나타났다. 그 후 인구가 늘면서 기술이 발전했고, 지구와 기후에 끼치는 영향도 점차 두드러졌다.

2007년 IPCC 평가보고서는 20세기 후반의 온도 상승 요소 중 약 90퍼센트가 인간 활동에 기인한다는 결론을 내렸다. 기후 변화에서 인공적 요소가 증가해 자연적 요소를 밀어내면서, 지구는 전대미문의 미묘한 전환점을 맞고 있다.

기후 변화를 부인하는 자들의 두 번째 입장

4장에서는 계기 관측 자료에 회의적인 부류가 있다는 사실을 지적한 바 있다. 회의론자들은 현재의 기후 관련 경고가 진실을 왜곡하고 있다면서, 온도계와 측정 기록을 해석하는 과학자를 믿을 수 없다고 반박한다. 계기 관측 자료에 대한 거부는 기후 반대론자의 제1교두보였다. 그러나 실제로 지구가 더워지고 있다는 증거가 압도적으로 우세해지자, 이들은 1차 방어선에서 하나둘씩 떨어져 나갔다.

하지만 이들은 곧 2차 방어선을 구축했다. 지구가 뜨거워진다 해도 인간으로서는 할 일이 아무것도 없다는 주장이 그것이다. 그들은 만약 지구가 더워지고 있다면, 그 원인은 태양이거나 대기와 대양의 장기 순환에 따른 기후 변환이라고 주장한다. 지난 20세기 후반 위성이 측정한 흑점 계측 자료에 따르면 태양은 지구온난화의 요인이 될 수 없지만, 반대론자는 이를 무시한 채 모든 원인이 태양이라고 우기는 것이다. 이제 반대론의 논거를 조목조목 따져보자.

1. 다른 행성도 더워지고 있다?

반대론자는 태양 활동이 지구 기후 변화의 주요인이라는 증거로 태양계 다른 행성들의 관측 자료를 제시한다. 만약 몇몇 행성이 뜨거워지고 있다면, 공통된 원인은 태양계의 중심인 태양일 것이다. 반대론자가 자주 인용하는 것은 지난 20년 동안 명왕성의 온도 상승이 약 섭씨 2도에 이른다는 점이다(최근에 명왕성은 태양계의 행성에서 퇴출되어 왜소행성으로 격하되었다－옮긴이).

명왕성의 온도 상승은 대기압이 세 배로 증가해서 일어나는 것으로 관찰되며, 이는 표면의 질소 중 일부가 증발해 대기로 들어가고 있음을 의미한다. 그런데 태양계에서 가장 멀리 있는 명왕성이 태양의 방출 에너지 증가로 온도가 약 2도 상승했다면, 이보다 태양에 가까이 있는 다른 행성들은 훨씬 더 뜨거워져야 할 것이다. 특히 명왕성보다 40배나 태양에 가까이 있는 지구의 온도는 10도나 상승해야 하는데, 이는 지구의 온도 상승을 훨씬 뛰어넘는 것이다. 명왕성 온난화에 대한 반대론자의 설명이 옳다면, 지구에는 현재 얼음이 하나도 남아 있지 못할 것이다.

이보다 타당성 있는 명왕성 온난화의 이유를 들자면, 250년의 공전 궤도를 갖는 명왕성의 계절적 요인이나 알베도의 변화를 지적할 수 있다. 마찬가지로 온도가 상승한 화성의 경우도 먼지구름이 줄어들면서 화성 대기권이 전보다 투명해진 데서 그 이유를 찾을 수 있다.

2. 우주선 문제

반대론자의 또 다른 주장은 태양이 임의의 중간 과정을 통해 지구의 구름양을 변화시켰고, 그 결과로 지구의 알베도가 변했다는 것이다. 이것은 제법 복잡한 가설이다. 지구는 우주에서 쏟아져 내리는 우주선cosmic ray을 비처럼 맞고 있는데, 이 우주선은 태양을 비롯한 근처의 별들이 내보내는 전하 입자들이다. 태양이 보내는 전하 입자는 태양풍이라 불린다. 이 전하 입자는 대부분 지구를 둘러싼 자기장에 의해 반사되지만, 일부는 방어막 틈새로 들어와 수증기에 부착되거나 구름의 핵이 되어 구름을 만든다.

태양 활동이 증가해 더 강한 태양풍이 발생하면, 지구의 전자 방어막도 단단해지면서 더 강화된 형태로 변한다. 이렇게 되면 전보다 적은 입자들이 대기권에 들어오게 되어 결과적으로 구름 형성이 감소한다. 강력한 태양 방출 에너지가 지구의 구름양을 줄이고, 이 때문에 지구에 도달하는 햇빛이 늘어나면서 지구가 더워진다는 논리다. 역으로 태양이 잠잠한 경우, 지구 자기장 보호막은 느슨해지고 대기권에 전하 입자 유입량이 늘어나면서 구름양을 증가시켜 유입되는 햇빛을 더 많이 반사시킨다. 이 경우 지구 표면은 차가워진다. 이 복잡한 가설을 요약하면, 태양이 활동적일 때 지구는 더워지며, 반대로 조용하면 차가워진다는 것이다. 즉, 지구 온도는 태양 활동의 증감에 따라 상승 또는 하강하는 것이다. 반대론자는 이 가설을 태양에 의해 지구 기후의 조종이 가능하다는 근거로 원용하려 한다.

그러나 이렇게 복잡한 내용은 대부분 추측 수준이거나, 증거가 부족하다. 실제로 실험실 조건에서 우주선의 구름 형성 영향력은 검증되지 못하고 있으며, 지구의 구름이 태양풍의 변화와 상당한 상관관계를 가지고 있다는 것도 관측되지 않는다. 상상만으로는 매우 매력적이지만, 실제 관측 자료를 통한 검증은 없는 것이다.

3. 자연 주기

비판론자들은 현재의 지구온난화가 '자연 주기'의 결과라고 단언하기도 한다. 인류가 번성하기 오래전부터 기후 변화의 상승과 하강이 지질학적 결과로 나타나고 있으며, 어쩌면 현재의 온난화 문제도 이런 자연 현상의 일환으로 생각할 수 있다는 주장이다. "오늘날 기후 변화도 과거와 같은 자연 과정 중 한 가지가 아닐까요?"라고 둘러대는 격이다. 하지만 이 논리는 근거가 전혀 없는 전제에서 시작되기 때문에 결함이 있다.

이 주장의 논리적 결함은 간단한 비유로 쉽게 간파된다. 지구에 인간이 살기 전부터 산불이 있었을까? 물론 그렇다. 먼 과거에는 번개가 산불을 일으켰을 것이다. 그렇다면 요즘 산불도 모두 번개 때문에 발생할까? 오늘날 산불은 번개 외에도 방화범, 부주의한 야영객, 흡연자가 버린 꽁초 등이 원인이다. 이제는 자연 현상뿐만 아니라 인간 활동이 산불 발생에 큰 영향을 미치고 있는 것이다.

기후학자의 임무는 과거뿐만 아니라 현재 기후 변화의 원인도 파악하는 것이다. 현재와 과거의 원인은 같을 수도 있고 다를 수도 있지만, 모든 이유를 찾아내 평가하고 현재는 무엇이 가장 중요한 요소인지 밝히는 것이다. 그 결과 많은 증거가 보여주듯, 20세기의 인간 활동은 자연적 원인을 넘어 현재의 기후 변화를 발생시키는 지배적 요인이 되고 있다. 오랜 기간 기후라는 교향악단의 지휘자였던 자연의 자리를 이제는 인간이 넘겨받았다. 다음 장에서는 인류가 지구에 남기고 있는 거대하고 다양한 발자취를 나열할 것이다.

6장

지구 기후의 균형이 깨지고 있다

_인간이 남긴 치명적 발자국

내가 네게 큰 복을 주고
네 씨로 크게 성하여 하늘의 별과 같고 바닷가의 모래와 같게 하리니.
– 창세기 22:17

IPCC 과학자들은 2007년 평가보고서에서 "20세기 중반에 관측된 지구 평균 온도의 상승은 대부분(90퍼센트) 인위적인 온실가스 축적이 증가하면서 비롯된 것으로 보인다"라고 결론을 내렸다. IPCC 과학자들은 지난 반세기 동안 지구 온도가 상승한 가장 큰 원인이 인간이 태운 화석연료라고 단정하고 있다. 결론에 90퍼센트란 확률이 등장하는 것은 매우 이례적인데, 만약 카지노에서 승률 9할이 보증된다면 누구든 뿌듯한 자신감으로 주사위를 던지고 엄청난 현금을 챙겨갈 것이다.

최근의 기후 변화가 인간의 책임이라고 과학자들이 분명히 일렀는데도, 미국인 대다수는 이렇다 할 반응이 없다. 2008년 갤럽 여론조사를 보면, 미국인 다섯 명 가운데 세 명 정도만 기후 변화를 믿고 있으며, 이를 해결하기 위해 무슨 조치든 취해야 한다고 느끼고 있었다.

사람들이 기후 변화의 실체를 파악하는 데 굼뜬 이유는 매우 복합적이지만, 수십 년 동안 화석연료 산업이 퍼뜨린 잘못된 정보와 선전도 그중 하나다. 조지 부시 대통령은 지난 8년 동안의 재임 기간에 과학적 불확실성을 과장하거나 기후 변화의 인과관계를 주장하는 기후 과학자들을 억누르면서, 의도적으로 기후 변화에 대한 대중의 의구심을 조장했다. 그런가 하면 보편적인 과학적 동의를 얻고 있는 생물학적 진화가 자신의 종교적 신념과 배치된다 하여 과학자들에게 화를 내는 사람들까지 있었다. 이런 상황에서 과학자들이 지구의 기후 변화를 선언하자, 그들은 과학계를 불신해 오던 관성으로 기후 변화 과학까지 트집을 잡았다. 눈 밖에 난 사신이 전하는 보고문은 읽어볼 필요도 없다는 식이었다.

부정적인 정부와 기업에 종교적 신념까지 가세하면서, 반대론은 인류가 기후 체계 변화의 주역이라는 사실을 설득하는 데 심각한 걸림돌이 되고 있다. 하지만 이것 말고 또 다른 난관도 있다. 지난 수천 년 동안 인류 사회가 발전하면서 '지구 기후'라는 환경적 배경이 관심의 뒷전으로 물러나고 있기 때문이다.

지난 세기에 지구의 평균 온도가 변했다는 사실을 일반인이 선뜻 수용하기란 쉬운 일이 아니다. 사람들은 대부분 지구 차원의 공간이나 세대를 아우르는 시간대를 조망하는 데 익숙하지 않다. 세계적 평균치와 차이가 나거나 급격한 사회적 · 경제적 · 환경적 변화를 겪는다 해도, 일단 자신이 태어났던 조건이 보편이며 불변이라는 태생적 각인이 있기 때문이다. 모든 사람이 날 때부터 지구적 조망과 역사의식을 갖고 태어나는 것은 아니다. 인간 생애보다 긴 시간대의 변화를 감지하는 데 필요한 역사의식과 기억력을 태생적으로 갖고 있는 사람은 아무도 없다. 이 모든 것은 후천적으로 학습되기 때문이다.

두 번째 문제는 기후 변화에서 인간의 역할을 인식하는 것인데, 이것 역시 일상생활에 초점을 맞춰 사는 일반인으로서는 쉬운 일이 아니다. 이 같은 좁은 인식의 기원은 인간 진화의 역사에서 찾을 수 있다. 1000년 전으로만 거슬러 올라가도, 우리 조상의 주요 관심사는 주변에서 식량을 찾는 일이었다. 수렵과 채집, 곡물 수확에 성공하는 것이 곧 적자생존이라는 자연선택으로 이어졌기 때문이다. 미래에는 지역 기후가 어찌될 것이며, 태평양에 엘니뇨가 발생하면 극심한 가뭄이 닥쳐 세계 농작물 소출이 절반으로 줄 것이라는 염려 따위는 신경쓸 필요가 없었다. 지금 당장 이곳에서의 생계가 절대 관심사였기에 더 넓은 세계를 생각하기는 어려웠고, 그럴 만한 시간도 없었다.

인간이 기후 변화를 자신의 일로 느끼지 못하는 또 다른 이유는, 기후 변화에 영향을 끼쳐서 일어나는 사태와 일상생활이 공간적 · 시간적으로 유리되어 있기 때문이다. 집 안에서 실내 온도를 높게 유지하고 매일 혼자서 자동차로 출퇴근하는 등의 단순한 일이 서서히, 그러나 분명히 대기의 적외선 흡수율을 높이고 지구를 데워서 기후 변화를 일으킨다는 사실은 어쩌면 지극히 추상적인 연결 고리인 것이다.

그러나 대중의 인식을 가로막는 훨씬 더 근본적인 이유가 있다. 수천 명의 목숨을 앗아가는 태풍, 폭풍, 쓰나미, 지진, 화산 분출 같은 온갖 자연 현상의 거대한 힘 앞에서 사람들은 자신의 미약함과 무기력을 절감한다. 한 사람의 힘은 참으로 보잘것없지만, 60억이 넘는 세계 인구는 집합적으로는 어마어마한 힘을 갖고 있으며, 그 힘이 해마다 더 강력해진다는 사실을 우리는 인식하지 못하는 것이다. 현재 지구 기후

를 변화시키는 힘은 지구가 지금까지 경험하지 못했던 수십억 인간 능력의 집합체다.[1]

로버트 케네디는 그 집합력을 사회적 맥락에서 이렇게 술회했다.

"누가 되었든 역사를 바꾸기는 결코 쉽지 않다. 하지만 한 사람씩 자신의 몫을 조금이라도 변화시킬 수 있다면, 이런 변화가 모여서 우리 세대의 역사를 다시 쓸 수 있을 것이다."

이제부터는 지구 곳곳을 돌아보며 인간이 얼마나 철저하게 지구의 땅, 바다, 생태계, 그리고 기후를 통제하고 있는지 살펴보자.

그들이 나타났다

인간의 어떤 행동이 기후의 균형을 깨뜨리고 있을까? 우리가 살고 있는 땅을 변형시켜 지구의 알베도에 변화를 줌으로써 지표에서 우주로 반사되어야 할 햇빛을 붙잡아둔다는 것이 그 답 중 하나다. 이처럼 땅을 변화시키는 일은 훨씬 이전부터 시작되었다.

반사되는 햇빛의 양에 직접적인 영향을 주는 인간 행동 중 가장 주된 것은 삼림 벌채로, 본래 어두운 지붕 같았던 숲이 점점 더 개방되고 색깔도 옅어지면서 좀 더 반사가 잘되는 농작지로 바뀌고 있다. 인류가 불을 사용할 무렵부터 전개된 벌채는 인공적인 기후 변화 요인 중에서도 가장 먼저 시작된 것이다.

불은 현재까지도 삼림 파괴의 주요 인자로 위세를 떨치고 있다. 인류가 등장하기 오래전부터 번개는 주기적으로 산불을 일으켰고, 그런 산불은 태울 것이 없어질 때까지, 또는 자연의 소방수인 비가 내릴 때까지 지속되곤 했다.

인간의 등장으로 이런 연소 작용이 늦춰진 것은 아니었다. 오히려 인간은 동물들을 한곳으로 모아주고, 포식자를 쉽게 식별할 수 있도록 개활지를 선사하며, 삼림을 농지로 전용할 수 있게 해주는 불을 매우 고맙게 생각했다. 밝고 따뜻하며 조리와 보호 기능까지 가진 불의 이점을 알아챈 인간은 불을 꺼뜨리지 않으려고 대단한 노력을 기울였다. 사냥과 채집을 주로 하던 초기 인류에게 불은 적이 아니라 친구였다.

나중에는 도구를 이용해 불을 지피기도 하고, 때와 장소에 따라 원하는 대로 불을 피울 줄도 알게 되었다. 산업혁명에 이르러 불과 열은 마침내 새로운 동력이 되었다. 불을 조절하게 되면서 물을 끓여서 증기를 이용하는 증기기관이 등장했고, 밀폐된 통 속에서 연료를 연소시킨 후 이때 나온 가스로 피스톤을 밀어내어 기계적 에너지를 발생시키는 내연기관이 발명되었다. 사람들은 불이 한편으로는 건축 자재와 연료를 제공하는 숲과 자신이 사는 도시에 위험하다는 데까지 생각이 이르렀다. 19세기 중반이 되자, 불이 어디서든 부주의하게 일어날 경우 어떻게 진화할 것이냐가 관심사가 되었다.

빙하시대가 끝나고 지구가 온화해질 무렵까지도 인구는 현재보다 훨씬 적었다. 고작 몇백만 명이 여기저기에 흩어져 살고 있었으므로, 인구 밀도는 현재 알래스카 지역의 10퍼센트에 지나지 않을 정도였다. 게다가 이들은 농사꾼이 아니었다. 당시 사람들은 사냥 기술에 의지하고 있었다. 하지만 이들의 사냥 기술은 가공할 만큼 위협적이어서, 그렇게 소수였던 인류가 몇몇 포유류를 절멸시키는 지경에 이르렀다. 매머드, 마스토돈(신생대 제3기의 큰 코끼리 – 옮긴이), 큰뿔사슴 등이 사라지고, 영리한 인간의 시대가 찾아온 것이다.

빙하시대의 최고조가 지난 뒤에 도래한 온난화 시기는 기후의 변덕이 심했지만, 1만 년 전부터는 현재 우리가 살고 있는 환경과 비슷해졌다. 그 후로 현재까지 기후는 거의 그대로 유지되면서 인간의 근본적 변화에 큰 도움이 되었다. 안정적 기후는 지속 가능한 농업시대를 열었고, 인구 증가와 도시화가 가능할 정도로 충분한 식량을 제공했다. 일부에서 필요한 것보다 더 많은 식량을 생산할 수 있게 되자, 모든 사람이 사냥 · 채집에 나서거나 농부가 될 필요가 없게 되었다.

나무를 베고 태우는 그들

빙하가 물러나면서 드러난 땅에 삼림이 나타나 지상의 3분의 1을 차지했다. 농경이 자리를 잡으면서 삼림을 자르고 흙을 갈고 물을 댄 결과, 인간은 지구에 또 다른 발자국을 남기기 시작했다.

농업의 성공으로 많은 인구를 지탱할 수 있게 되자, 목재가 다양한 용도로 쓰이면서 삼림 파괴가 가속화되었다. 삼림이 농경지 증가로 제거되는 가운데 목재도 주거, 도시 구조물, 도로 바닥재 등으로 전용되었다. 바닥에 목재를 깔아 빨래판처럼 만든 도로는 세계 곳곳에서 여전히 운용되고 있다. 몇 년 전 칠레 온대우림을 방문했던 나도 울퉁불퉁한 자갈길처럼 스타카토 리듬으로 진동하는 목재 도로 바닥을 경험한 적이 있다.

목재의 또 다른 용도는 극적인 삼림 파괴를 불러일으켰다. 나무가 물에 뜬다는 사실이 온갖 정치적 · 경제적 이익을 위해 나무를 마구 쓰도록 촉진시켰던 것이다. 페니키아인, 로마인, 바이킹은 튼튼한 목조선 덕분에 멀리까지 항해할 수 있었다. 중세 유럽 열강은 기독교 전파와 부의 축적을 위해 전 세계로 배를 띄웠다. 1571년의 레판토 해전과 16세기 말 스페인 무적함대의 영국 공격 등 바다 전쟁을 치르기 위해서는 목재 전함 수백 척이 필요했고, 그때마다 수천 그루의 나무가 잘려 나갔다. 이제 유럽의 삼림 자원은 무한하지 않았다.

유럽인이 북아메리카에 발을 디뎠을 때 미시시피 강 동쪽에는 나무가 무성하게 자라고 있었고, 그 면적을 비율로 따지면 70퍼센트 정도 되었다. 19세기 후반이 되자 그 비율은 25퍼센트로 줄었다. 대부분은 그야말로 '벌거벗겨진 채' 심판을 기다리는 꼴(예레미야 4:21. 악행을 저지르고 하느님의 심판을 기다리는 불안한 상태를 예언하고 있음-옮긴이)이 되고 말았다. 성장하는 국가라면 거의 모든 곳에서 목재가 사용되었다. 거룻배, 내륙 운하의 수로와 갑문, 철도용 이음매, 버팀목과 침목, 사유재산 구분을 위한 담장, 전신주, 종이 등 모든 것이 나무가 있어야 만들 수 있었다.

19세기 말 버몬트 주 청사를 찍은 사진을 보면 당시에도, 이미 헐벗은 몽펠리에 언덕을 볼 수 있다. 이것은 당시 북아메리카 전체의 공통된 광경이었는데, 미시간 지역을 덮고 있던 모든 삼림이 벌목뿐만 아니라 부주의한 벌채에 따른 화재로 쑥대밭이 되었다. 이런 대규모 삼림 파괴는 오늘날에도 세계 곳곳에서 진행되고 있다. 열대림과 온대우림의 절반 정도가 사라졌고, 지금도 1초에 0.4헥타르의 속도로 삼림이 없어지고 있다. 1년마다 미시시피 주 넓이의 숲이 사라지는 것과 비슷하다. 특히 열대림 파괴가 심각한데, 브라질, 인도네시아, 마다가스카르의 상당 지역에서 쉴 새 없이 개벌clear cutting(삼림을 단기간에 모두 베어냄-옮긴이)의 칼날이 돌아가고 있다. 미국 동부처럼 19세기에 벌목이

판쳤던 지역에서는 근대화 이후 숲이 살아나고 있지만, 그렇다 해도 과거의 70퍼센트 정도만 회복되었고 완전해지려면 아직 멀었다.

이러한 삼림 축소는 기후에 어떤 영향을 미칠까? 삼림 파괴로 지표의 색깔은 짙은 녹색에서 밝은 갈색으로 변하는데, 그렇게 되면 더 많은 햇빛이 지구를 데우지 못하고 우주로 되돌아간다. 나무를 베고 태우는 것은 훨씬 심각한 문제를 발생시킨다. 살아 있는 나무는 광합성을 통해 온실가스인 이산화탄소를 대기 중에서 끄집어내며, 나무가 죽어서 썩으면 다시 대기로 돌려보낸다. 이렇게 동일한 양의 이산화탄소를 주고받는 과정 속에서 대기 평형이 유지되는 것이다.

급작스러운 대규모 벌채는 이런 균형을 깨뜨리는데, 나무가 사라져 광합성이 감소하면서 좀 더 많은 이산화탄소가 대기 중으로 방출되기 때문이다. 삼림을 불태우면 새로운 나무가 자라서 이산화탄소를 흡수하는 것보다 훨씬 빠르게 대기 중으로 이산화탄소가 배출된다. 결국 삼림 파괴는 대기 온난화로 이어질 수밖에 없다.

계속 두 배로 증가하는 인구

인간이 살기에 비교적 좋은 조건을 갖춘 지난 1만 년 동안 인구는 숨가쁘게 증가했다. 68억을 넘어서도 계속 늘어나는 오늘날의 인구는 마지막 빙하시대의 끝과 비교하면 무려 천 배 이상 많아졌다. 물론 인구 증가가 일정했던 것은 아니며, 최근 세기에 엄청난 가속도가 붙은 것이다.

천 배로 증가했다면 대단한 것처럼 보이지만, 배증doubling(원래 숫자의 두 배가 되는 것 - 옮긴이) 계산법에 따라 계속하여 열 번 정도만 두 배씩 늘어나면 가능한 결과이기도 하다. 10회 배증을 조건으로 인구 증가를 어림잡으면, 400만 명에 불과했던 마지막 빙하시대에서 어떻게 현재의 인구에 도달했는지를 쉽게 이해할 수 있다. 처음에는 인구 증가가 매우 느렸다. 첫 번째에서 세 번째 배증까지 6000년 이상이 걸렸다. 그 기간은 아마도 최초로 집합생활이 시작된 후부터 이집트에서 거대한 피라미드를 건설할 무렵까지일 것이다.

네 번째 배증에도 1000년이 걸렸지만, 다섯 번째 배증에는 500년밖에 걸리지 않았다. 여섯 번째 배증은 서쪽은 로마, 동쪽은 중국 한나라 시절부터 시작해 유럽이 암흑기로 들어간 때에 종료되었다. 일곱 번째 배증은 900년부터 1600년까지 700년 동안 일어났는데, 14세기에 흑사병으로 인구의 4분의 1이 줄면서 증가 속도가 조금 느려졌다. 이 배증 기간은 유럽 탐험가들이 지구를 일주하고 신세계를 발견해 식민지를 주장한 때에 종결된다.

여덟 번째 배증 기간은 1600년과 1800년 사이의 200년으로, 이 시기에 미국이 등장했고, 드디어 세계 인구 10억 시절이 도래했다. 이 기간에는 놀라운 기술적 변화와 함께 석탄에 들어 있는 화석 에너지의 사용법이 발견되었다. 산업이 나무를 태운 열이나 흐르는 물에 더 이상 의존하지 않게 된 시기이기도 했다. 석탄의 엄청난 에너지에 힘입어 지구 인구는 130년 동안 배로 증가했다. 나폴레옹 전쟁과 1차 세계대전, 그리고 악성 독감의 유행에도 1930년 인구는 20억에 이르렀다. 열 번째 배증은 1930년부터 1976년까지로, 이때도 2차 세계대전과 세 번에 걸친 아시아 전쟁이 있었지만 인구는 증가했다.

이렇게 10회에 걸친 배증으로 1만 년 전 400만 명이었던 지구 인구는 1975년에 40억 명이 되었고, 배증 기간도 처음에는 20~30세기나 걸리던 것이 마지막에는 50년 정도로 줄어들었다. 현재 진행 중인 열한 번째 배증은 40억에서 80억이 되는 기간으로, 아마도 2025년경에 끝이 날 것으로 보인다.

2009년 초 지구 인구는 68억 명이다. 1초마다 한 명씩 태어나 죽는 사람이 없다고 가정하면, 68억 명이 되는 데 215년이 걸린다. 현재 인구는 매주 100만 명 이상이 증가하고 있는데, 이는 1초당 두 명이 사망하고 네 명이 탄생하는 꼴이다. 지구 인구는 매주 미국 필라델피아나 피닉스 인구만큼 늘고 있으며, 월간으로는 리우데자네이루 인구만큼, 연간으로는 이집트 인구만큼 증가하고 있다.

한때는 몇천 년이었던 지구 인구의 배증 기간이 이제는 50년도 채 걸리지 않게 된 것이다. 어쩌면 오늘날 지구에 남겨진 인간의 발자취는 이처럼 엄청난 인구에 뿌리를 두고 있다고 볼 수 있다. 이것이 지난 몇 세기 동안 진행된 인구 증가를 고려하지 않고서는 현재의 환경문제를 이해할 수 없는 이유이기도 하다.

사람과 기계: 당신은 말을 몇 마리나 부리고 계세요?

1만 년 전에 막을 내린 빙하시대 이후, 인구만 늘어난 것이 아니라 기술과 자원의 소비도 증가했다. 불과 1000년 동안 인류는 인력에서 마력으로 이동했다. 처음에는 말의 힘에 의존했으나, 나중에는 인간이나 길들인 동물의 힘과는 비교할 수 없이 대단한 마력을 가진 기계를 사용하게 된 것이다. 기계 덕분에 말이 달리는 것보다 훨씬 빨리 이동하게 되었으며, 한결 많은 짐을 싣게 되었고, 삽으로 땅을 파는 것보다 더 깊게 땅을 갈아엎을 수 있게 되었으며, 몽둥이나 화살과 비교할 수 없을 정도로 더 많은 사람을 더 빨리 죽일 수 있게 되었다.

산업혁명의 핵심은, 인간이 사용하는 에너지를 측정하기 위해 고안된 단위로서 농업과 수송에 이용하는 말 한 필의 힘이란 뜻을 가진 '마력'에서 찾아볼 수 있다. 이 에너지 단위는 자동차 시대에도 그대로 남아 엔진의 출력을 가늠하는 단위로 쓰이고 있다. 상업적 증기기관을 최초로 개발한 제임스 와트는 자신이 만든 엔진의 힘을 좀 더 친숙한 동물의 힘에 빗대보려 했다. 와트는 광산에서 말 한 마리가 끌어올릴 수 있는 석탄의 양으로 이 힘을 측정했다. 밧줄과 도르래를 써서 1톤 무게의 석탄을 1분 동안 4.5미터 위로 들어 올리는 힘을 1마력이라 규정했는데, 이는 746와트의 전력에 해당한다.[2]

킬로와트시kWh는 전기 소비량의 일반적인 단위로 한 시간에 1000와트의 전기를 썼다는 의미인데, 이는 시간당 1마력을 조금 넘게 사용한 에너지다. 우리 집을 예로 들면 매일 24킬로와트시의 전기를 사용하는데, 이는 말 한 마리가 쉬지 않고 24시간 동안 일하는 양이다. 이 밖에도 가정 난방에 사용하는 천연가스, 차량에 쓰는 휘발유를 비롯해 다양한 에너지가 있고 제조업, 물류, 농업 등에서도 에너지를 사용한다. 우리 눈에 보이지 않는 수많은 말이 쓰이는 것이다. 세계의 일인당 에너지 소비량은 2600와트로 한 사람당 말 세 마리 정도인데, 지구에 250억 마리의 에너지용 말이 존재하는 셈이다. 이런 에너지 사용량은 천천히 증가하다가 지난 20세기 들어 무려 열여섯 배나 늘었다.

많은 사람이 자신만을 위해 일하는 말 서너 필을 갖게 되었다는 소식에 귀가 솔깃할지도 모르겠다. 하지만 평균 에너지 소비량이란 매우 피상적인 접근일 뿐이다. 많은 이들이 말 한 필도 갖고 있지 못한 반면, 어떤 이들은 마구간을 채울 만한 마력을 소유하고 있는 것이 현실이다. 세계 인구의 4퍼센트밖에 안 되는 미국인 3억 명은 세계 에너지의 20퍼센트를 쓰고 있다. 일인당 무려 열다섯 마리의 말을 부리고 있는 것이다.

펜실베이니아 주립대학의 기후학자 리처드 앨리는 이러한 마력을 비유적으로 설명한다. 화석연료를 태울 때 방출되는 탄소는 이산화탄소라는 온실가스가 되지만, 무색 · 무취 · 무미로 거의 감지할 수 없다 보니 실감이 나지 않는다. 여기서 앨리는 상상력을 동원한다. 지구온난화의 원천인 온실가스가 말똥이 되어 지구 표면에 발목을 덮을 정도로 쌓여 있다고 생각해 보자. 그러면 현재 대기 중에 축적된 이산화탄소의 양이 얼마나 심각한지 쉽게 짐작할 수 있을 것이다.

경작과 건설: 부지런한 사람들이 불러온 변화

삼림 파괴는 자연과 인간이 교류하는 서곡이었을 뿐이다. 마을과 경작지를 위해 삽과 쟁기로 숲을 밀어붙이다 급기야 트랙터, 불도저, 굴착기까지 동원되었다. 지구의 재단사인 인간은 무엇이 어디까지 가능한지 시범이라도 보이려는 듯 몇 세기 동안 매진했다.[3]

농업의 씨는 9000년 전에 처음 파종되었고, 마을이 생기면서 유목생활은 정주생활에 자리를 내주었다. 한 사람이 1년 동안 먹고살려면 경작과 목축을 위한 1헥타르 정도의 땅이 필요했는데, 이는 지금도 별로 변하지 않았다. 땅을 경작하면서 유실되는 표층토는 20세기 중반

토지 보존 방법이 도입되기 전까지 일인당 무려 10톤에 달했는데, 이는 한 사람이 묘지 열 개의 흙을 훼손한 양이다. 더욱 극적인 변화는 먹여 살려야 할 사람의 숫자다. 인구가 70억에 가까워지면서 지구는 1세기마다 경작과 목축으로 평균 7센티미터 두께의 흙을 잃고 있다.

채석과 광업이 발전하면서 인간은 원자재와 에너지를 찾는다며 지구를 점점 더 구석으로 내몰고 있다. 도시화가 진행되면, 증가하는 인구에 물이 필요하고, 이는 운하와 상하수도 건설로 이어진다. 정치적 · 경제적 통제에도 도로와 성채 건설은 필수적이다. 로마 제국은 총 30만 킬로미터에 달하는 길과 간선도로를 포장했고, 복속에 저항하던 스코틀랜드를 저지하려고 영국 북부에 120킬로미터에 이르는 하드리아누스 방벽Hadrian's wall을 축조했다. 중국의 만리장성은 이민족의 침략을 막기 위해 북쪽에 쌓은 6000킬로미터 정도의 성벽이다. 길이에서는 이보다 못하겠지만 거창함에서는 버금갈 이집트의 피라미드는 장례를 기념했던 건축물로서 곳곳에 흩어져 있다.

근대에 와서도 경관을 향한 인간의 공격성은 수그러들지 않았다. 위험하기 짝이 없는 석탄 채굴은 주로 지하에서 이뤄지지만, 얇은 지표를 벗겨내는 것만으로 채굴이 가능한 지역도 많았다. 이런 노천 광산에서는 지하 채굴보다 열 배 이상의 석탄, 돌, 흙이 대량으로 이동하게 된다. 지금도 미국 와이오밍의 파우더 강 유역에서는 거대한 기계들이 두터운 석탄 광맥을 긁어내 화물열차에 싣고 있다. 1.6킬로미터나 줄지어 선 화물열차는 20분마다 출발하는데, 화물열차 1년분을 이어놓으면 지구를 한 바퀴 돌 정도가 된다. 기차는 네브래스카 평원을 뱀처럼 구불거리며 가로지른 다음, 천천히 선로를 분기해 미국 동부와 남부의 화력발전소로 석탄을 운반하기 위해 흩어진다. 그 탓에 와이오

밍 노천 광산의 상처는 계속 커져만 가고 있다.

동부 지역의 펜실베이니아와 웨스트버지니아에서도 석탄 채굴이 계속되고 있다. 아프리카와 북아메리카의 지각판이 오래전에 충돌하면서, 아름다운 애팔래치아 산맥의 계곡과 능선 안쪽으로 석탄이 퇴적된 습곡이 형성되었다. 능선 꼭대기가 침식으로 드러나면서 석탄층이 지표면에 가까워지긴 했지만 완전히 드러난 것은 아니었다. 하지만 다이너마이트와 불도저로 산정을 깎아내고 탄맥을 드러낸 후 채굴하면 그만이었다.[4] 석탄과 지표면 사이에 자리 잡은 암석이 주변 계곡으로 흘러내렸고, 결국 인근의 숲이 깔아뭉개지며 하류 계곡에 물난리가 나고 말았다. 이 같은 채굴을 지칭하는 '산정 제거mountaintop removal'라는 말에는 인간의 힘과 오만이 담겨 있다.

몹시 부지런한 사람들 때문에 초래된 환경 변화는 지구를 변화시키는 자연과 비교하면 더욱 확실히 그 진가가 드러난다. 흔히 생각하듯이, 자연이 일으키는 퇴적과 이동 능력에 비해 사람이 하는 일은 사소하고 보잘것없는 수준일까? 미시간 대학의 동료 지리학자인 브루스 윌킨슨도 나와 같은 의심을 품고 있었다.

말쑥하게 차려입기보다는 흙투성이 현장에 더 어울리는 청바지를 즐겨 입던 그는 벌거벗은 임금님 앞에서 진실을 말하기 두려워하는 겁쟁이가 아니었다. 윌킨슨은 인간이 변화시키는 지표면이 지질학적 과정에서 어느 정도의 의미를 갖는지 몹시도 알고 싶었으며, 장기적인 퇴적층의 침식과 이동을 대양저와 과거 대륙에 축적된 퇴적층에서 발견할 수 있으리라 추론했다. 그는 이런 추론을 '심층 시간 전망deep-time perspective'이라 명명하고,[5] 전 세계의 삼각주, 대륙붕, 대양저, 오래된 퇴적암 등의 자료를 모아 꼼꼼하게 퇴적층의 크기를 계산했다.

윌킨슨이 도출한 결과에 따르면, 지난 5억 년 동안 자연 침식 과정으로 100만 년마다 평균 수 미터씩 지표면이 낮아졌다. 그렇다면 현재의 침식률은 어느 정도일까? 결과는 눈을 의심할 정도였다. 인간은 지구가 5억 년 동안 침식시킨 것보다 열 배나 더 많은 이동을 일으키고 있었다. 이보다 더 놀라운 것은 실제 침식이 일어나고 있는 지역의 침식률이었다. 농경지의 표층토 손실은 장기적인 자연 침식보다 거의 30배 이상의 비율로 진행 중이었다.

이 같은 손실률이 새로운 토양이 생성되는 비율을 훨씬 초과하고 있다는 점도 놓치지 말아야 한다.[6] 원유 소비도 자연이 생산하는 것을 훨씬 초과하고 있고, 지하수 역시 자연이 대수층에 충전하는 것을 훌쩍 넘어서고 있으며, 농경으로 인간이 일으키는 표층토 손실도 유한한 자원을 고갈시키고 있다. 익살로 핵심을 찌르던 방송인 윌 로저스는 "매일같이 인구가 늘고 있지만 땅은 더 이상 한 뼘도 늘릴 수 없다"라고 꼬집었다. 워싱턴 대학의 데이비드 몽고메리는 농업을 시작한 이후 농사를 지을 수 있는 땅의 3분의 1이 침식으로 사라졌다고 추정하고, 그 손실의 대부분이 지난 반세기 동안에 일어났다고 지적했다.[7]

경작을 위해 땅을 갈거나 목축을 하면 먼지가 더 쉽게 날아다닌다. 바람 속의 먼지는 언젠가 아래로 떨어져 호수나 대양으로 들어가게 된다. 미국 서부 호수에 축적된 먼지의 양은 지난 2세기 동안 500퍼센트 정도 증가했으며, 그러한 증가는 미국인이 서부에 정착해 가축 방목을 늘렸기 때문이다.[8]

일단 떠오른 먼지는 세계를 여행하게 된다. 위성사진을 보면 북아프리카 사하라 사막에서 생긴 엄청난 먼지구름이 대서양 서쪽까지 거대한 깃털처럼 덮여 있는 장면을 볼 수 있다. 중국에서도 비슷한 구름이 태평양을 가로질러 북아메리카 서해안까지 발달하는데, 이 구름은 인적이 없는 사하라에서 발생한 구름과 달리 산업 오염 물질까지 실어 보내고 있다. 대기권은 산업 쓰레기와 농경지 침식 물질을 확산시키는 데 매우 효과적인 매개체로 오염의 세계화에 기여하고 있다.

디젤 엔진의 먼지와 검댕, 개발도상국의 밥 짓는 연기, 초지와 숲을 태우는 행위 등은 단순히 지역에 머물지 않고 세계적인 기후 변화 요인이 된다. 거대한 화산에서 분출되는 화산재는 지표로 도달하는 햇빛을 가로막아 대기를 불투명하게 만들며, 먼지와 검댕도 해를 흐려 보이게 하여 비슷한 효과를 유발한다. 대기권의 검댕은 지표에서 반사되는 햇빛을 막고 흡수하는 기능도 있어서, 온실가스가 적외선 파장을 흡수하듯이 가시광선 에너지를 포집한다. 먼지와 검댕으로 눈과 얼음의 표면이 검어지면, 이것들이 녹는 데 가속도가 붙기도 한다. 이런 흑화 현상 탓에 햇빛이 우주로 적게 반사되고 먼지와 검댕 때문에 상대적으로 많은 태양열이 포획되면서, 눈과 얼음은 더 잘 녹게 되는 것이다.

흐르는 물도 여지없이

인간이 변화시킨 것은 땅만이 아니다. 극적인 변화는 물에서도 일어났다. 수자원 개발의 역사는 6000년 전으로 거슬러 올라가는데, 세계 각지에서 독자적으로 발전했다. 고대 페르시아는 대형 지하 수로 카나트Qanat를 이용해 고원 지대에서 건조한 평원까지 물을 운반했다. 사람들은 둑을 쌓고 이집트의 나일 강, 파키스탄의 인더스 강, 중국의 황하 등의 강물을 따라 물길과 운하를 내어 경작지에 관개용수를 보냈다. 메소포타미아의 비옥한 초승달 지역에서는 티그리스와 유프라테스 강을 따라 이미 수천 년 전부터 고도의 관개 체제가 운영되었다.

대륙에서 얼음이 사라진 이후 북아메리카와 유럽에는 작은 호수와 습지가 곳곳에 생겨났다. 얼음이 사라지면서 해수면이 상승하자, 강어귀가 내륙까지 들어왔고 추가로 습지가 증가했다. 농업의 요구, 경지 개발의 압력, 공중 보건에 대한 관심 등으로 사람들은 습지에서 물을 빼기 시작했다. 미국의 수도 워싱턴도 플로리다처럼 말라리아가 흔한 습지대였다. 미국에서 말라리아 박멸은 습지대를 배수하면서 얻은 공중 보건의 성과였다.

그러나 1만 년 전부터 존재했던 세계 습지의 절반 정도가 근래에 사라지면서 손실도 적지 않았다. 본격적으로 습지 배수 작업이 시작될 무렵에도 습지가 제공하는 많은 장점, 즉 오수 정화, 야생 생태계 보존, 해변 저지대에서의 방파제 역할 등은 거의 알려져 있지 않았다. 미국에서는 지금도 습지를 향한 공격이 진행되어, 해마다 4만 헥타르의 습지가 없어지고 있다.

사람들은 호수와 강에 자신들의 발자취를 확실히 남겨놓았다. 거대한 내륙 호수인 아랄 해는 카자흐스탄과 우즈베키스탄의 국경 지대에 있는데, 불과 반세기 전만 해도 세계에서 가장 큰 호수 순위에서 상부 오대호(슈피리어 호, 휴런 호, 미시간 호)와 아프리카의 빅토리아 호 다음일 정도로 큰 호수였다. 그러나 오늘날 아랄 해의 면적은 엄청나게 줄어, 예전의 모습이 거의 사라졌다.[9] 이런 축소는 다른 호수들이 흔히 겪는 장기적 기후 주기에 기인한 것이 아니라, 젖줄 기능을 하던 두 개의 강을 목화 재배용 관개용수로 쓰기 위해 우즈베키스탄의 사막 쪽으로 전환시킨 결과였다. 2차 세계대전이 끝나면서 돌려진 수로 때문에 1960년부터 아랄 해의 수면이 낮아지기 시작했고, 해마다 거의 30센티미터씩 낮아지다가 20세기 말 감소량은 거의 세 배에 이르렀다.

수면이 낮아지고 수량이 감소하면서 남아 있던 물의 염도가 증가했는데, 이는 미국 그레이트솔트 호에서 최고조에 달했던 빙하수가 줄어들면서 일어났던 현상과 비슷했다. 현재 아랄 해의 염도는 관개 이전에 비해 약 열 배가 높고, 대양의 물보다는 세 배나 높다. 한때 구소련 어획고의 6분의 1을 차지하며 수만 명을 고용했던 아랄 해 어업은 물과 함께 사라지고 말았다. 폐기된 선박들만이 호수 모래 위에 을씨년스럽게 얹혀 있을 뿐이다.[10]

인간이 마을을 이루면서 살기 좋은 곳 중 하나는 강이었다. 강은 생활용수와 농업용수를 제공하고, 교통의 요지이며, 산업화를 위한 동력이 되기 때문이다. 자연을 길들이고 개선하려는 인간의 욕구 때문에 수많은 강에 댐이 건설되었다. 오늘날 5만 개가 넘는 대형 댐과 수많은 소규모 댐이 세계 각지에서 자연의 물길을 바꾸고 있다. 그 어떤 강도 댐을 거치지 않고는 바다에 이르지 못할 정도다.

내가 오마하 시에서 고등학교를 다니던 1953년 봄의 일이다. 겨우내 폭설로 얼어 있던 미주리 강이 날이 풀려 녹으면서 범람할 위기가 벌어졌다. 강의 최고 수위가 시를 위협하고 급기야 공항이 있는 저지대의 제방이 무너질 지경이 되고 말았다. 주민들이 모두 동원되어 제방에 모래주머니를 쌓아야 했다. 수업에 빠지고 싶은 학생들에게는 신나는 기회가 온 셈이었고, 나 역시 친구들과 함께 제방 보수 작업에 참여했다. 최고 수위가 되기까지 몇 시간밖에 남지 않았고, 머지않아 강물이 둑을 넘어설 상황이라 수문판flashboard을 둑 위에 대는 긴급 작업이 펼쳐졌다. 물마루가 방지용 제방보다 60센티미터나 차올랐지만, 수문판 덕에 둑을 넘지는 못했다. 다행히 오마하 시는 큰 피해를 면할 수 있었다. 그런데 미주리 상류 지역의 홍수는 이것이 마지막이었다. 곧이어 여섯 개의 대형 댐이 다코타와 몬태나 상류에 건설되면서 미주리 강의 자유로운 흐름이 막을 내린 것이다.

지질학자가 된 나는 수백만 년에 걸친 콜로라도 강의 침식 작용으로 생긴 그랜드캐니언을 래프팅하게 되었다. 그랜드캐니언은 지질학자라면 한 번쯤 거쳐야 할 필수 방문지이자 지질학의 메카 같은 곳이다. 1860년대 미국 지질조사연구소 책임자였던 존 웨슬리 파월이 최초로 탐험에 나섰을 때만 해도 콜로라도 강은 계절에 따라 급변하는 수량과 위험한 급류로 막힘없이 흐르고 있었다.

세계 최고의 계곡을 만든 콜로라도 강은 오늘날 그곳에 건설된 다섯 개의 대형 댐 중 둘인 글렌캐니언 댐과 후버 댐 사이에 갇혀 물길이 통제되고 있다. 이제 그랜드캐니언의 콜로라도 강 수위는 글렌캐니언 댐의 일일 방류량에 따라 예측할 수 있다. 기이한 것은 강의 흐름이 안정되면서 몇몇 곳의 급류가 더 광포해지고 있다는 점이다. 그랜드캐니언에 합류하며 암설을 운반하던 지류들은 이제 더 이상 봄철 홍수 때에도 하류로 흘러내리지 못한다. 그 결과 거력 선상지fan of boulder(집채만 한 바위가 모여 있는 강변-옮긴이)의 암석들이 물속으로 빠져 강폭이 좁아지는 바람에 물살이 급해지고 있다.

몇 년 전 나는 포르투갈의 도루 강을 작은 배로 여행한 적이 있다.[11] 스페인 북부에서 시작하는 도루 강은 포르투갈을 거쳐 대서양으로 흐른다(이 강의 스페인 이름은 '두에로'이다). 일찍이 도루 강을 탐사했던 사람들은 폭포와 난류의 위험을 경고했다. 하지만 이제 도루 강은 댐 다섯 개로 가로막힌 좁고 평평한 호수 다섯 개로 변했다. 요즈음 이 강물에는 댐의 수문에서 흘려보내는 통제된 물 흐름이 있을 뿐이다.

댐 건설은 단순히 과거의 일이 아니다. 1984년부터 운영된 남아메리카 파라나 강의 이타이푸 댐은 당시 발전 설비량에서 세계 최대의 댐이었다. 이타이푸의 발전량은 이미 물을 채우기 시작한 중국 양쯔 강의 싼샤 댐이 2012년에 완전 가동에 들어가면 최대란 이름을 내놓게 될 것이다. 중국은 양쯔 강 상류에 댐을 열두 개 이상 더 건설할 계획을 갖고 있다.

댐과 유로 변경은 주요 강의 흐름을 감소시켜 강물이 바다에 이르지 못하게 만든다. 멕시코에 강어귀가 있는 콜로라도 강을 놓고 미국과 멕시코가 맺은 수량 할당은 1920년대 수량을 기준으로 책정되었다. 당시 이 강의 수량은 최고조에 달했으나, 그 후 다시는 그처럼 많은 물을 볼 수 없었다. 오늘날 미국의 할당량을 다 채워주고 멕시코에 도달한 콜로라도 강물은 거의 말라버려 단 한 방울의 물도 바다에 이르지 못한다.

갠지스 강이나 나일 강의 경우도 별반 다르지 않아 강어귀에 이르면 물은 이제 졸졸 흐르는 수준이 되고 만다. 비옥한 나일 삼각주 지역은 이집트 사람들에게 오랜 식량의 보고였으나, 삼각주에 토양을 공급하던 나일 강의 영향력이 쇠퇴하면서 지중해가 내륙으로 서서히 차오르고 있다. 그뿐만 아니라 상류에 자리 잡은 거대한 아스완 댐에서는 움직임 없이 담겨 있는 물 때문에 사람을 쇠약하게 만드는 기생충성 질병인 주혈흡충증이 창궐하고 있다. 이 병은 말라리아 다음으로 흔한 열대병이다.

퇴적물에는 강이 운반하는 토사만 들어 있는 것이 아니다. 산업 오염, 부적절한 하수, 도시 지역의 불투수층 때문에 증가한 빗물, 농업에 사용되는 비료와 살충제 등 각종 화학 물질이 포함되어 있다. 농경지에는 자연 생태계가 제공하는 것보다 훨씬 많은 인공 질소 비료가 살포되어 있다. 댐은 이런 퇴적물이 바다에 이르는 데 제약을 주기는 하지만, 정작 화학 물질은 크게 영향을 받지도 않는다. 이 시간에도 화학 폐기물은 모든 대륙에서 바다로 흘러들고 있다.

화학 물질의 흐름은 대양에 사해 지역dead zone(용존산소가 부족해 생물이 살 수 없는 지역-옮긴이)을 만든다. 비료가 바다로 흘러들면 수면에 해조류가 증가하는데, 이 해조류가 죽으면 해저로 가라앉아 미생물의 호흡에 연료처럼 작용한다. 그 결과 바다 밑에 있던 용존산소가 미생물 때문에 고갈되면서 온갖 바다생물, 특히 산소가 필요한 물고기와 연체동물이 생존을 위협받게 된다. 이런 죽은 바다에는 미생물을 제외하고는 어떤 생물도 살 수 없다. 사해 지역은 세계 각지에서 생성되고 있는데 체서피크 만, 멕시코 만, 아드리아 해, 발트 해, 흑해, 중국 해안 등에서 나타나고 있다. 이제 400여 곳을 넘어선 사해는 1960년대 이후 해마다 거의 두 배씩 증가했다. 현재 사해의 전체 면적은 거의 25만 제곱킬로미터에 이르러 미시간 주 크기와 맞먹는다.[12]

지하수도 남김없이

많은 미국인은 아직도 지하에서 퍼 올린 물을 식수로 마시고 있으며,

몇몇 도시도 우물을 사용하고 있다. 미국 공공용수의 약 40퍼센트가 지하 대수층의 물이고, 시골에 거주하는 주민 대부분이 우물을 이용한다. 강수량이 부족한 지역의 농토에서는 훨씬 더 많은 물을 지하에서 끌어 쓰고 있다. 농업용수를 지하수에 의존하는 지역은 캘리포니아와 지표수도 대량으로 사용하는 남서부 지역을 비롯해 다코타, 네브래스카, 오클라호마, 텍사스, 뉴멕시코, 콜로라도 등지다.

미국의 그레이트플레인스를 가로지르는 서경 100도는 관개의 분수령이다. 이 선의 동쪽 지역은 겨울에는 눈, 여름에는 비가 많아 농작에 충분할 만큼의 수분이 땅에 축적되지만, 서쪽 지역은 관개용으로 다른 보조 수단이 필요했다. 한편 그레이트플레인스의 지표면 아래에는 수만 년 동안 로키 산맥의 침식에서 씻겨 나온 두꺼운 모래와 자갈층이 있다. 산맥 지질 구조의 융기와 비, 눈, 얼음의 침식력 사이의 끊임없는 마찰은 엄청난 쇄설물을 만들었고, 이것들은 대평원 지역을 흘러내리는 사행천을 따라 동쪽으로 이동했다. 모래와 자갈층을 지나며 암석의 결을 따라 생긴 지하수는 수천 년 동안 세상 구경을 하지 못하다, 20세기에 기계화 농법이 등장하면서 햇빛을 보게 되었다.

초원의 개척자들은 땅을 뒤엎고 지하 대수층에 가득 찬 물을 퍼냈다. 최초의 기계적 펌프는 바람의 힘을 이용한 풍차에서 비롯되었다. 시골에 전기가 들어오면서 변덕스럽던 바람의 손에서 풀려난 펌프는 지하 대수층에서 훨씬 효과적으로 대량의 물을 퍼 올렸다.[13] 가장 유명한 '오갈랄라' 대수층은 서부 네브래스카의 작은 마을에서 이름을 딴 것인데, 미국 관개 지역의 4분의 1 이상이 이 대수층 위에 자리한다.

오갈랄라 대수층에서 뽑아내는 물은 자연이 주는 것보다 훨씬 많았지만, 곧 지하수가 줄어드는 상황이 벌어지고 말았다. 캔자스 남서부나 텍사스 서부처럼 집중적인 관개가 일어나는 곳에서는 매해 지하수면이 낮아졌고, 자연히 샘을 더 깊이 파야 했다. 결국 일부 지역에서는 물이 말라버렸는데, 이는 빙하시대부터 저장되어 있던 물을 채굴하듯 파낸 결과였다. 이 대수층에서 해마다 퍼내는 물은 콜로라도 강 지류 열다섯 개의 수량과 비슷했고, 대수층의 자연 보충 기능은 이 속도를 따라잡을 수 없었다.

우리가 다 가지게 될까?

인간이 지구에 남긴 발자취 중 생각해 봐야 할 것이 또 있다. 바로 의식주의 편의를 위해 인간이 생태계를 지배하고 있다는 사실이다. 지구에 인류가 존재하기 전에는 이런 일이 전무했다. 땅을 근거로 하는 생태계에서 인간은 주요 생산량의 20~40퍼센트를 지배하고 있는데,[14] 이는 자연의 불확실성을 고려하면 실로 대단한 수치다.

인간이 징발하는 자원은 땅에만 국한되지 않는다. 반세기 전만 해도 존재했던 포식종 대형 어류의 90퍼센트가 바다에서 사라진 것으로 추정된다. 플로리다 여행자들이 자신이 잡은 고기를 자랑스레 들고 찍은 사진의 변천만 봐도 알 수 있다. 10년 전까지도 물고기를 들고 사진을 찍었다 하면 낚시꾼 키만 한 대어였지만, 크기가 자꾸 작아지더니 요즘에는 길이 1미터짜리 트로피 크기도 넘지 못한다.

세계 바닷고기의 4분의 3이 한계 용량을 넘어 포획되고 있다. 어족자원의 30퍼센트는 이미 붕괴됐는데, 이는 기록된 최대량에서 90퍼센트 이상이 사라졌다는 정의에 따라 추산한 것이다.[15] 세계 어획량은

1994년에 최고조에 이르렀고, 그 후 선단과 조업 범위가 확대되었는데도 약 13퍼센트가 감소했다. 해양 자원의 고갈을 잘 보여주는 것은 어획 자원을 증가시키려는 여러 시도에도 어획량이 계속 줄고 있다는 사실이다. 사람이 고갈시키는 다른 자원도 이와 유사한 맥락에서 살펴볼 수 있다. 미국의 원유 생산은 1970년대 중반에 정점에 달했다가 줄곧 하강 중인데, 석유업계의 탐사가 강화되고 원유와 천연가스 가격이 상승했는데도 그렇다. 세계 원유 생산도 향후 10년을 넘기면 정점에 이를 듯하다.

발자취만 남길 수는 없을까?

자연과 역사 유적을 보호하자는 취지의 "(모두 그대로 두고) 사진만 가져가고, (다른 흔적 없이) 발자취만 남기세요"라는 여행자 구호를 자주 듣게 된다. 하지만 인간이 지구에 남기는 사회적 발자취는 환경 보존 측면에서 전혀 달갑지 않은 것이다. 1000년 전과 비교할 때 생태계의 여러 종이 천 배나 빠르게 사라지고 있다. 2008년 지구상의 포유류 5487종을 분석한 어느 연구문은 5분의 1 정도가 멸종에 직면해 있고 절반 이상의 개체 수가 감소하고 있다고 보고하면서, 서식지 축소, 사냥, 선박 충돌, 해수 오염 등을 원인으로 지적했다.[16] 예일 대학의 삼림환경대학 학장인 거스 스페스는 소행성이 지구와 충돌해 공룡을 비롯한 여러 종이 절멸했던 이래 "지난 6500만 년 동안 지금처럼 급작스러운 멸종의 시기는 없었다"라고 말했다.[17]

인간은 지구의 땅, 대기, 물에 충격을 주는 화학 물질을 만들어내면서 열, 소리, 빛 등으로 자신만의 환경을 조성했다. 건물, 도로, 도시의 지붕은 낮 동안 열을 흡수한 후, 주변의 자연 지역보다 훨씬 많은 양을 밤에 방사하고 있다. 겨울철 더운 건물이 방사하는 열기가 지표면의 냉기를 밀어내면서 도시는 기온 상승을 겪고 있다. 대학 시절에 처음 지하 온도를 측정하면서, 관측 장비를 시험하기 위해 연구실 근처의 땅에 구멍을 뚫은 일이 있다. 이 구멍에서 측정한 최초의 온도 기록을 보고 놀라지 않을 수 없었다. 고작 수십 년 전에 세워진 건물이었는데도 땅의 지하 온도가 5도 이상 올라가 있었던 것이다.

도시의 점진적인 온난화가 도시화에 따른 미묘한 지표라 한다면, 빛의 발산은 이보다 훨씬 분명한 증표가 된다. 미국의 고속도로를 밤에 운전하다 보면, 거대한 등대가 줄지어 선 것처럼 도시의 불빛이 반짝이는 것이 보인다. 청명한 날 밤 여객기를 타면 도시와 마을, 점점이 흩어진 주택에서 뿜어내는 빛의 장관도 볼 수 있다. 어둠으로 제한되는 자연의 시간대를 넘어 인간의 활동이 연장된 것은 수천 년 전 불을 길들였던 것처럼 새로 길들인 인공 조명의 능력 때문이다.

도시 조명은 천문학자의 작업을 어렵게 만드는 요인이다. 이전에 보이던 별들이 시야에서 사라지는 것이다. 결국 도시인은 밤하늘에 반짝이는 수많은 별을 바라보던 기쁨을 빼앗겼고, 이제 이런 낭만은 빛 오염이 없는 일부 지역에서만 누릴 수 있다. 나는 칼라하리 사막 한가운데서 야영하던 때를 잊지 못한다. 칠흑 같은 밤하늘을 꽉 채운 셀 수 없이 많은 별이 먼 곳에서 반짝이며 보내는 빛의 장엄함, 눈이 닿는 데까지 고개를 들어 올려다보던 그 멋진 시간을 어떻게 잊을 수 있겠는가? 창세기에서 조물주는 "자손이 번창하여 하늘의 별처럼 누천 대로 이어지라"라고 별을 기록하고 있다. 적지 않은 현대인이 이렇게 가슴

떨리는 경험 없이 생을 마치는 것은 안타까운 비극이다.

천문학자뿐만 아니라 도시에 사는 동물들도 빛 오염에 영향을 받는다.[18] 밤에 생활하는 동물은 흔히 야행성이라 불리는데, 어둠에 적응해 진화한 것들이다. 주요 먹이인 벌레가 도시 불빛에 몰리자 인간처럼 도시화된 박쥐도 생겨났다. 야행성 포유류인 설치류, 오소리, 주머니쥐 등은 포식자들이 밤의 불빛 덕에 먹이를 더 잘 볼 수 있게 되면서 궁지에 몰렸다. 생물 중에는 계절에 따른 장기적인 빛과 어둠의 변동에 적응한 종도 있다. 새는 대부분 낮 길이가 어느 수준에 이르러야 번식을 시작한다. 인공적으로 밤이 짧아지고 낮이 길어지면 새는 번식할 때가 되었다고 착각한다. 하지만 안타깝게도 이렇게 부화된 조류 새끼가 먹고살 유충이나 벌레 중 상당수는 번식하라는 신호를 받지 못하고 있다.

많은 종의 생물학적 주기는 빛과 어둠에 의한 24시간 주기와 연관되어 있다. 인간의 몸도 낮이면 일하고 밤에는 자도록 진화했다. 여름철이면 백야를 겪는 알래스카, 스칸디나비아, 러시아의 호텔은 투숙객을 위해 창문마다 검은 커튼을 준비한다. 극지방에서 일하는 지질학자들은 24시간의 낮 때문에 자주 피로감을 호소하고, 종종 사고를 당하거나 쉽게 병에 걸린다.

번잡한 곳에 사는 사람들은 자신이 생각보다 소음에 많이 노출되어 있다는 사실을 모르고 지낸다. 자동차, 굴삭기, 비행기, 확성기, 라디오, 텔레비전의 소음이 밤낮을 가리지 않고 울려 퍼진다. 우리는 곧잘 '작은 평화와 고요'를 위해 시끄러운 도시를 떠나 숲과 시골을 찾는다.

하지만 이제는 바다조차도 소음의 성역이 아니라는 것을 알아야 한다. 도시의 소음은 없지만, 소리는 바닷물을 통해 더 효과적으로 전달

되므로 바다 어디서도 산업사회가 만들어내는 소음을 피할 수 없다. 화물을 싣는 기중기와 컨베이어 소리, 거대한 프로펠러 소리, 해군의 심해 훈련 등 인간이 대양에서 만들어내는 소음 목록은 끝이 없다. 해저의 수중 청음기가 인간이 만들어낸 소리를 감청하지 못하는 바다란 이제 더 이상 지구 어디에도 없을 것이다.

해양 생물은 바다가 매우 어둡기 때문에 의사소통과 이동에 소리를 이용한다. 인간이 만든 소음은 이들을 교란시키고, 특히 소음 가까이에서 생활하는 생물을 취약하게 만든다. 해양 포유류의 이동로와 번식 행태가 지리적 특성과 소음 때문에 변하면서 이들은 자연히 '평화롭고 조용한' 곳을 찾고 있다. 고래나 돌고래가 뭍으로 올라오는 현상도 근처에서 해군이 고강도 초음파 훈련을 하는 것과 관련이 있다. 미 해군은 이런 부작용을 인식했지만, 소음을 중단하라는 소송이 제기되자 해양 포유류의 개체 수 증가로 인한 피해를 제어할 필요 때문에 훈련을 했다는 억지를 썼다. 우여곡절 끝에 2008년 미국 대법원은 통념과는 반대로 해군의 손을 들어주었다.[19]

대기로 만들어진 담요

인간이 땅과 바다에 끼친 영향력을 살펴보면서 우리는 인간의 흔적이 얼마나 큰지를 알게 되었다. 오늘날 기후 변화의 가장 큰 요인은 인간의 산업화로 변화된 대기권의 화학 작용이다. 산업혁명이 시작된 이래 석탄, 석유, 천연가스를 더 많이 채굴하려는 노력이 계속되었다. 탄소에 기반을 둔 연료를 태우면서 다량의 온실가스가 퍼졌고, 이 가스가 지표에서 빠져나가려는 적외선을 흡수하면서 지구 기후에 영향을 끼쳐 대기권이 더워진 것이다.

그러나 산업화로 인한 대기 오염은 화석연료를 태우기 전부터 이미 시작되었다. 그린란드에서 채취한 빙핵 표본을 보면 로마 시대에 축적된 납이 나타나는데, 당시의 배관 시스템에서 납을 광범위하게 사용했기 때문이다. 배관이란 말 자체가 라틴어의 납plumbum에서 비롯되었고, 납의 원소기호인 'Pb' 역시 여기서 유래되었다. 납을 녹이고 제작하는 과정에서 납 먼지가 대기에 확산되었고, 일부가 그린란드 지역에 떨어져 얼음이 형성될 때 결합했다. 그린란드 자료로 본 로마 시대의 납 축적은 로마의 흥망과 맥을 같이한다. 납은 자동차 연료로 유연 휘발유가 생산되면서 다시 나타났다가, 연료 첨가제에서 제외되면서 대부분 사라졌다.

산업화에 따른 대기 오염의 또 다른 예는 CFC라는 화학 물질이다. 비활성 무독성 화학 물질인 CFC는 1927년부터 독성과 폭발 위험이 있던 암모니아를 대체하는 냉매가 되었다. 2차 세계대전이 끝나고 수십 년간 CFC의 수많은 용도가 개발되었고 가정, 사무실, 자동차의 냉방과 전자 제품 조립, 발포 단열재, 분무기 등에 사용되었다. CFC는 다른 화학 물질과 쉽게 반응하지 않아 내구성이 좋다는 특성을 갖고 있는데, 이것이 화근이었다. CFC가 대기에 머무르면서 성층권의 오존을 파괴해, 급기야 20세기의 마지막 20년 동안 오존 구멍을 커다랗게 뚫어놓았다.

산업혁명 이후 대기 오염은 줄곧 환경에 해를 끼쳐왔고, 공중 보건도 그 영향을 비껴갈 수는 없었다. 1948년 피츠버그 남동쪽에서 30킬로미터쯤 떨어진 머농거힐라 강변에 위치한 펜실베이니아의 공단 도시 도노라는 닷새 동안 공포에 떨어야 했다. 미국 역사상 최악의 대기 오염 재앙 중 하나[20]로 기록된 이 사고는 예기치 못했던 대기 조건과 공장 굴뚝에서 내뿜는 황산가스, 이산화질소, 그리고 대형 철강 공장에서 배출된 플루오르가 합쳐진 것이었다. 역한 냄새의 노란 스모그가 도시 전체를 덮었고, 수천 명이 호흡기 질환에 걸렸으며, 확인된 사망자만 최소 20명이었다.

소련과 유럽을 가르던 철의 장막이 걷히기 한참 전인 1980년, 나는 체코슬로바키아와 동독에서 지열을 주제로 강의를 해달라는 초청을 받았다. 프라하에서 라이프치히로 이어진 고속도로를 달리다 보면 아름다운 삼림을 감상할 수 있는데, 이 구간을 지나다 나무가 20킬로미터 넘게 연이어 모두 죽어버린 것을 보게 되었다. 앙상한 나뭇가지가 회색빛 성냥개비처럼 소리 없이 하늘을 가리키고 있었다. 굳이 원인을 찾을 것도 없었다. 대규모 화학 공장이 독성 물질을 뿜어내면서 맞바람을 받던 인근 숲을 전멸시킨 것이다. 이런 참상은 지엽적이라는 생각도 들었다. 나무가 이렇게 되었을 정도면 인근 주민과 야생동물은 얼마나 큰 피해를 입었을지 상상이 가고도 남았기 때문이다.

석탄 연소는 사람의 건강과 오랫동안 직결되었다. 으스스한 짙은 안개로 유명한 영국에서는, 안개에 석탄 먼지와 타르가 가세한 독성 스모그가 형성되면서 폐 질환이 급격하게 증가했다. 19세기 말 몇 번의 스모그 사건 때마다 영국의 사망률은 계절 평균에 비해 무려 40퍼센트까지 상승했다. 1952년 12월 닷새간 한낮에도 하늘을 침침하게 만들었던 런던 스모그는 주민들이 추위를 이기려 고유황 석탄을 태우면서 악화된 안개 탓이었다. 그 주에만 4000명이 목숨을 잃었고, 몇 주 동안 8000명이 추가로 사망했다.

일반적으로 산업화와 대기 오염은 동반 성장한다. 아시아 지역이 빠르게 산업화되면서 심각한 대기 오염은 이제 일상이 되고 말았다. 텁텁한 갈색 구름처럼 보이는 산업형 농무가 아시아 대도시를 주기적으로 덮고 있는데, 이들 지역에서는 일인당 소득이나 인구 증가보다 자동차와 석탄을 연료로 쓰는 공장이 더 빨리 늘어나고 있다. 소비주의에 덜 물든 시골도 예외는 아니다. 시골에서는 조리용으로 쓰는 나무나 배설물을 태우고 다음 경작을 위해 농토를 불태운다. 거기서 나오는 연기가 해를 가려 농업 소출이 감소하고 도시 거주자의 폐를 해친다. 중국은 베이징 올림픽을 앞두고 깨끗한 공기를 주장하며, 미리 몇 주 동안 공장 문을 닫고 자동차 운행을 규제했다.

미국 산업의 중심인 일리노이, 인디애나, 미시간, 위스콘신, 오하이오 등에서는 2차 세계대전 후 화력발전소가 늘어나면서 산성비로 알려진 광범위한 대기 오염이 뒤따랐다. 고유황 석탄을 태우면 황과 질소 산화물이 발생하면서 대기 중의 수증기와 반응해 강산이 형성된다. 대기 중의 산은 비와 눈을 통해 숲, 호수, 땅으로 강하하는데, 미국 중서부 지역 발전소에서 바람이 닿는 수백 킬로미터 너머의 북동부나 캐나다 근방까지 축적된다.

불과 반세기 만에 산성비와 눈은 미국 북동부의 소나무 숲을 사양길로 내몰았고, 애디론댁 인디언이 살던 몇몇 호수의 산성도는 물고기의 치어가 부화되지 않을 지경에 이르렀다. 1970년대 초가 되자 조락하는 숲과 산성 토양에 둘러싸인 죽은 호수가 곳곳에 나타났다. 산성비의 원인이 밝혀지고 1970년 청정공기법이 통과되면서, 산성비를 내리게 하는 황과 질소를 포획하기 위해 굴뚝에 집진기가 설치되었다. 하지만 청정공기법의 기안자들은 석탄 연소가 가져오는 더 심각한 환경오염을 모르고 있었다. 연소 때 발생한 이산화탄소가 대기 중에 축적된 후 아래로 떨어져 대양에 희석되면서, 기후를 변화시키고 결과적으로는 대양까지 산성화시키고 있는 것이다.

이처럼 발생 초기에는 폐해를 예상치 못했지만 지구적 차원의 오염물질이 된 이산화탄소에 대해 좀 더 자세히 살펴보자.

CO_2

1958년 캘리포니아 스크립스 해양연구소의 찰스 데이비드 킬링은 하와이 마우나로아 산에서 대기 중의 이산화탄소를 측정하기 시작했다. 이때부터 시작된 일일 측정은 현재까지 계속되고 있는데, 이는 화석연료 연소의 직접적 영향에 관한 세계 최장의 관측 기록이다. 이런 노력에도 쉽게 빛을 볼 수 없다는 의미에서 대기 중 이산화탄소 측정은 '신데렐라 과학'이라고까지 불린다.

이 자료를 보면 대기 중 이산화탄소 농도는 1958년에 315ppm이었던 것이 2009년에는 390ppm으로, 불과 반세기 만에 22퍼센트가 증가했다.[21] 대기 중 이산화탄소의 증가율은 계절에 따라 소폭으로 상승·하강하는 식물의 광합성 과정과 비교하면 실로 놀라운 수치다. 여름에 식물이 성장하면서 이산화탄소를 흡수하기 때문에, 식물이 잠자는 겨울이면 대기 중 이산화탄소 농도는 증가한다. 이런 상승과 하강은 식물의 물질대사를 반영하는 것이며, 지구 생태계 1년의 호흡 과정을 의미하기도 한다.

1990년대에 이산화탄소는 산업화 이전의 수준을 넘어서며 연간

2.7퍼센트로 증가했는데, 이는 1958년 킬링이 측정을 시작한 이래 두 배가 넘는 비율이다. 21세기의 첫 10년 동안 증가율은 3.5퍼센트로 더욱 늘어났다. 반세기에 걸친 킬링의 그래프는 인간의 에너지 소비에 관한 기념비적 확증이 되었으며, 아무리 기후 변화를 부정하는 사람이라 해도 인정할 수밖에 없는 사실이 되었다.[22]

그러나 대기 중 이산화탄소의 증가는 빙산의 일각이다. 산업 경제가 방출하는 이산화탄소의 3분의 1 이상은 대기가 아닌 바다로 흡수되고 있으며, 그 영향에 대해서는 이제 겨우 걸음마 단계의 연구 자료가 있을 뿐이다. 대양이 흡수하는 이산화탄소는 바닷물의 산성도를 높여

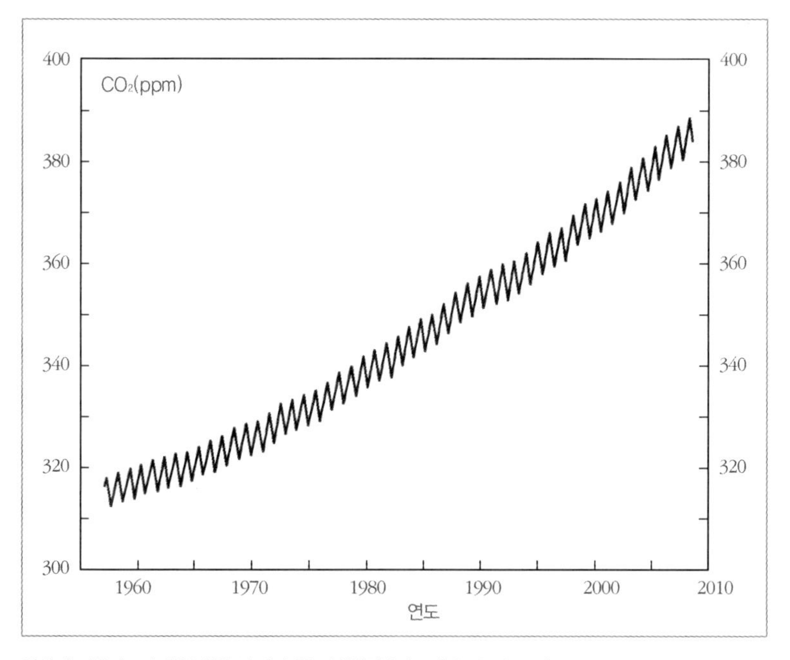

하와이 마우나로아 화산 상공의 대기 중 이산화탄소 농도(1958~2008)
자료 출처 : 미국 스크립스 해양연구소

pH 농도를 하강시키고 있다(pH는 물의 산성화를 가늠하는 척도인데, 아직 바닷물이 산성이 된 것은 아니다). pH가 낮아지면 산호 · 조개의 석회화 과정과 물고기의 골격 형성에 사용되는 광물질의 생성이 줄어들고 안정성도 저하되는데, 이는 해양 생태계가 '골다공증'에 걸리는 것과 같다. 1990년 이후 오스트레일리아의 대보초 지역에서는 석회화율이 14퍼센트나 줄었으며, 이는 지난 400년 동안 최대의 감소치였다.[23]

우리는 이미 결정적 지점을 넘어섰다

킬링의 결론은 더 장기적인 자료에서도 나타나는데, 바로 얼음에 포획된 공기 방울을 현미경으로 측정한 데이터가 그것이다. 앞서 여러 빙하시대의 진퇴를 논의하면서, 남극 동부의 러시아 보스토크 관측 기지에서 연간 강설량의 온도를 측정해 10만 년 주기를 발견한 빙핵 자료에 대해 언급한 바 있다. 무려 45만 년 전의 얼음이 존재하는 이 빙핵 자료는 대기 중 이산화탄소와 메탄에 관한 역사적 기록이다.

얼음에 역사가 기록되는 방식은 매우 황홀한 과정을 거친다. 눈이 내리면서 푹신한 눈송이가 공기와 함께 아래로 내려앉고 눈이 쌓이면서 압축되어 결국 얼음이 된다. 얼음 속 공기는 현미경으로 보면 거품처럼 보이는데, 바로 이것이 눈이 내리면서 결정으로 바뀌던 때의 대기 표본이 된다. 거품 속에 포함된 가스를 추출해 화학 분석 과정을 거치면, 빙핵이 형성되던 시절 전반에 걸친 연간 대기 중의 온실가스 양을 알 수 있다.

그래프에서 온도는 10만 년 간격으로 상승 · 하강했으며, 이산화탄소도 같은 주기로 변화해 온도 기록과 직접적으로 연관되어 있음을 보여준다. 이는 온도와 이산화탄소가 빙하시대를 만드는 과정에 밀접하게 관련되어 있다는 의미다. 또 하나는 북반구의 상당 부분을 얼음이 덮은 빙하시대 최고조부터 빙하가 분할되어 온화해졌던 모든 시기에 걸쳐 대기 중의 이산화탄소 농도가 200~300ppm이었다는 점이다. 남극 다른 곳의 빙핵도 80만 년까지 거슬러 올라가는 온도와 이산화탄소의 역사를 보여주는데, 이 자료에서도 이산화탄소의 농도는 200~300ppm의 범위를 벗어나지 않는다.

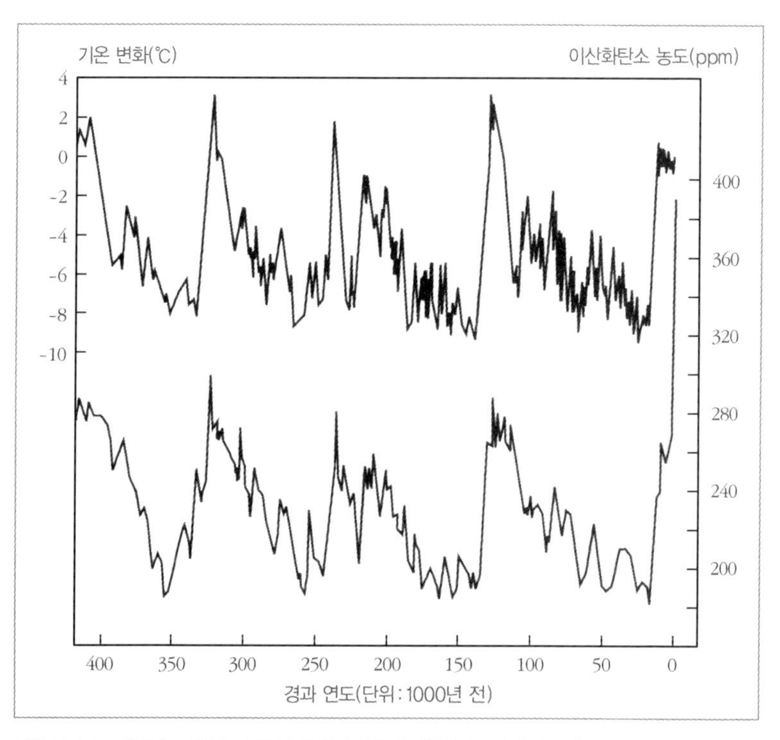

남극 보스토크 연구소 지역의 40만 년 동안의 기온과 이산화탄소의 대기 중 농도
자료 출처: 미국 오크리지 국립연구소의 이산화탄소 정보분석센터

하지만 이제 그 범위는 더 이상 유효하지 않다. 18세기 중반 산업혁명이 시작되면서 빙핵 속 거품의 이산화탄소 농도는 280ppm에 이르렀고, 초기 간빙기의 특성인 농도 상한 300ppm에 다가섰다. 1958년 킬링이 마우나로아 산에서 측정한 이산화탄소 농도는 이미 315ppm으로, 지난 80만 년 동안의 범위를 넘어섰다. 킬링이 측정을 시작한 지 반세기가 지난 2009년의 농도는 390ppm이며, 해마다 2~3ppm씩 증가하고 있다. 이대로라면 몇 년 지나지 않아 400ppm을 넘어설 것으로 보인다. 가까운 장래에 이렇다 할 온실가스 감소 방안이 실효를 거두지 못한다면 2030년경에는 450ppm에 이를 것이다. 대다수 기후학자들은 이 같은 수치에 다다르면 지구 기후가 위험한 변화에 처할 것이라고 예상하고 있다.

되돌아보면 이미 20세기 중반에 결정적 지점에 다다랐고, 이때부터 이산화탄소와 온실가스의 축적은 지난 80만 년 동안의 자연적 변화 범위를 넘어섰다. 인간은 기후를 조절하던 자연 요소의 영향력을 따라잡고 주도권을 쥐게 되었다. 인구가 늘고 기술이 발전하면서 인간의 영향력은 더욱 증가했다. 산업화 이전과 비교해 이산화탄소와 메탄의 현재 대기 중 농도는 우려스러울 정도이며, 그 요인은 사람과 기계다. 이런 대기 화학의 변화는 인간의 산업화가 가져온 것이 분명하며, 현재 지구온난화 문제에서 가장 중요한 원인이 되고 있다.

고생대, 중생대, 신생대의 구분은 대략 5억 7000만 년 전쯤 지구에 삼엽충이 등장한 이래 생명체의 특성과 분포 변화의 시작과 끝을 기준으로 한 것이다. 이 같은 시대 구분으로 여러 종의 절멸이 분명해진다. 고생대에 등장했던 삼엽충과 무척추동물은 중생대가 되자 사라졌다. 중생대는 주로 공룡이 지배하던 파충류의 시대였지만, 6500만 년 전 소행성이 충돌하면서 도마뱀과를 비롯한 많은 동물군이 멸종했다.

신생대는 포유류의 시대로, 그에 속하는 여러 동물군은 기후 변화와 깊은 관계를 맺고 있다. 신생대에서 첫 번째 팔레오세와 두 번째 에오세 사이에 잠시 지속된 매우 따뜻한 기간은, 강력한 온실가스인 메탄이 바다 밑에서 나와 대기로 스며들면서 등장한 것으로 보인다. 신생대에서 여섯 번째로 구분되는 플라이스토세는 가장 최근의 빙하기였고, 그 후 현재까지 이어지는 홀로세가 1만 1000년간 지속 중이다. 홀로세 동안 기후는 매우 안정적이었고, 놀랄 만한 역량을 지닌 포유동물 호모사피엔스가 등장해 번성했다.

거의 300만 년 동안을 대표하는 인간은 고대에서 현대를 거치며 해마다 태양을 돌고 있는 지구호의 탑승객이 되었다. 그 기간에 인간은 꾸준히 현명해졌지만, 기껏해야 기후, 음식, 물의 변화에 어떻게든 적응하려 했던 자연의 노리개에 지나지 않았다. 그러다 지난 몇 세기 동안 자신의 능력을 증강시키기 위해 화석연료를 이용하면서, 수동적 탑승객 수준에서 벗어나 우월적 지위로 변신하는 데 성공했다. 얼결에 바위, 물, 공기, 그리고 온갖 생명체의 뿌리인 지구 체계의 관리자, 즉 암석권, 수권, 대기권, 생물권의 주인이 된 셈이다. 하지만 수습 기간도 없이 현장에 투입되어 마구잡이로 애쓰는 서투른 관리자가 바로 우리 자신이라는 것을 절감하게 되었다.

인간은 지구의 경관, 물, 생물권에 심각한 영향을 끼치고 있다. 광활한 지표면을 경작하고, 자연 침식보다 훨씬 심하게 지표를 변형시키며, 모든 강의 흐름에 간섭해 호수, 강, 바다, 대기의 화학 작용을 근본적으로 바꾸고 있다. 탄소, 질소, 물의 순환 주기를 억지로 자연에서 분리시키고, 다른 생물종을 억압해 절멸시켰다. 이처럼 분명하고 강력한 인간의 발자취는 지구 생명에 중대한 변화를 불러오면서 생물종의 위계질서를 재구성했다. 불과 1만 1000년밖에 되지 않는 짧은 홀로세 동안 인간은 먹이사슬의 최정상에 올라갔다.

그렇다면 인간의 다산과 재능으로 지구 생태계에 형성된 이 새로운 조류를 새 지질학적 시대로 명명할 수 있지 않을까?

새 시대를 위한 지질학적 명명: 인류세

이 시기를 인류세Anthropocene라고 부르자는 제안은 벌써부터 나왔다.[24] 이전에도 몇몇 사람이 인간이 주도하는 시기를 두고 작명을 시도한 적은 있었지만, 그 이름을 최초로 제안한 사람은 파울 크뤼첸과 유진 스토머였다.[25]

오존 감소의 화학 연구로 1995년 노벨 화학상을 공동 수상한 크뤼첸은 다음과 같은 의견을 내놓았다. 이제 지구에서 인간은 지배적 종이 되었으므로, 지질학적 시대 구분에서 새 시대를 정의하는 통상적인 기준에 따른다면 새로운 명명이 가능하다는 것이었다.[26] 크뤼첸은 화석연료가 제임스 와트의 증기기관을 불러내고 대기 중 이산화탄소의 축적을 증가시킨 18세기 말을 인류세의 시작이라 생각한다. 한편 버지니아 대학의 기후학자 윌리엄 루디먼은 농경으로 온실가스인 메탄이 발생하고 벌채로 대기 중 이산화탄소가 증가하면서 인간이 지구 환경에 영향을 끼치기 시작한 5000년 전을 지목하기도 한다.[27]

결국 인간은 무대의 중심에 섰다. 이제 우리의 발자국은 지구에서 지울 수 없는 것이 되었고, 대기의 화학 작용을 멋대로 바꾸다 얼결에 기후 변화라는 범지구적인 실험을 시작한 꼴이 되고 말았다.

다음 장에서는 이 실험의 결과로 지구에 일어난 변화와 미래에 예상되는 변화를 살펴볼 것이다. 인간의 활동으로 얼음은 이미 우리 곁을 떠나고 있다. 게다가 지금 우리는 그런 퇴각에 날개를 달아주고 있는지도 모른다. 미래 세대는 정녕 '얼음 없는 세상'에 살게 될까?

7장

얼음이 사라지고 있는 세상

_인류에게 보내는 마지막 경고

해수면이 30센티미터만 상승해도 나라 하나가 사라진다는 사실을
미국인에게 이해시키는 게 이렇게 어려울 줄 몰랐다.
– 마셜 제도 공화국 주미 대사 벤 그레이엄

남태평양에는 움푹 꺼진 칼데라에 형성된 산호초와 함께 자그마한 섬들이 곳곳에 흩어져 있다. 산호의 성장 속도는 해수면과 산호초 상단을 일치시킬 정도로 빠르지만, 한편으로는 화산 기저를 지탱하는 바다 밑이 천천히 함몰하는 속도와도 보조를 맞추고 있다. 진화론으로 우리에게 잘 알려진 찰스 다윈은, 이런 산호초 형성에 화산이 어떻게 관여하는지를 처음으로 알아낸 사람이다. 남태평양의 수많은 저지대 섬에는 수천 년 전부터 폴리네시아, 멜라네시아, 미크로네시아 사람들이 집단을 이루며 살아왔다. 섬 주민들은 폭력적인 점령과 2차 세계대전을 비롯한 온갖 도전을 견뎌냈다. 하지만 온난화가 불러들인 해수면 상승이라는 도전 앞에서는 더 이상 물러설 곳이 없게 되었다. 유일한

대안은 피난뿐이지만, 그렇게 되면 문화적 소외가 불가피하다. 그레이엄 대사의 말처럼, 해수면이 몇 센티미터 상승할 뿐인데 나라 전체가 사라진다는 사실을 납득시키는 것은 누구에게나 쉬운 일이 아니다.

산호초 섬인 엘리스 제도 위에 올라앉은 인구 1만 2,000명의 투발루는 뉴질랜드에서 3000킬로미터쯤 북쪽으로 떨어져 있다. 섬의 해발고도는 평균 3미터에 불과한데, 투발루의 중심 푸나푸티에는 2차 세계대전 때 미국이 건설한 활주로가 있다. 이 외로운 활주로는 이웃 나라 피지나 사모아와 연결되는 유일한 통로다. 하지만 만조 때는 활주로에 부분적으로 물이 범람해 불안이 가중되고 있다.[1] 조수는 해안선을 따라 평면적으로 들어올 뿐만 아니라 산호와 토양의 아래쪽으로도 스며든다. 게다가 기후 변화로 인한 해수면 상승은 서서히 일어나지만 조수는 훨씬 빠르게 변하기 때문에, 일상적인 조수 작용만으로 금세기 중 지표면에 얕은 호수가 생길 것이다. 그렇게 되면 투발루 사람들은 하루에 두 번씩 물이 드나드는 축축한 스펀지 같은 땅에 살아야 한다. 결국 이번 세기가 가기 전에 고향을 버리고 떠나야 할 운명인 것이다.

지구의 얼음, 물, 경관, 그리고 생명체의 변화는 기후 변화와 나란히 나아간다. 얼음이 줄고 물이 증가하면서 이 둘 사이에 놓였던 균형추가 이동하고 있다. 우리는 얼음의 영역에서 물의 영역으로 H_2O가 이동하는 것을 똑똑히 보고 있다. 산악 지대의 빙하가 사라지고 북극해 얼음과 영구동토대까지 줄어들면서 해수면이 상승하고 있다. 계속 연소되는 화석연료 때문에 이산화탄소가 대기에 축적되면서 온난화에 가속도가 붙고 있다. 이런 기후 추세는 과연 미래에 어떤 영향을 끼칠까? 물론 지역에 따라, 해발고도에 따라 그 답은 다를 것이다.

기후 변화가 미래에 닥칠 추상적 상황이라는 통념은 잘못된 것이다. 기후 변화는 벌써 수십 년 동안 진행되었고, 앞으로는 훨씬 빠른 속도로 달려갈 것이다. 수백만 개에 이르는 대기, 대양, 암석의 온도 측정치를 비롯해 자연계 전반에서 이미 많은 변화가 관측되었으며, 그 결과 2007년 IPCC는 지구온난화는 분명한 사실이라고 결론을 내렸다.

중위도 대륙의 대부분 지역에서 이제 눈과 얼음은 한 철에만 존재한다. 산악의 만년설과 얼음은 산이 위치한 위도에 따라 다르다. 남극의 만년설과 얼음은 해수면과 같은 높이지만, 미국의 만년설과 빙하는 로키 산맥이나 레이니어 산처럼 3000미터가 넘는 고고도 지역에만 존재한다. 그런가 하면 극지방에서 얼음은 1년 내내 경관을 지배하고 있다.

덮인 눈이 줄고 빙하가 녹으면 경관만 바뀌는 것이 아니다. 고산 지대 주위의 산기슭과 평야의 농지와 도시의 상하수도 역시 과거에 추웠던 시절의 유산으로 남은 빙하와 눈이 있어야 한다. 이 물이야말로 수백만 명이 수도꼭지에서 받아 마시는 물이며, 도시의 하수도를 씻어 내리는 물이고, 농토에서 작물을 기르는 물이다. 눈과 얼음에서 녹아 나온 물은 봄철 파종과 성장, 수확기 등에 적절히 사용된다. 지금보다 따뜻한 환경에서는 눈보다 비에 의존하게 되겠지만, 비는 내리자마자 흘러가 버리기 때문에 농업에 이용하기 위해 저장하기가 어렵다. 산악 빙하가 완전히 없어진다면 물의 원천도 사라지고 말 것이다.

눈 구경이 점점 힘들어지는 세상

눈과 얼음이 가장 취약한 지역, 즉 1년 중 눈이 불과 며칠만 존재하는 저고도 지방을 살펴보자. 이런 곳의 겨울철 기온은 빙점 주위를 맴돌고 있으며, 조금이라도 더 따뜻해지면 그나마 있던 알량한 눈마저 못 보게 된다. 추운 날이 부족한 것도 문제지만, 눈이 덮인 곳이 점점 줄어들면서 지표가 흡수하는 열이 많아져 눈이 내린다 해도 쌓이지 못하는 것도 문제다. 미국과 유럽의 경우 남부 강설 한계선이 해마다 몇 킬로미터씩 북쪽으로 이동하고 있다. 20세기 중반만 해도 미국 멤피스에서는 어쩌다 눈을 볼 수도 있었지만, 이제는 희귀한 일이 되고 말았다. 멤피스는 21세기 들어 눈이 내리지 않는 한편, 차가운 비와 함께 엄습하는 진눈깨비가 늘어났다. 지난 50년 동안 북아메리카에서는 사계절 내내 눈으로 덮인 지역이 줄고 있다. 2월은 눈이 가장 많이 내리는 달이었지만, 그 영광을 1월에게 내주었다.

기온이 빙점 근처일 때 내리는 비는 눈과 같다. 이런 진눈깨비가 절정에 이르면 처진 나뭇가지와 늘어진 전선에 심각한 문제를 초래하며, 빙판길이 된 도로에서는 접촉 사고가 늘어난다. 영하의 날씨가 줄어들고 눈이 적게 내리면서 야외 스포츠에서도 문제가 늘고 있다.

이런 변화로 가장 고통받는 눈의 나라로는 경제의 대부분을 겨울 관광에 의존하는 스위스를 들 수 있다. 산악 지역에서 눈의 경계선은 해마다 20미터씩 위로 이동하고 있다. 지난 60년 동안 눈의 깊이와 지속 기간에 관해 연구한 자료를 보면 이런 이동은 1980년대 후반에 시작되었으며, 눈 내리는 날은 20~60퍼센트까지 감소했다.[2] 강설량이 감소하는 이유에 대해서는 몇몇 반론이 있지만, 일반적으로 눈이 적게 내리는 현상은 겨울철 평균 기온의 상승 추세와 관련된다. 고온과 강설량 감소는 21세기의 첫 10년 동안에도 계속 진행 중이다. 기온 상승이 심각해지자 스위스의 몇몇 스키장은 겨울철에 쌓인 눈을 보호하기 위해 여름에 남아 있는 눈을 플라스틱 태양 가림막으로 덮었다. 이미 부적절한 기온에 타격을 받아 인공 눈을 사용 중인 곳도, 짧아진 강설 기간 때문에 인공 눈 제조기를 더 자주 사용하면서 재정적 어려움을 겪고 있다.

오대호의 물이 따뜻해지면서 호수가 늦게 얼고 빨리 녹고 있으며, 얼음이 덮인 지역도 감소하고 있다. 눈의 지속 기간이 짧아지고 점유 면적도 줄어들면서 겨울철 호수의 증발량이 증가해 수량도 감소했다. 그래서 지난 20년 동안 호수면 높이는 꾸준히 낮아졌고 슈피리어 호, 미시간 호, 휴런 호는 최소 수량 기록을 계속 고쳐 쓰고 있다. 호숫가에서 몇 발자국 거리에 있던 농가가 1킬로미터나 물러난 상태이며, 중간에는 습지 생태계가 생겼다. 항로가 낮아지면서 준설을 더 자주 하지 않고는 대형 화물선이 오대호를 항해할 수 없게 되었다. 바다를 주름잡던 이 선박들은 파나마 운하를 통과하지 못할 정도로 거구였다. 2007년에는 짐을 가득 싣고 미시간 호를 건너 동쪽의 머스키건 항과 그랜드헤이븐 항에 입항하려던 화물선 다섯 척이 좌초하기도 했다. 어렵사리 예인된 배는 출항했던 밀워키로 되돌아가 상당량의 짐을 뺀 후에야 호수를 건널 수 있었다. 값비싼 대안이었지만, 좌초를 피하려면 처음부터 짐을 적게 싣는 수밖에 없었다.

산의 빙하가 마르다

인류가 등장하기 오래전부터 캘리포니아 시에라네바다 산맥에서는, 눈이 녹은 물이 금을 함유한 석영 광맥을 따라 흐르며 온갖 광물을 침식시켜 하류로 운반했다. 이 탁류가 느려지면서 광물과 금이 모래와 함께 강바닥에 가라앉아 충적광상placer deposits(암석 속에 있는 유용 광물이 흐르는 물에 실려와 바다나 호수의 모래에 쌓여 이루어진 광상–옮긴이)이 되었다. 오늘날 새크라멘토에서 베이커즈필드까지 펼쳐진 비옥한 센트럴밸리에서 농업용수로 쓰이는 눈 녹은 물은 보석 같은 존재다. 몇 년 동안 내린 눈은 스키장으로 유명한 타호 호와 1960년 동계 올림픽 개최지였던 스쿼밸리에 머물러 있다가, 봄이 되면 녹아서 새크라멘토 강물을 불리고 센트럴밸리의 목마른 채소와 과일의 젖줄이 되는 것이다. 남쪽의 머시드 강은 빙하가 조각한 요세미티 계곡에서 발원해 센트럴밸리의 또 다른 원천이 되면서 아래로 흐른다.

이런 곳에 눈 대신 비가 많이 내리면 어떻게 변할까? 물이 눈 속에 머물지 않는다면, 봄까지 기다렸다가 메마른 계곡을 적시며 바다로 흐르는 일은 자연히 없어질 것이다. 계곡의 길목 곳곳에 있던 물 저장고도 물을 담아두는 능력을 상실할 것이다. 결국 물은 훨씬 빨리 계곡에 도착하고, 정작 농업용수가 필요할 때는 물이 부족하게 된다. 한여름에 축축해야 할 땅이 말라서 푸석거리면, 그 결과는 흉작의 일상화로 나타난다.

시에라네바다 산맥의 물길을 따라 나 있는 댐과 저수지는 수력발전에도 쓰이고 있다. 저수지가 꽉 찼을 때 추가로 물이 도착하면 댐에서는 그 물을 흘려보낼 수밖에 없다. 이렇게 흘려보내는 물은 발전에 쓰이지 못하므로 총 발전 용량도 감소하게 된다. 게다가 수력발전용 물이 저수지에 오랫동안 담겨 있으면 하류의 농경과 연어의 산란에도 부작용이 발생한다. 이런 물 관리의 문제점은 반건조 지역에서 이미 여러 번 지적되었다. 미국은 고비용의 수자원 사용 구조 속에서도 농촌,

도시, 생태계 유지, 수력발전과 여가 활용 등 모든 분야에서 물을 남용해 왔고, 수요는 지금도 증가 중이다.

유럽 라인 강의 물 흐름은 알프스의 눈 녹은 물과 저지대의 강수량에 의존하고 있다. 온난화는 비로 인한 강물의 수량을 변화시켰고, 그 때문에 겨울에는 유량이 증가하고 여름에는 감소하는 현상이 관측된다. 여름철 갈수기가 늘어나고 그 빈도도 잦아지면서 가정, 산업, 농업, 운송, 수력발전에 필요한 물이 줄어들고 있다.

온난화는 눈 내리는 시기를 양쪽에서 단축시킨다. 눈이 내리는 때는 늦어지고 녹는 시기는 빨라지는 것이다. 미국 서부에서 눈이 녹는 시기는 금세기 중반이 되면 과거보다 한 달 이상 빨라질 것으로 추정된다.[3] 미국 서부의 자연발화 연구에 따르면, 눈이 녹아 건기가 길어지면 자연발화 위험 기간이 증가하면서 산불이 잦아지고 지속 기간도 길어진다.[4]

자연발화 위험이 커지면서 해충이 들끓는 것도 큰 걱정거리다. 미국 서부와 캐나다의 드넓은 송림 지역에서는 소나무 해충이 만연하고 있다.[5] 캐나다 브리티시컬럼비아 주에서는 1300만 헥타르에 이르는 지역이 초토화되었으며, 벌레 떼는 몬태나, 와이오밍, 콜로라도까지 퍼지고 있다. 로키 산맥의 대륙 분수령을 넘어 앨버타 주까지 침투했으며, 오대호 연안의 삼림에도 출몰하고 있다. 숲에 삼림 해충이 등장한 것이 최근 일은 아니지만, 지난 수십 년 동안 벌레에 의한 삼림 피해가 급격히 증가하고 있다는 것이 문제다. 무슨 일이 일어났던 것일까? 과거에는 긴 겨울이 벌레를 적당히 제어했지만, 겨울이 따뜻해지고 동결 기간도 짧아지면서 계절적 번식 압박을 적게 받게 되었다. 봄이 되자마자 먹을 것을 찾아 나선 배고픈 벌레에게 솔숲은 더없이 좋은 식량이 되고 있다.

중위도 고산 지대에는 진정한 빙하가 존재하는데, 압축과 재결정을 통해 형성된 눈이 수 세기 동안 머무른다. 미국에는 이런 얼음이 많지 않은데, 레이니어 산 정상이나 캐스케이드 산맥과 몬태나의 글래시어 국립공원 정도에 있다. 중위도 지방의 빙하는 대부분 마지막 빙하기에 존재했던 산악 빙하의 유물이다. 과거에 얼음이 흐르던 강의 형태는 시에라네바다 산맥과 로키 산맥의 비어 있는 U자 형태 계곡이나 캐스케이드 산맥의 화산 상부 측면에서 볼 수 있다. 이렇게 얼음이 줄면서 글래시어 국립공원은 이번 세기 안에 빙하 공원이라는 이름 그대로의 경관을 잃게 될 것으로 보인다.

알래스카에서는 해발 6000미터의 데날리 국립공원 매킨리 산에서 방사상으로 흘러내려 스무 곳이 넘는 얼음 골짜기를 채우던 데날리 빙하가 급격히 퇴각하고 있다. 저고도 지역인 알래스카 만과 글래시어 만에서도 빙하의 얼음이 바다로 흐르고 있다. 글래시어 만은 최신 크루즈 유람선이 피오르에서 빙하의 최전방까지 오르내리는 곳이다. 불과 200년 전 탐험가 조지 밴쿠버가 이 지역을 방문했을 때는 완전히 얼어서 접근이 불가능했던 지역이기도 하다.

현재 지구는 소빙하기 뒤에 나타난 온난화 시기인 17~18세기보다 더 빨리 얼음을 잃고 있다. 지금과 같은 추세가 계속될 것이며 가속도가 붙을 것이란 전망까지 나오고 있다. 수십 년 동안 꾸준히 얼음이 사라질 것이란 얘기다. 적도나 온대의 고산 지대에서는 머지않아 얼음이 완전히 소멸할 것이다.

남아메리카의 서부를 종단하는 안데스 산맥은 인상적인 중추 산맥이다. 높이가 6000미터에 달하는 안데스 고산에는 고대의 얼음이 그대로 남아 있고, 해마다 내리는 눈으로 보충되기까지 한다. 하지만 이 기나긴 산악 지대가 대기 중의 따뜻한 수분을 커튼처럼 흡수하면서 낮은 고도에 있는 산기슭의 강수량이 감소하고 있다.

남아메리카의 태평양 연안에는 고지대의 얼음에서 내려온 물이 강 유역에만 초록 리본을 생성한 해안 사막이 있다. 페루나 칠레의 마을과 도시는 눈과 얼음이 녹으면서 나온 물 덕분에 생긴 곳들이다. 풍성한 과일과 꽃, 유명한 포도밭도 안데스의 물 공급 덕분에 가능하다. 볼리비아의 수도 라파스 역시 해빙수에서 도시의 물과 전기를 공급받고 있다. 페루의 수도 리마와 인접한 항구 도시 카야오도 눈과 빙하가 녹아서 생긴 물줄기를 이용해 도시 하수를 바다로 흘려보내고 있다.

그러나 기후가 따뜻해지면서 이런 물의 원천도 위태로워졌다. 페루에서 파타고니아까지 이어지는 산악 빙하는 수십 년 뒤면 사라질 것으로 보인다. 페루의 켈카야 빙하, 볼리비아의 차칼타야 빙하, 아르헨티나의 페리토모레노 빙하, 칠레의 산라파엘 빙하, 남파타고니아 빙원에서 비글 해협으로 흘러드는 다윈 빙하 등은 마지막 빙하기가 지나며 형성된 이래 가장 빠른 속도로 얼음을 잃어가고 있다. 오늘날 안데스 산지에 남아 있는 얼음은 지난 5000년 중 그 어느 때보다도 적으며 1만 4000년 전 인간이 이곳에 자리 잡은 이래 최대 속도로 감소하고 있다.

빙하는 대서양 건너 열대 대륙까지도 지분을 갖고 있었다. 헤밍웨이의 《킬리만자로의 눈》으로 잘 알려진 아프리카의 킬리만자로 산이 바로 그곳이다. 하지만 20세기가 지나면서 킬리만자로에서는 만년설이 감소하기 시작했고, 2020년이 되면 아마 모든 얼음이 사라질 것이다.

남쪽의 인도, 파키스탄과 북쪽의 티베트 고원 사이에 길게 뻗어 있는 히말라야 산맥은 종종 '세계의 지붕'으로 불린다. 8800미터의 에베레스트 산을 필두로 7000미터가 넘는 봉우리가 100개도 넘게 운집한 곳이다. 지구 대륙에서 이처럼 높은 산맥은 찾아볼 수 없으니, 산스크리트어로 '눈의 거처'를 뜻하는 '히말라야'가 된 것도 이해가 간다. 히말라야는 남극과 북극에 이어 세 번째로 얼음이 많은 곳으로, 1만 5000개 넘는 빙하가 고지대에서 흘러내린다.

해마다 이 빙하들이 녹아 남아시아 3대 강인 브라마푸트라 강, 갠지스 강, 인더스 강 연간 수량의 절반을 이루고, 이 세 강은 인도, 파키스탄, 방글라데시 등지를 지나 바다로 흐른다. 나머지 수량은 장마철의 비와 고산 지대의 눈 녹은 물로 충당된다. 하지만 강물의 수량은 연중 고르지 않은데, 장마철에는 계절풍에 따른 강우량이 주가 되며 건기에는 해빙수가 주요 공급원이 된다.

이 지역에 관한 기록을 보면 정기적으로 대기 온도가 올라가고 있다는 사실을 쉽게 알 수 있다. 빙하의 얼음양도 히말라야 빙하가 녹고 있으며, 지난 20년 동안 가속도까지 붙었음을 알려준다.[6] 이런 자료는 무엇을 의미할까? 히말라야 빙하가 제공하는 담수가 앞으로 20~30년 내에 사라지리라는 전보를 받은 것이다. 얼음이 대부분 사라지면 건기에 인더스 강, 갠지스 강, 브라마푸트라 강도 사라질 것이다. 갠지스 강 하류는 이미 1년 중 몇 달이나 말라 있는 상태다. 10억이 넘는 인구가 이 강들과 연계되어 있다. 얼음이 녹고 있는 요즘은 일시적으로 수량이 증가하고 있는데, 그러다 건기가 되면 멀쩡하던 강이 갑자기 사라질 판이다.

티베트 고원의 북쪽과 동쪽의 얼음도 이라와디 강과 메콩 강으로 흘러 미얀마, 타이, 캄보디아, 라오스, 베트남을 거치고, 중국에서는 황하와 양쯔 강으로 흐른다. 이들 강 또한 빙하 녹은 물이 줄면서 몇십 년 안에 마를 운명이다. 중국에서 가장 큰 양쯔 강으로 흘러드는 주요 빙하는 지난 10년 동안 800미터나 뒤로 물러섰다. 빙하의 손실은 농업, 도시 식수와 하수 체계, 수력발전에 치명적인 영향을 끼치게 된다. 계절에 따라 요동치는 물의 흐름은 히말라야 인근 지역에서 생사의 갈림길이 될 것이다. 이 지역을 삶의 터전으로 삼고 있는 세계 인구의 4분의 1, 즉 20억 명은 다음 10년 동안 줄어들 눈과 빙하의 손실로 심각한 위험에 처할지도 모른다.

석유가 20세기의 결정적인 자원이었다면, 21세기의 중심 자원은 물이 될 것이다. 미국과 멕시코가 콜로라도 강을 놓고 몇십 년간 다툰 것 외에도 이미 세계 각지에서는 물 분쟁이 표면화되고 있다. 다뉴브 강을 사이에 둔 아홉 나라, 잠베지 강 유역의 여섯 나라, 요르단 강 유역의 네 나라가 물을 두고 대립하고 있다. 2003년 미국 국방성은 국가 안보와 관련한 기후 변화 연구를 발표하면서, 물 부족이 국제적 안정성에 심각한 위협이 될 것이라고 지적한 바 있다.[7]

"군사적 대립이 이념, 종교, 국위 같은 문제가 아니라 에너지, 식량, 물 같은 자연 자원을 확보하려는 필사적 요구 때문에 촉발될 수도 있다."

영구동토대가 꿈틀대다

한 계절에만 눈이 존재하는 지역에서 북쪽으로 가면 평균 기온이 영하인 지대가 펼쳐진다. 여름 동안 해동되는 지표면 아래 30~60센티미터를 제외하고 모든 대지가 항상 얼어 있는 이 지역이 바로 '영구동토대'다. 지표면의 20퍼센트를 차지하는 영구동토대에는 북극 주변의 아시아, 북아메리카, 유럽이 포함된다.

지구가 따뜻해지면서 많은 동토 지대가 피해를 받고 있다. 해동 작용이 더 깊이 진행되면 지표면이 붕괴하는데, 이는 물보다 부피가 더 큰 얼음이 물에 뜨는 것과 같은 이치다. 동토층이 점점 더 많이 녹으면서 지표면이 붕괴하자 불규칙한 구멍과 둔덕이 생겨났다. 전에는 안정적이었던 동토층이 함몰되면서 집과 축사가 손상되었고, 이 지대를 가로지르는 도로는 지진이라도 난 것처럼 파괴되었다. 나무도 더 이상 똑바로 서 있을 수 없게 되었고, 사람들은 이런 나무를 '술 취한 나무'라 부르고 있다. 영구동토가 녹으면서 생성된 지형은 카르스트 지형과 유사해서 '열카르스트thermokarst'라 불린다. 이 이름은 카르스트 지형에서 비롯된 것으로, 약산성을 띤 대지가 석회암을 분해하면서 지표에 구멍을 생성해 만들어진 땅속 동굴 지대를 가리킨다.

알래스카 송유관은 북극 근처 프루도 만에서 생산된 원유를 지름 1.2미터의 거대한 관을 통해 남쪽으로 1300킬로미터 떨어진 밸디즈 항의 유조선에 선적한다. 이 송유관의 상당 부분은 영구동토대를 가로지른다. 1970년대 송유관의 설계와 건설은 꽤 깊은 곳에서 채굴하는 따뜻한 원유를 염두에 둔 것으로, 지하에 매설된다면 영구동토를 녹일 우려가 있었다. 기술자들은 지하에 송유관을 매설할 경우에 생길 뒤틀림과 파열을 막기 위해 다른 대안을 택했다. 툰드라와 한대림을 통과하는 송유관은 그 아래를 지나는 순록을 방해하지 않을 만큼 충분한 높이에 횃대처럼 매달리게 되었다. 당시 영구동토는 흙, 자갈, 바위 등을 고정시키는 시멘트와 같았다. 그러나 영구동토가 녹으면서 함유하고 있던 물이 흘러나와 얼음이 보장하던 단단한 결속력은 사라졌다.

많은 못을 형성하고 땅을 노출시키는 영구동토대의 해동은 인간에게 위협이 될 것이며, 대기 중에 메탄가스를 방출하기도 한다. 가정 난방기와 온수기, 발전소, 친환경 자동차 등의 연소 작용에 사용되는 메탄은 이산화탄소를 발생시키는 동시에 열을 방출한다.

왜 영구동토대에서 방출되어 대기로 들어가는 메탄에 관심을 가져야 할까? 메탄이 중요한 온실가스로서 지구 기후에 심대한 영향을 끼치기 때문이다. 일단 대기로 들어간 메탄 분자는 지구에서 빠져나가려는 적외선 복사열을 포획해 대기권을 데운다. 대기 중 메탄의 농도는 2ppm 이하로, 약 390ppm인 이산화탄소에 비해 그 양이 적지만, 분자 대 분자로 비교하면 이산화탄소보다 스무 배나 더 강한 적외선 포획 능력을 갖고 있다.

시베리아 북동부 오지에 자리 잡은 북동과학기지라는 자그마한 연구소에서는 러시아 과학자 세르게이 지모프가 오랫동안 연구 활동을 펼치고 있다. 이곳과 모스크바는 편의 시설로 따지자면 몇 광년이나 떨어졌다고 할 수 있고, 겨울 온도가 대개 영하 40도 내외이며, 여름엔 모기가 하늘을 뒤덮는다. 연구소는 1728년 베링이 북극해를 횡단하려다 9월부터 형성된 바다 얼음에 갇힐지도 모른다는 우려 때문에 실패했던 바로 그 콜리마 강의 어귀에 자리하고 있다. 지모프와 아내 갈리나는 무려 30년 동안 자진해서 머물며, 북극 영구동토대의 남쪽 끝이 시작되는 지점을 관찰했다.[8] 그곳에서 태어난 아들 니키타도 이제 연구팀의 일원이 되었다.

서부 시베리아의 해동은 위에서 아래로 진행된다. '신데렐라 과학자'가 될 운명을 모른 채 착실하게 자료를 수집하던 지모프는 해동되던 호수에서 메탄 방울이 부글거리는 것을 관측했다. 동토에 오래 잠들어 있던 메탄이 북극의 온난화로 잠에서 깼던 것이다. 지모프와 툰드라 연구에 합류한 동료 과학자들은 메탄의 양과 방출 속도가 예상보다 훨씬 크고 빠르다는 것을 감지했다. 방출되는 메탄 중에는 수만 년 동안 갇혀 있던 것도 있었다.[9]

메탄은 이보다 짧은 시간과 환경 등 전혀 다른 자연 과정에서도 생성된다. 습지, 토탄이 포함된 늪, 논 등에서도 방출되는 것이다. 메탄은 축축한 유기질 흙에서 잘 생성되는데, 이런 데서 활동하는 미생물이 습기 많은 흙 속에서 탄소를 수소와 결합시켜 메탄을 만들기 때문이다. 미생물은 산소와 격리된 상태에서 특히 활발하므로 땅속 깊은 곳이나 호수 밑바닥의 거름층이 제격이다. 가축도 메탄을 방출하는데, 소가 방귀를 뀌면서 배출하는 가스가 바로 메탄이다. 인간의 식생활이 고기 위주로 바뀌면서 메탄 발생의 원천도 자연히 증가하고 있다.

실제로 세계 각지의 관측소에 따르면, 대기 중 메탄가스의 지속적 증가는 영구동토대 훼손과 농지 증가에 기인하고 있다. 1970년대 중반 메탄은 산업사회 이전의 두 배에 이르렀고, 현재는 2.7배에 도달했다. 2000년에서 2007년 사이에 증가 추세가 잠시 늦춰졌지만, 다시 이전 수준으로 복귀했다.[10] 지하 동토층 역시 계속 훼손되고 있다. 다행히 더 깊은 곳까지 따뜻해지는 데는 꽤 시간이 걸리기 때문에 150미터 이하의 동토층은 아직 반응하지 않아 버팀목이 되고 있다. 그러나 지표 온도의 상승이 중단되어도 이전의 온난화 요인은 계속하여 영구동토대를 훼손시킬 것이다. 메탄이 지속적으로 늘어나면 지구온난화로 녹기 시작한 영구동토층을 더욱 자극해 추가적인 해동과 더 많은 메탄 배출을 촉진할 것이다. 이런 과정이 계속되면 극지방의 온난화는 급물

살을 탈 수밖에 없다.

북극의 바다 얼음

훼손되고 있는 북극권 영구동토대의 북쪽 경계인 스칸디나비아, 러시아, 알래스카, 캐나다, 그린란드는 북극해의 바다 얼음이 흔한 곳이다. 역사적으로 겨울이면 바다 얼음이 간헐적인 빙호를 제외하고 바다를 거의 덮었다.[11] 그중 3분의 1 정도는 여름철이 되면 녹거나 깨져서 없어지는데, 그러다 보니 넓은 지역이 그대로 남아 항해에 장애물이 되었다. 북극해 항로를 개척하려던 탐험가들은 수시로 거대한 바다 얼음과 마주쳐야 했다. 실제로 수백 년 동안 북극해는 배가 접근할 수 없는 성역이었다.

1970년대부터 지구 궤도에 인공위성이 돌면서 북극해 전체를 개관할 수 있는 그림이 제공되기 시작했다. 초기 수십 년 동안 바다 얼음의 분포 자료는 북극권 연구 기지, 항공사진, 미국과 소련의 잠수함이 얼음 밑에서 얻은 데이터를 취합한 형태였다. 이런 관측 자료는 여름에 퇴각하고 겨울에 재결빙하는 바다 얼음의 양태가 20세기 전반에 걸쳐 매우 규칙적이었고, 여름철 얼음의 손실량 변화도 거의 무시할 만한 수준이라는 것을 보여준다. 그러나 1980~1990년대 여름철 얼음의 손실량이 증가하기 시작했고, 20세기 말에는 여름철에 사라진 얼음양의 75퍼센트 정도만이 회복되었다.

여름 해빙에 영향을 받지 않던 영구빙도 10년에 10퍼센트씩 사라지기 시작했다. 겨울에 재결빙할 때 오래된 얼음층 대신 새로운 얼음

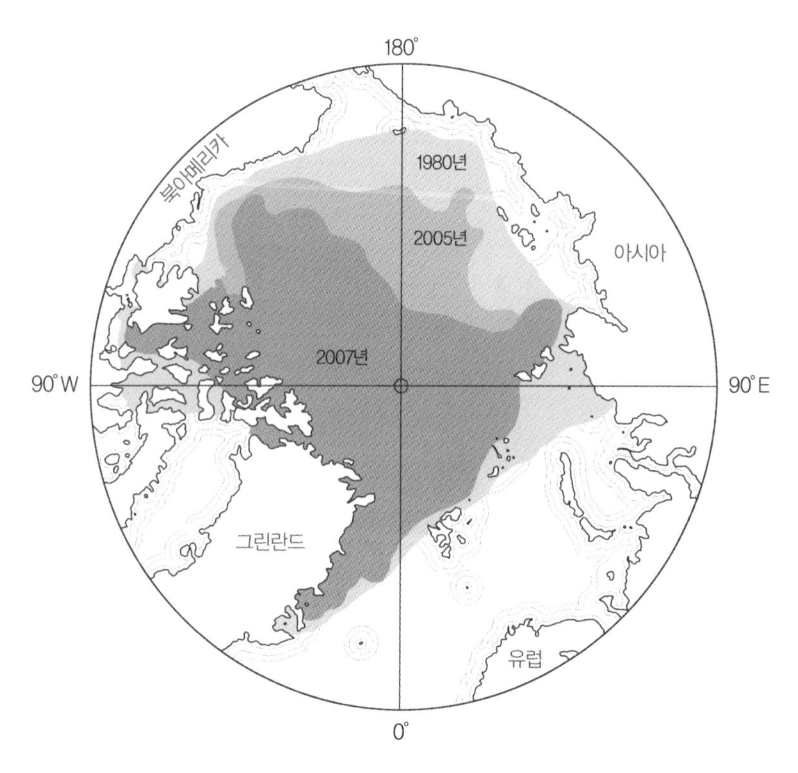

1980년 이후 여름철 북극의 바다 얼음 감소 상태
자료 출처: 일리노이 대학(어바나 샴페인)

으로 바다 얼음이 교체되면서 북극의 얼음은 점점 더 얇고 젊어졌다. 20세기 말 북극 바다 얼음의 평균 두께는 세기 중반에 비해 거의 절반 이하로 얇아졌다. 2007년 여름에는 녹은 바다 얼음의 넓이가 평균의 60퍼센트밖에 되지 않았는데,[12] 이는 기록상 가장 작은 수치였다(겨울철 결빙이 줄어드니 상대적으로 여름에 녹을 양까지 줄어든 것이다. 이는 전체 영구빙의 감소에 따른 효과다—옮긴이).

1980년 이래 손실된 얼음양은 거의 절반에 이르렀다. 20세기에 존재했던 여름철 바다 얼음의 약 90퍼센트가 2007년 말에는 사라진 것이었다. 결국 북극해를 통과해 유럽과 미국을 잇는 북극 항로가 2008년에 처음으로 열렸다. 현재 여름철 얼음의 손실은 거의 모든 추정치를 초과하고 있으며, 몇십 년 안에 여름철에 얼음이 없는 북극해가 등장할 것으로 보인다.[13] 오하이오 주립대의 기후학자 이언 호왓은 북극 바다 얼음의 손실이 어쩌면 인간이 지표면에서 관찰했던 변화 중 가장 큰 사건이 될지도 모른다고 강조하고 있다.[14]

북극의 바다 얼음은 냉혹한 대양의 파도와 폭풍우의 예봉을 앞장서서 막아내고 있다. 늦여름에 얼음이 사라지면, 해안선은 모진 침식 작용에 무방비로 노출될 수밖에 없다. 북극권 마을은 바다표범, 해마, 물고기 등을 쉽게 잡을 수 있도록 해변 근처에 자리를 잡아왔다. 하지만 해안선의 방어막이 사라지면, 바다 근처의 구조물은 종말을 맞게 된다. 알래스카의 시슈마레프는 600명이 채 안 되는 주민이 사는 베링 해의 작은 섬마을로, 현재 강제 이주를 검토 중이다. 시슈마레프에는 수천 년 동안 사람이 살아왔는데, 폭풍설 기간에 주변 바다에서 방어와 편리함을 제공받았기 때문이다. 그러나 최근 들어 폭풍이 섬으로 몰려들면서 침식이 시작되었다. 이렇다 할 대책이 없기에 주민들은 해안선 안쪽으로 들어가 집을 새로 짓고 있다. 큰 사슴이나 순록을 사냥하러 본토로 갈 때, 이전에는 바다 얼음을 넘어갔지만 최근에는 겨울철 바다 결빙이 6주나 늦춰지면서 불편을 겪고 있다.

알래스카와 캐나다 국경의 동쪽으로 보퍼트 해안을 따라가면 캐나다의 항구 마을 투크토야크투크가 나온다. 땅의 기복이 거의 없는 저지대인 투크토야크투크의 바다 얼음은 폭풍우 때 큰 파도를 막아주었으나, 이제는 시슈마레프처럼 바다가 안쪽으로 들어오면서 건물 상당수가 쓸 수 없게 되었다. 해안선을 방어하려는 여러 공학적 시도가 있었으나 달려드는 파도에는 소용이 없었다. 북극해를 에워싸는 해안선의 대부분은 불안정해지고 있는데, 바닷물이 얼음을 녹이고 영구동토를 훼손하면서 열카르스트 지형으로 변하고 있기 때문이다. 바닷물의 온도는 얼음이 녹는 온도보다 더 높으므로 영구동토와 바닷물이 접촉하면 동토가 급격히 훼손될 수밖에 없다.

바다 얼음은 북극해의 바다표범을 찾기 위해 움직이는 북극곰에게도 중요한 생활 기반이었다. 새끼를 밴 암곰은 눈이나 얼음 속에 굴을 파고 겨울철 6개월 동안 굶으며 견디다, 봄이 되면 갓 낳은 어린 새끼를 데리고 먹이를 찾아 나선다. 그런데 바다 얼음이 일찍 부서지면 이들의 사냥 환경이 교란된다. 얼음 위에서 걷기보다 헤엄치는 때가 늘어나면서 자연히 에너지 소비가 증가한다. 생식은 어미 곰의 건강과 밀접한 관계가 있으므로 허약한 암곰은 작은 새끼를 몇 마리밖에 낳지 못한다. 수십 년 동안 허드슨 만의 북극곰을 시계열 조사한 결과, 평균적으로 어미의 체중 감소와 새끼의 개체 수 및 체중 감소가 보고되었다. 바다 얼음이 깨지기 시작하는 시기는 10년에 일주일씩 빨라지고 있다.

북극곰보다 훨씬 뛰어난 수영선수인 바다표범도 별로 나을 것이 없다. 바다표범은 새끼를 낳을 때 바다 얼음을 디딤돌로 사용하는데, 얼음이 깨지는 때가 앞당겨지면 아직 어린 새끼와 어미가 생이별을 하게 되어, 어린 새끼들 혼자 엄혹한 생활에 직면해야 하기 때문이다. 해마 역시 얕은 바다 밑에서 사냥을 할 때 바다 얼음을 휴식처로 삼는데, 얼음이 깊은 물 쪽으로 이동하면 바다 밑을 뒤지는 일이 힘들어진다.

바다 밑에서

남극에 있는 미국 연구 기지 세 개 중 하나인 파머 기지는 1968년 남극반도의 앙베르 섬에 세워졌다. 이 기지는 연구 시설, 소형 보트 접안소, 연료 저장고, 그리고 40명 내외의 사람들을 위한 숙소 등 조립식 건물 몇 개로 구성되어 있다. 19세기 초 바다표범 사냥꾼이자 미국의 탐험가인 너대니얼 파머의 이름은 기지 앞 마르 빙하와 바다 사이의 암석에 새겨져 있다. 기지를 공중에서 내려다보면 엄청난 얼음과 바다의 규모에 눌려 그렇게 왜소해 보일 수가 없다. 파머 기지의 연구 과제는 주로 생물학 쪽이지만, 지진 계측과 기후 관측도 겸한다.

1950년 이후 남극반도가 3도 이상 더워진 것은 겨울철 온도가 5도 이상 상승했기 때문이다. 이렇게 더워지면서 반도의 서쪽에 있던 바다 얼음은 40퍼센트가 줄었고, 존속 기간도 세 달 정도로 단축되었다. 이런 변화는 이 지역의 해양 생태계에도 변화를 초래했다. 고래, 바다표범, 펭귄 같은 대형 동물에게만 변화가 닥친 것이 아니라, 먹이사슬의 가장 아래인 식물성 플랑크톤에게도 변화가 일어났다. 식물성 플랑크톤은 햇빛을 성장 동력으로 삼는 단세포 식물이다. 이들은 겨울이면 남극반도의 대부분을 차지하는 바다 얼음 주위에서 번성하고, 봄이 되어 얼음이 깨지면 대단한 기세로 퍼진다. 플랑크톤은 작은 새우와 비슷한 크릴의 먹이가 되고, 크릴은 다시 펭귄이나 고래의 먹이가 된다.

남극반도에서 온난화가 계속된다면 2050년 겨울에는 바닷물이 얼지 않아 바다 얼음이 형성될 수 없을 것이다. 파머 기지에서 오랫동안 연구를 수행한 앨라배마 대학의 해양생물학 교수 짐 매클린톡은 온난화가 '생태계의 위계 조직' 자체를 변화시킬 것이라 주장한다. 크릴은 바다 얼음에 매우 많이 의존하므로, 얼음이 없다면 생애 주기와 번식을 성공적으로 완결할 수 없다. 바다 얼음 지역과 지속 기간의 감소는 크릴과 크릴을 먹는 펭귄, 펭귄 알과 새끼를 먹고 사는 육식성 바닷새 등 먹이사슬을 구성하는 모두에게 불길한 징조다. 사슬의 최상단에 있는 고래는 매일 톤 단위의 크릴을 잡아먹는다.

파머 기지는 이 지역의 아델리 펭귄, 젠투 펭귄, 친스트랩 펭귄의 개체 수 변화에 초점을 맞추어 장기적으로 연구하고 있다. 매클린톡과 동료 연구자 빌 프레이저, 휴 덕로는 환경 변화에 따른 펭귄들의 상호작용을 종합했다.[15] 세 펭귄의 대응 형태는 모두 다른데, 특히 먹을 것을 구하는 데서 차이가 있다. 고풍스러운 턱시도를 입은 아델리 펭귄은 영양이 풍부한 용승이 일어나는 근해에서 먹이를 찾으므로, 넓은 얼음은 겨울철 먹이 탐색에 매우 편리한 장소다. 반면에 친스트랩 펭귄과 젠투 펭귄은 열린 바닷가를 선호한다. 따라서 얼음이 사라지는 현상은 아델리 펭귄에게 고행이지만, 친스트랩 펭귄과 젠투 펭귄에게는 성찬의 시작인 셈이다.

지난 18년 동안 나는 파머 기지에 네 번 체류했다. 1991년 첫 방문 당시 파머 기지 근처의 섬은 아델리 펭귄이 잔뜩 오가는 통에 시끄럽고 냄새가 진동했다. 그러나 2008년 방문 때는 그 전에 있던 대규모 아델리 펭귄 무리가 사라지고 없었다. 실제로 남극반도에서 아델리 펭귄의 개체 수는 감소하고 있다. 이런 추세를 펭귄의 개체 수, 바다 얼음의 양과 결빙 기간, 온도, 강수량 변화 등 1년 단위의 측정 결과만 놓고 해석하는 것은 불가능하다.

미국 국립과학재단은 파머 기지를 장기적인 생태 연구소로 지정하고, 생태계 추세를 추적하는 장기적 관측 사업 자금을 지원했다. 이 재단은 26개의 장기 생태 연구 장소를 지정했는데, 세 곳이 극지였다. 한 곳은 알래스카 북부 해안이고, 두 곳은 남극이다.

바다의 육지 침입

지구에서 가장 극적인 변화인 얼음의 손실은 앞으로 꾸준히 지속될 것이고, 해수면 상승 역시 그럴 것이다. 해수면 상승의 원인은 다음 두 가지로 요약할 수 있다. 첫 번째는 물리학적 요인으로, 바다 온도가 상승하면서 바닷물이 팽창한 것이다. 두 번째는 수천 년 동안 거처로 머물렀던 대륙을 떠난 얼음이 물이 되어 바다로 돌아온 것이다. 이 두 요인 때문에 바다가 육지를 침범한 것이다. 해수면이 지속적으로 상승하면서 해안선은 육지의 모양을 다시 재단하고 있다.

IPCC는 금세기의 해수면 상승이 25~75센티미터에 이를 것이고, 전 세기에 상승한 20센티미터와 합하면 역사상 평균보다 60~90센티미터가 상승하리라 추정했다. 이런 추정치를 대수롭지 않게 넘길 수도 있겠지만, 이로 인해 해안선 침식과 기반 시설 파괴, 거주민 이주 같은 사소하지 않은 문제가 대두될 수밖에 없다. IPCC는 이 추정치를 산정할 때 열에 의한 바닷물 팽창, 대륙의 얼음이 녹으면서 늘어나는 여분의 물, 지하수 중 일부가 바다로 흘러가서 발생되는 영향만을 고려했다.

현재 겨우 해발 30~60센티미터인 저지대는 바닷물이 침식해 들어오는 최전선이다. 대서양과 멕시코 연안을 따라 모래톱에 형성된 섬,

낮은 구릉의 해안 지대, 태평양의 환상 산호섬, 세계 주요 강어귀의 삼각주 등이 차오르는 바닷물의 위협을 받고 있다. 이런 곳들은 이미 폭풍우와 태풍의 전면에 노출되어 있다. 멕시코 만에 접한 텍사스 갤버스턴의 모래톱 시설물은 2008년 허리케인 아이크가 몰고 온 폭풍우로 초토화되었다. 게다가 해수면이 이런 섬들을 계속 잠식해 더 약한 폭풍에도 견딜 수 없는 처지가 되었다.

조지아, 플로리다 등 대서양 연안에서는 바닷가에 집을 지은 사람들이 침식과 모래 손실에 맞서 전투를 벌이고 있다. 위기에 처한 집이 대부분 고가 주택이다 보니 싸움판은 기존의 해로를 확보하기 위한 준설, 폭풍우로 사라진 모래를 트럭에 실어와 해변을 되살리기 등 호화판 복구 현장이 되고 있다. 이런 경우 언제나 그렇듯 해안 방호벽을 쌓아 사태를 해결하려는 '강력한 안정화'의 유혹이 존재한다. 하지만 그런 시도는 엄청난 콘크리트 잔해와 녹슬고 구부러진 철근만을 남길 뿐이다.

높아진 해수면이 해안가 건물을 포기하게 만들기 훨씬 이전부터 주민들은 바닷물이 해안의 대수층을 밀고 들어오면서 우물물이 소금물로 변하고 있다는 것을 알고 있었다. 그다음에는 바닷물이 들어오면서 세균에 의한 하수 처리 체계가 가동되기 어려워진다. 플로리다 남부 에버글레이즈에서 키스 제도에 이르는 지역은 해수면에서 불과 1미터밖에 안 되는 해안 지대다. 2005년 허리케인 윌마가 왔을 때 키스 제도의 상당 지역에서 1미터 가까이 물이 차오르면서 가옥의 절반 이상이 피해를 입었다.

뉴올리언스를 관통하는 미시시피 강의 수로마다 쌓은 제방을 살펴보면 강력한 안정화가 어떤 결과를 초래하는지 잘 알 수 있다. 이 지역에 건설된 거대한 제방과 콘크리트 방벽은 미 육군 공병대가 설계하고 시공했다. 문제가 된 뉴올리언스는 상당 부분이 해수면보다 낮은 저지대였다. 뉴올리언스 시민의 생활은 수십 년 동안 제방을 믿고 유지되었지만, 그런 신뢰는 2005년 허리케인 카트리나로 무너졌다. 카트리나는 무려 15만 명을 뉴올리언스에서 몰아냈고, 상당수가 다시는 원래 살던 곳으로 돌아오지 못했다. 2008년 허리케인 구스타브는 다시 한 번 신뢰를 무너뜨렸다. 카트리나에 비할 정도는 아니었기에 해수면은 고작 30센티미터 정도 높아졌을 뿐이지만, 성깔은 카트리나의 복제판이었다. 21세기에 들어서도 조금씩 해수면이 상승하는 바람에 이제 뉴올리언스는 항상 마음을 놓지 못한다.

개펄 위에 세워진 도시 베네치아는 아드리아 해 북단의 100여 개 섬 위에 자리한 곳으로, 10만이 넘는 사람이 살고 있다. 산마르코 광장은 관광지 1순위지만 험한 바닷바람, 파도, 호우 등 때문에 언제나 위협에 시달린다. 2008년 12월 초 이런 위협이 함께 몰려들어 광장에 사람 허벅지 높이까지 물이 찼는데, 사실 이 수위도 IPCC가 이번 세기에 가능하다고 추산한 해수면 높이의 범위였다. 이 같은 동시 공격이 흔하지는 않겠지만, 해수면이 상승하면서 베네치아는 더 잦은 피해에 시달릴 수밖에 없다. 오래전부터 베네치아는 도시 어귀에 아드리아 해의 높은 조수나 폭풍을 막는 방어막을 세우려 했지만, 항상 건설 비용이 가용 재원을 앞서갔다. 그런 와중에도 해수면은 여전히 상승 중이다.

남태평양의 키리바시에는 적도를 따라 펼쳐진 30여 개 섬에 9만 명이 흩어져 살고 있다. 중심지인 타라와 산호섬은 2차 세계대전 당시 일본군과 미국군의 치열한 접전지이기도 했다. 키리바시도 투발루처럼 해수면 상승으로 영토가 줄고 있다. 상당 지역이 홍수 피해를 입고 있으며, 한 달에 두 번 밀려오는 한사리 때면 바닷물이 지하수를 오염시킨다. 2008년 키리바시는 자국민을 영국 기후 난민으로 인정해 줄 것을 오스트레일리아와 뉴질랜드에 청원한 바 있다. 대통령 아노테 통은 키리바시가 이미 '돌아설 수 없는 지점'을 지났다면서, 선진국이 미래 기후를 변화시키기 위해 무슨 방책을 내더라도 이미 대기 중에 존재하는 온실가스만으로 바다는 더워지고 해수면은 계속 상승할 것이라고 강조했다.

몰디브는 인도 남쪽 인도양에 위치한 26개의 산호섬으로 이뤄진 나라다. 이 지역은 대부분 해발 1미터 정도로, 아무리 높은 곳도 2미터를 넘지 않는다. 이런 지질학적 특성으로 몰디브는 해발고도를 기록한 국가 목록에서 맨 아래 놓인 곳이다. 주민 35만 명 중 3분의 1이 수도 말레에 거주하고 있는데, 말레는 방어용 해수 방벽에 완전히 에워싸여 있다. 다른 나라들보다 형편이 좋은 몰디브는 기후 난민을 이주시킬 땅(인도, 스리랑카 등)을 매입하는 투자 펀드를 고려하고 있다. 최근 몰디브는 여러 섬을 쑥대밭으로 만들었던 2004년 인도네시아 지진에서 촉발된 쓰나미 때 해수가 급상승하며 참화를 겪었다.

삼각주 지역

모든 강은 바다에 이르러 처음에 바다가 증발시켰던 물을 되돌려줌으로써 수문학적 주기를 마치게 된다. 그리고 큰 강은 땅에서 나온 다량의 퇴적물을 가지고 온다. 삼각주는 지질학적으로 강과 퇴적물과 바다가 만나는 극적인 장소다. 강이 바다로 흘러들 때 흐름이 느려지면 퇴적물이 가라앉는다. 시간이 지나면서 수로는 퇴적물을 운반해 삼각주를 형성한다. 삼각형 모양의 그리스 문자 델타(Δ)는 강이 바다 어귀에 쌓은 넓은 부채꼴 모양의 퇴적 지형을 표현하는 데 적합하다. 아마존, 갠지스, 나일 등 주요 하천의 삼각주는 수백 킬로미터 넘게 펼쳐져 있는데, 그 높이가 해수면보다 높은 곳도 있고 낮은 곳도 있다. 진흙 둑이나 모래톱은 서서히 해수면 이하로 낮아지고, 다른 지역은 충분한 양의 퇴적물을 받아들이면서 해수면보다 높아져 수십 년 동안 햇볕을 만끽하게 된다.

나일 삼각주는 240킬로미터 길이의 해안선을 형성하며 지중해와 만난다. 이집트 사막을 꼬불꼬불 가로지른 강이 좁은 범람원을 형성한 곳에서 마침내 삼각주가 시작된다. 삼각주가 만든 해안선의 서쪽에는 고대에 세워진 도시 알렉산드리아가 400만 이상의 인구를 품고 있다. 이 지역은 잦은 지진 때문에 땅이 침강하면서 도시의 상당 부분이 바다 밑으로 가라앉고 말았다. 알렉산드리아의 엘노우즈하 국제공항은 해발 2미터 이하지만 자연 방벽으로 해수와 격리되어 있다.

나일 삼각주의 비옥한 흙 덕분에 이곳 주민은 대부분 농업에 종사한다. 나일 강 역사의 중심에는 해마다 되풀이되는 홍수로 쌓이는 삼각주가 자리한다. 하지만 1970년 삼각주에서 1000킬로미터 떨어진 상류에 아스완하이 댐이 완공되면서 홍수가 종식되었다. 이제 삼각주 지역의 생산성을 유지하기 위해서는 비료를 사용해야 한다. 하지만 농지를 제외한 삼각주 대부분이 더 이상 아프리카 내륙에서 운반되는 퇴적물로 보충되지 않자, 지중해가 삼각주 주변을 야금야금 먹어치워 해안선과 맞닿은 퇴적 지대가 좁아지고 있다. 바닷물이 저지대의 대수층까지 밀고 들어오면서 삼각주 지역의 지하수에도 소금기가 돌고, 기후 변화로 해수면이 상승하면서 농경지 침식과 해수의 침입이 빨라지고 있다.

인도 동부의 벵골 지방과 근처의 방글라데시는 갠지스 강과 브라마푸트라 강이 형성한 드넓은 삼각주에 걸쳐 있다. 히말라야에서 발원한 두 강은 아시아를 적신 후, 산악 지대에서 침식 작용으로 형성된 다량의 퇴적물을 삼각주에 운반한다. 콜카타나 다카 같은 이 지역 대도시들은 세계적으로 인구 밀도가 높으며 저지대에 위치해 있다. 인도양에서 100킬로미터 정도 떨어진 콜카타에는 800만 명이 살고 있으며, 해발고도는 겨우 1미터가 좀 넘는다. 이 지역의 삼각주 해안은 대부분 해발 20~30센티미터 높이에 있다. 내륙 깊숙이 들어온 만과 습지가 '물 없는 곳'이라는 표현에 어울리지 않게 습기를 품은 땅 사이에서 여러 개의 혀처럼 분리되어 있다. 방글라데시의 약 10퍼센트는 주기적으로 물에 잠긴다.

갠지스 삼각주는 지구에서 가장 평탄한 곳으로, 해안에서 내륙까지 뻗은 20킬로미터 지형의 높이가 해발 30센티미터에 지나지 않는다. 이번 세기에 해수면이 30~60센티미터 상승할 것이라는 IPCC의 조심스러운 추정치는 갠지스 삼각주의 수백만 주민에게 닥칠 위기를 예고하고 있다.

숫자로만 봐도 심각하다. 투발루 1만 1000명, 마셜 제도 6만 명, 키리바시 10만 명, 뉴올리언스 15만 명, 나일과 갠지스 삼각주의 수백만 명이 해수면 상승 앞에서 고향을 떠나야 할 운명에 처해 있다. 지구 전체에서 멕시코 인구와 맞먹는 1억 800만 명 정도가 해발 1미터 이하인 지역에 살고 있다는 최근 연구도 있다.[16] 지표 넓이로 보면 1퍼센트 미만이지만, 지구 인구의 1.6퍼센트가 바다를 바로 옆에 낀 채 불안하게 살고 있는 것이다.

허리케인 카트리나로 뉴올리언스에서 15만 명이 고향을 떠났고, 2008년에는 캘리포니아 산불로 100만 명이 대피했다. 2007년 11월 인도양에서 발생한 사이클론 시드르는 방글라데시에서 3000명의 사상자를 내고 100만 명의 집을 앗아갔다. 그러면서 환경 난민에게 과연 나라가 무엇을 해줄 수 있는가 하는 문제가 대두되고 있다. 해수면이 1미터 상승하면 1억 명 이상의 환경 난민이 발생하는데, 이런 상황은 금세기 말이 되기 전에 닥칠 예정이다.

선진국은 바닷물의 진격을 예보하거나 피하기 위해 다양한 노력과 재정을 투입하고 있다. 제방을 보강하고 안벽도 건설하고 있지만, 대부분은 무위로 끝날 것이다. 모든 해안선을 방어하는 것은 불가능하기 때문이다. 방어 기술의 정점에 오른 네덜란드는 현실을 직시하고 해수면 상승으로 위협받는 지역의 일부를 포기하는 계획을 세우고 있다. 가난한 나라 사람들은 고지대로 피난할 수밖에 없는데, 전부터 살고 있는 원래 주민이 새로운 유입 인구를 반가워할 리가 없다. 이미 미국과 유럽에서 난맥상을 보이고 있는 이민 문제에, 1억 명 이상의 기후 난민까지 추가된다면 난장판이 되고 말 것이다.

20세기에 확실히 알게 된 것은 해수면 상승이 천천히 이뤄지지 않을 것이라는 점이다. 대양이 더워지면서 바닷물이 대기권에서 흡수하던 이산화탄소의 양이 감소하고 있는데, 수온이 상승하면 물에 용해되는 이산화탄소가 줄기 때문이다. 지금처럼 바다가 계속 데워진다면 이산화탄소를 흡수하던 스펀지 기능이 점점 무력해질 것이다. 점점 많은 이산화탄소가 잔류하면서 온실가스가 증강되면, 육지에서는 해빙이 가속화되고 대양의 온도 상승과 열에 의한 팽창도 활발해질 것이다.

그러면 찬 온도보다 따뜻한 온도에서 부피가 늘어나는 물의 물리적 메커니즘이 효율적으로 작동한다. 대양과 대기의 물리화학 작용은 더운 지구에서 해수면이 상승하는 속도에 가속이 붙으리란 사실을 확실히 가르쳐준다. 1993~2003년에 관찰된 해수면 상승률은 이보다 훨씬 오랜 기간인 1961~2003년의 평균율을 벌써 50퍼센트나 초과했다.

기후 변화를 부인하는 자들의 세 번째 입장

기후 변화 반대론자는 인공적인 기후 변화를 부인하면서 몇 가지 방어 논리를 편다. 첫째는 기후 변화를 보고하는 수많은 관측 자료를 그저 부인하는 것이다. 둘째는 기후가 변하고 있다 해도 자연의 섭리일 뿐이며, 기후 변화 과정에 인간이 중요한 역할을 할 수 없다는 논리다. 세 번째는 대기에 이산화탄소가 늘어나고 세계가 따뜻해진다고 무슨 손해가 생기겠냐고 묻는 것이다. 이산화탄소는 비료처럼 사용되어 세계 농업을 촉진하고, 기후가 따뜻해지면 농경기가 늘어나서 더 많은 식량을 생산할 수 있다는 것이다. 한술 더 떠 눈과 얼음에서 풀려나면 온화한 겨울을 신나게 즐길 수도 있지 않느냐고 말한다. 심한 경우에는 에덴동산이 시작될 수도 있다는 수사를 동원하기도 한다.

물론 농경기는 실제로 증가하고 있다. 알래스카도 반세기 전과 비교하면 농경기가 2주일 정도 길어졌다. 이산화탄소가 광합성의 필수 요소라는 것도 맞는 말이지만, 이산화탄소만으로는 작물이 성장하지 않는다. 자연 상태에서는 다른 영양소, 특히 물과 질소가 있어야 하는데, 이는 다른 생물 자원의 제약을 받는 요소이기 때문에 이산화탄소 증가만으로 해결될 문제가 아니다. 듀크 대학 삼림과에서 영양소가 부족한 땅에 뿌리 내린 나무에 이산화탄소를 증가시켜 봤지만, 추가적인 성장은 관측되지 않았다.[17]

게다가 자연 상태의 이산화탄소는 독자적으로 변하는 것이 아니다. 온실가스가 강제하는 기후 변화 상황에서는 고온, 강수량, 땅의 습도 등이 이산화탄소의 증가를 수반한다. 대기 중 이산화탄소 증가에도 알래스카 한대림은 별로 성장하지 않았다. 이는 기후 변화가 초래한 열의 압력이 성장에 부담으로 작용했기 때문으로 보인다. 북아메리카 서부의 송림은 증가한 이산화탄소를 향유하기는커녕 이전에 추운 날씨의 제약을 받던 해충이 창궐하면서 몸살을 앓고 있다.

분별 있는 비료가 아닌 이산화탄소는 농작물 성장에 해가 되는 잡초까지 일으켜 세운다. 잘 자라주리라 기대했던 작물이 따뜻하고 이산화탄소가 풍부한 환경을 좋아하는 해충이나 식물의 위세에 밀리지 말라는 보장이 없다. 해충과 잡초 때문에 제초제나 살충제를 더 많이 쓰게 된다면, 공중 보건과 전반적인 생태계에 미치는 부정적 효과가 커지면서 이산화탄소의 비료 효과는 더욱 줄어들게 될 것이다.

"따뜻한 겨울 싫다는 사람도 있어?"와 같은 수사적 반박은 참으로 편협하다. 이 질문은 극지방에 살지 않는 대다수 사람들이 더워진 환경을 반가워할 것이라고 가정하고 있다. 하지만 고온 현상은 이미 따뜻한 지역에 살고 있는 사람들에게는 바람직한 상황이 아니다. 또한 따뜻해지는 겨울은 다른 계절과 독립적으로 나타나는 것이 아니다. 겨울뿐만 아니라 여름도 더워지면서 땅이 건조해진다. IPCC는 온난화에 수반되는 환경 변화로 열대 지방이 상당한 대가를 치루고 있다고 보고한다.

초기 기후 변화 단계에서 일부 지역이 약간의 혜택을 입었다고는 하지만, 이는 일부 중위도 지방에 한정된 것이며, 그런 혜택이 약간의 해수면 상승으로도 엄청난 고통을 받으며 이주해야 하는 고난을 능가할 수는 없다. 해수면이 높아지면, 나라의 크기나 부의 정도를 막론한 모든 지역의 해안에 악영향을 끼치게 된다. 누구도 그런 해수면을 혜택이라 할 수는 없을 것이다.

해수면의 1미터 상승은 단지 시작에 불과하다. 남극반도를 따라 늘어선 라르센 빙붕과 윌킨스 빙붕, 그리고 서쪽의 로스 빙붕 등이 계속 깨지는 현상은 지구 전체 해수면의 흉조다. 이들 빙붕은 수천 년 동안 그 자리에 꿋꿋이 떠 남극반도와 서부의 빙하 얼음을 담은 튼튼한 성 같은 저장고였으며, 천천히 녹아서 나온 얼음물은 바닷물의 공급원이 되었다. 이 오래된 성이 부서지면서 빙하가 얼음을 빠르게 바다로 나르고 있다.

이런 현상이 두려운 이유는, 땅에서 떨어져 나온 얼음이 바다로 들어가면서 해수면이 상승하기 때문이다. 컵 안에 얼음을 떨어뜨리는 동작이 대규모로 재현되는 셈이다. 물속에 들어간 얼음은 아래쪽의 물을 한쪽으로 밀쳐내며 위로 떠오른다. 그러나 일단 얼음이 컵 안에서 떠다니기 시작하면 더 이상 추가되는 상승은 없다. 이와 똑같은 현상이 부유하는 빙붕에도 적용된다. 부유하는 빙붕의 얼음이 깨지면서 녹더라도 해수면은 변하지 않기 때문에 처음에 얼음이 바다로 흘러든 때의 해수면 높이가 유지된다. 하지만 육지 얼음에 인접한 빙붕이 깨져 바다로 흘러가고 나면 육지 얼음이 뒤따라 바다로 흘러들어 해수면은 상승할 수밖에 없다.

남극반도의 얼음이 전부 바다로 들어가면 지구 전체 해수면이 25센티미터 정도 상승하는데, 이는 20세기의 해수면 변화 총량과 비슷하다. 하지만 20세기에 일어난 해수면 변화는 주로 바닷물이 따뜻해지면서 팽창하게 된 것과 산악 빙하와 영구동토대가 녹아서 바다로 흘러든 것 때문이었다. 이 과정은 20세기 전체에 걸쳐 서서히 진행되었다. 그런데 얼음이 곧바로 바다에 유입되면, 비록 녹기 전이더라도 해수면은 즉각적으로 변한다. 남극과 그린란드에서 진행 중인 얼음 손실의 가속화를 우려하는 이유는 온난화 추세로 서서히 증가하던 바닷물이 더 즉각적으로 상승하게 되기 때문이다.

그린란드와 남극 서부의 얼음양은 각각 해수면을 6미터 정도 상승시킬 수 있고, 남극 동부의 얼음은 60미터까지도 상승시킬 수 있다. 남극 동부 얼음의 대부분은 바다에서 멀리 떨어져 높게 쌓여 있으며, 기온도 매우 낮다. 연중 기온이 영하 40도 이하에 머물러 여름에도 해빙이 일어나지 않는다. 이는 지구 얼음 중에서 남극 동부의 얼음이 가장 안정적이라고 간주되는 이유이기도 하다. 그러나 그린란드와 남극 서부에서는 불길한 징조가 나타나고 있다.

그린란드

북극이 따뜻해지면서 여름철 해빙 지역은 그린란드 고지대까지 확장되고 있다. 얼음이 녹은 물 중 일부는 바다로 흘러들고, 일부는 하얀 얼음 표면에 움푹 파인 구덩이를 채워 파란색 호수를 만들기도 한다. 호수를 채우던 물은 때로 1~2킬로미터 두께의 얼음장을 관통한 빙하

구혈(빙하에 세로로 뚫린 구멍) 사이로 스며들어 사라지기도 한다. 또 이렇게 녹은 물이 얼음 아래서 다시 솟아올라 바위와 얼음 사이를 흐르기도 하는데, 이는 지하 석회동굴 속에 있는 강의 형태와 유사하다.

이처럼 빙하 아래를 흐르는 물은 대륙빙의 기저에서 윤활 작용을 해, 얼음이 바다로 더 빠르게 미끄러지도록 한다.[18] 얼음을 가장 많이 배출하는 그린란드 서해안의 야콥스하운 빙하는 그린란드 얼음의 6.5퍼센트를 바다로 운반한다. 이 빙하는 1983~1997년에 연간 5~6킬로미터로 계곡을 미끄러져 내려갔으나, 2003년부터는 가속이 붙어 11~12킬로미터가 되었다.[19] 그린란드에서 배출되는 빙하를 관측한 결과[20] 1996~2005년에 엄청난 가속도가 붙은 것으로 나타났는데, 이런 현상은 남부에서 시작되어 점차 북부까지 확대되고 있다. 그린란드는 해마다 강설로 보충되는 양보다 해빙으로 잃어버리는 양이 많아지면서 얼음 손실을 겪고 있으며, 손실량도 두 배 이상 증가했다.

얼음은 처음엔 느리지만 인력이 얼음을 끌어당기면 점차 가속이 붙고, 급기야 소음과 함께 깨지면서 점점 빠른 속도로 이동한다. 결국 이런 불안정은 빙진icequake(빙산이나 빙하가 붕괴될 때 일어나는 진동—옮긴이)으로 표출되는데, 이 소규모 지진은 얼음이 흐르는 속도의 변화에 따른 조정 작용과 아래쪽에 있는 바위 표면의 요철을 스치면서 얼음이 받는 충격 때문에 발생한다.

남극 위기의 시작, 서부 지역

남극의 서부 지역은 엄청난 양의 얼음이 1~2킬로미터 높이로 수천 킬로미터에 걸쳐 존재하는 곳이다. 이곳의 상층부에서 웨들 해의 론 빙붕, 로스 빙붕, 아문센 해로 얼음이 흘러내린다. 론 빙붕과 로스 빙붕은 바다에 다가가면서 주변부 얼음을 조금씩 잃기도 하지만, 바다로 흘러드는 얼음을 막아내는 성채 기능은 충실히 수행하고 있다.

그런데 남극 서부에서 아문센 해로 흘러들어 빙붕을 형성하는 두 빙하, 즉 파인아일랜드 빙하와 트웨이트 빙하에서 심각한 변화가 일어나고 있다. 이 빙하는 계곡을 따라 수십 킬로미터를 이동하는 알파인 형식이 아닌데도 이전과 달리 빠르게 이동하고 있는 것이다. 1킬로미터가 넘는 두께에 넓이가 수십 킬로미터에 이르는 이들 빙하는 남극 서부 정상의 얼음덩이를 수백 킬로미터나 이동시켜 바다에 이르게 한다. 현재 남극 서부 얼음의 전체 규모는 지구 해수면을 5미터 이상 상승시킬 만한 분량인데, 바로 이 지역의 빙하에서 얼음이 녹아내리는 속도에 가속이 붙은 것이다.

이 빙하들이 흘러내려 형성되는 빙붕은 북극과 남극의 모든 빙붕이 그렇듯 남극의 서부 안쪽에서 바다로 얼음이 빨리 운반되면서 깨져 나가는 것이다. 이처럼 빙붕이 많이 깨지면 얼음 상층부에 일종의 '수문'이 생긴다. 온도 상승으로 얼음이 녹으면 그 물은 얼음 표면에서 빙하의 균열과 구혈을 통해 안으로 스며들고, 따뜻해진 바닷물 때문에 물 위에 떠 있는 얼음장의 바닥까지 얇아진다. 최근 관측 결과를 보면 전통적인 빙하의 흐름과 확연한 차이가 난다는 점을 쉽게 알 수 있다.

앞에서 금세기에 25~75센티미터 범위에서 해수면이 상승하리란 IPCC의 추정치에 중요한 단서 조항이 있다고 얘기한 바 있다. IPCC는 이 추정치를 계산할 때 바닷물이 온도 상승으로 팽창하는 효과, 대륙의 얼음이 녹아 흐르면서 증가되는 물, 지하수 중 일부가 바다로 되돌아가는 현상만을 고려했다. 그리하여 이 추정치는 너무 신중하다는 지적을 받았고, 실제로 1990년 이후 해수면은 이미 IPCC의 상한 추정치까지 상승했다. IPCC는 2007년 보고서에서 지구 얼음의 손실량에 그린란드, 남극반도, 남극 서부에서 바다로 흘러드는 얼음양을 포함하며, 이들이 더 빠른 해수면 상승을 초래할 것이라고 한 걸음 물러섰다.

이런 입장 변화는, 최근의 다른 연구 결과를 분석 · 평가할 만한 시간이 없어 보고서에서 다루지 못했음을 감안해야 한다는 IPCC의 규정을 반영한 것이라 볼 수도 있다. 하지만 가속도가 붙은 얼음 손실이 급격한 해수면 상승을 의미한다는 것을 잘 알고 있는 IPCC는 추정치와 함께 "얼음 흐름에 관한 중요한 변화 가능성을 포함하지 않았다"라는 유보적 설명을 덧붙이고 있다. 그린란드와 남극에서 나타난 얼음의 변화를 인정한다면, 변화 가능성 같은 애매모호한 표현보다는 해수면 상승의 가속화가 현실이 되었다고 말하는 것이 더 정직할 것이다. 현재 각종 회의에서 과학자들의 관심은 얼음의 역학 변화, 늘어나는 얼음 손실의 전망치 등으로 급선회하고 있다.

바다에 가라앉은 여러 지질 시대의 퇴적암 자료를 보면, 특이한 기후와 해수면 상승의 예를 많이 찾을 수 있다. 오래전 대륙 표면을 덮었던 화석이 포함된 사암, 혈암, 석회암 등은 지난 6억 년 동안 해수면이 몇 번에 걸쳐 높아졌다는 사실을 증언한다. 9000만~1억 년 전의 백악기에 해수면은 현재보다 150미터 더 높았고, 따뜻한 바닷물이 알래스카에서 멕시코 만에 이르는 북아메리카에서 출렁거렸으며, 근처 습지에는 공룡이 번성했다. 그런가 하면 전반적으로 빙하가 주도적이던 시절도 있었고, 지구 전체가 얼음으로 덮인 때도 있었던 것으로 추정된다.[21]

과거의 높은 해수면이나 얼음의 전반적인 우세는 최근의 기후 변화에 이렇다 할 단서를 던져주지 못한다. 오래전의 지질 시대는 현재와 판이하게 다르기 때문이다. 대륙과 대양저는 지금과 전혀 다른 위치에 있었고, 지구를 휘감아 도는 해류도 확연히 다른 형태였다. 대륙의 위치가 다르면 그에 따른 흐름도 다를 수밖에 없기 때문에 이는 당연한 귀결이다. 그러므로 현대 지구의 기후 체계는 현시대가 갖고 있는 여러 제약에 구속될 수밖에 없다. 북극은 대양이고 남극은 대륙인 지구의 배치, 열대의 열을 북쪽 끝까지 운반하는 멕시코 만류, 남쪽 고위도 지역이 따뜻해질 수 없게 만드는 남극해 주위의 해류가 이전 시대와는 다르기 때문이다.

과거에서 유용한 지침을 얻을 수 없는 것은 실망스럽지만, 좀 더 가까운 과거의 지질학적 기록에서는 적지 않은 것을 배울 수 있다. 가장 최근의 빙하시대 초기였던 12만 년 전 그린란드에는 현재의 절반쯤 되는 면적에 얼음이 덮여 있었고, 해수면은 지금보다 3~4미터쯤 높았다. 그때 지구 인구는 수십만 명 내외로, 주로 아프리카에 살았을 것이다.

그린란드의 만년설에서 추출한 빙핵을 연구하면서 매우 놀라운 사실이 밝혀졌다. 그 얼음에는 50만 년 전 그린란드 남부에 살고 있었으나 빙하가 발달하면서 사라진 고대 나무, 식물, 곤충 화석의 DNA가 남아 있었기 때문이다.[22] 이는 현재 두꺼운 얼음에 덮인 그린란드에 전에는 삼림이 존재했다는 증거다. 그린란드의 얼음양은 현재보다 많거나 적게 변해왔으며, 이는 그동안 해수면이 상승과 하강을 되풀이했다는 것을 의미한다. 하지만 그린란드 가까이에서 얼음의 변화를 지켜본 인간은 거의 없었고, 얼음에서 멀리 떨어진 바닷가에 살면서 밀려오고 밀려가는 해안선과 싸웠던 것으로 보인다. 유목민으로 사냥과 채

집을 겸했던 이들은 영구적인 거주지에 힘을 쏟지 않았다.

300만 년 전의 온난기인 플라이오세 중기의 해수면은 현재보다 30미터나 더 높았다. 바닷물이 현재의 해안선보다 160킬로미터나 들어오면서, 지금의 대서양 연안과 멕시코 만을 따라 펼쳐진 평원 일부는 침수 상태였고 플로리다 반도는 완전히 물에 잠겼다. 이처럼 과거에 얕은 바다였던 지역의 퇴적물에는 육지와 가까운 곳이었음을 보여주는 바다거북이나 상어의 이빨, 꽃가루 등의 화석을 볼 수 있다.

얼음과 해수면에 주도되었던 예전의 기후 체계와 달리, 플라이오세 중기의 기후는 대륙의 위치가 지난 300만 년 동안 거의 변하지 않았기 때문에 오늘날의 기후와 놀랄 만큼 닮았다. 파나마 지협이 융기하면서 대서양과 태평양이 단절되었고, 수백만 년 전에 남아메리카와 남극대륙 사이에 드레이크 해협이 열리면서 대양의 해류도 현재처럼 되었다. 대륙붕 너머의 심해 화석에서 발견되는 단세포의 해양 유공충을 보면, 현재 형태의 빙하시대가 반복되었음을 나타내는 산소 동위체의 주기적 변동을 볼 수 있다. 화석에서 발견할 수 있는 놀라운 사실이 또 한 가지 있다. 플라이오세의 빙하는 타원형 공전 주기에 기인하는 10만 년 간격의 최근 빙하기와 달리, 자전축의 기울기 변화 때문에 발생하는 4만 1000년 주기가 주도적으로 작용한 결과였다는 점이다.

플라이오세의 급격한 기후 변동은 초기 인류의 조상인 오스트랄로피테쿠스가 현생 인류로 진화하는 데 자극이 되었을 것으로 보인다. 당시 북반구에는 아예 얼음이 없었고, 남극에만 얼음이 존재했다. 플라이오세 중기에 해수면이 상승하고 얼음이 줄어들었다는 사실을 통해, 현대 기후 체계에서 과연 얼마나 얼음이 변화하고 해수면이 상승할지를 가늠할 수 있다.

플라이오세의 교훈 앞에서 우리가 심각해지는 이유는 얼음이 전혀 없는 북반구, 즉 얼음으로 덮이지 않은 북극해와 대륙빙이 사라진 그린란드가 현대 기후 체계에서도 가능하기 때문이다. 플라이오세에 이런 상황이 발생했을 때 지구의 평균 온도는 현재보다 2~3도 정도 높았다. 지금 우리는 다시 한 번 그런 상황을 향해 달려가고 있다. 과거에 얼음이 세상을 주도했던 때처럼 지구가 계속 따뜻해지는 상태로 몇 세기가 지난다면, 바닷물과 얼음이 물을 가운데 놓고 시소 놀이를 하게 될 것이다. 그리하여 인류의 생존을 위협하게 될 것이다.

8장

변화의 기회

_얼음 없는 세상을 맞는 우리의 자세

A World Without Ice

잘못된 방향을 바꾸지 않으면
결국 지금 향하고 있는 목적지에 도착할 수밖에 없다.
– 노자

우리는 어디로 향하고 있는가? 인류를 태운 방주가 항해 지도나 선장도 없이 기후 변화의 바다를 위태롭게 표류하고 있는 것은 아닐까? 얼음 없이 우리가 생존할 수 있을까? 해안선을 송두리째 삼키는 바닷물의 범람을 피할 수 있을까? 어떻게든 미래의 재앙을 줄여볼 비책은 없는 걸까? 매우 간단하지만 누구도 쉽게 답할 수 없는 질문들이다.

피할 수 없는 변화

안타깝게도 지금 우리에게는 상황을 멈추고 앞으로 닥칠 변화를 제압

할 행동 방침이 없다. 지금 이 순간에도 변화는 진행 중이고, 앞으로도 계속될 것이다. 기후 체계뿐만 아니라 산업 경제의 관성 때문에라도 질주하는 지구의 시동을 끄고 세우는 것이 현재로서는 불가능하다. 이런 변화는 조타수가 배의 방향타를 돌려도 뒤늦게 선회하는 거대한 항공모함과 비슷하다. 기후 체계에서 이런 관성이 나타나는 것은 과거에 배출했던 온실가스 효과가 상당 기간 계속되기 때문이다.

주요 온실가스인 이산화탄소는 100년 이상 대기권을 어슬렁거리다가 천천히 바닷물이나 녹색 식물에 흡수된다. 이런 온실가스는 새로 배출되지 않더라도 기존의 배출분이 완전히 소멸될 때까지 대기와 대양을 데울 것이다. 온실가스 배출이 쉽게 줄어들 것이란 생각은 꿈에 가깝다. 기후과학자들은 대기 중 온실가스 농축이 동결된다면 기후가 어떻게 변할지를 추정했다. 이는 기후과학자와 정책 담당자들이 '기후 의무climate commitment'[1]라 부르는 이상적인 개념 중 하나인데, 온실가스가 안정화되더라도 기후 체계의 관성이 지속되기 때문에 그 후로도 수 세기 동안 기후 변화는 계속될 것이란 결과가 나왔다.

피할 수 없는 상황이라면 무슨 대책이 필요할까? 대기 중 이산화탄소 농도를 즉시 안정화시킬 수 있다면 금세기 말 대기 온도의 상승은 약 0.5도에 그칠 것으로 예상된다. 그래도 북극해의 얼음은 계속 녹을 것이고, 그린란드와 남극 서부의 만년설은 위축될 것이며, 바닷물은 더 깊은 곳까지 데워지고, 지형 변화 및 극심한 폭풍과 가뭄, 그리고 20세기의 두 배에 가까운 해수면 상승이 일어날 것이다.

이런 기후 의무는 대기 중 온실가스를 즉시 안정화시킨다는 비현실적인 가정에 따른 결론이다. 이는 실제로 닥쳐올 변화를 과소평가한 것이다. 분명한 것은 금세기에 펼쳐질 상황이 예측 결과를 훌쩍 넘어설 것이라는 점이다. 따라서 피할 수 없는 변화에 대처할 포괄적 계획이 급박해졌다.

뜨거운 지구의 현실적인 문제

변화하는 기후에 적응하기 위해서는 근본적이고 포괄적인 접근이 필수적이다. 기후 변화가 우리 생활에 어떤 변화를 가져올지에 대해 농업 분야를 예로 살펴보자.

- 현재보다 경작 기간이 늘어날 때의 장단점은 어떤 것일까?
- 따뜻해진 흙은 파종과 발아에 어떤 영향을 끼칠까?
- 물의 이용 방법과 시기가 바뀌면 어떤 변화가 올까?
- 현재보다 미래 기후에 더 적합한 작물은 어떤 것이 있을까?
- 해충과 잡초는 어떻게 달라질까?
- 비료의 성질과 양은 얼마나 변해야 될까?

가뭄, 열, 담수의 염분 증가 아래서도 일부 야생 식물은 자연스레 적응하며 유전자 보강까지 하는데, 이들과 식용 식물의 동족 관계를 찾기 위한 연구가 학계에서 진행 중이다.[2] 현재의 벼는 물속에서 사흘을 넘기지 못하지만 일부 변종 벼는 2주 이상 생존하기 때문에, 홍수가 증가할 경우에도 적응할 수 있는 작물에 관심을 기울이고 있다. 물론 물을 세심하게 관리하는 것이 최우선이므로 새로운 관개 방법도 집중적으로 연구하고 있다. 공중 보건 분야에서는 밤낮으로 계속되는 도시의 더위 대비책, 세균 창궐을 예방할 상수도의 안전성과 빈번한 폭우에 대비한 하수도 유지, 더운 날씨에 증가하는 식중독에 대한 대비책 등이 필요하다.

이런 목록은 끝이 없다. 오랫동안 동토와 얼음 위에서 유지되던 북극의 교통 시설도 습지와 비슷한 부드러운 지형으로 바뀌는 데 적응해야 할 것이다. 빈번한 홍수, 태풍, 산불, 해수면 상승 등으로 증가하는 난민을 위해 긴급 대비 체제도 새롭게 마련되어야 할 것이다. 전기 시설 역시 늘어난 더위에 대응해 최고 사용량과 발전 방법을 개선해야 한다. 도시 설계와 관리는 기후에 탄력적으로 적응하는 에너지 절약형 도시 설계와 재건축 등에 주안점을 두어야 하고, 신소재와 신제품을 위한 기술 혁신이 필요하다. 바다에 인접한 국가에서는 해변과 산호섬 지역의 재배치와 재건축이 필요하고, 여러 항구의 사회기반 시설을 변화시켜야 한다.

해양 어업은 바다의 온도 구조가 바뀌면 조업 장소를 처음부터 다시 탐색해야 한다. 증발량이 늘면서 호수 수위가 낮아지면 오대호의 화물선은 얕아진 수면을 건널 수 있도록 짐을 가볍게 하고, 예전에는 안전에 문제가 없었던 수로에서도 방어적으로 운항해야 한다. 학교에서도 학생들이 변화하는 세상에 대비할 수 있도록 도와야 한다.

홍수가 잦아지고 산불이 광범위해지며 태풍이 강해지고 해수면 상승으로 해변 지역이 취약해지자, 보험회사는 위험률을 개정하려고 준비 중이다. 몇몇 보험회사는 플로리다에서 기후와 관련된 위협으로 보험금 지급과 액수가 증가하자 가계보험 시장에서 발을 빼고 있다.

불가피한 미래는 인류가 이전에 생각하지 못했던 일에까지 영향을 미친다. 이런 목록의 최상위에는 북극해 접근권이 포함되어 있다. 앞으로 수십 년 안에 여름철 북극해에서 얼음을 볼 수 없게 된다면, 인류 역사상 최초로 이 넓은 지역에 제약 없이 접근하는 것이 가능할 것이다. 2007년 여름에 북극해 얼음은 기록상 가장 적은 양으로 줄었다. 2008년에는 지난 반세기 만에 처음으로 가장 긴 시간 동안 북극해를 둘러싼 바다가 열리면서 북서와 북동 항로가 동시에 개방되었다.

북극해 개방은 지정학적 문제와도 관련된다. 북극에 접근할 수 없던 시절에 영유권, 광물과 에너지 자원 채굴, 생물학적 자원 획득 같은 것은 추상적 주제였다. 북극해를 국경으로 하는 국가들은 이미 이런 문제에 열성적이다. 2007년 러시아 잠수정이 북극해 밑바닥에 국기를 꽂은 일이 있었는데, 이는 반세기 전 미국 잠수함 노틸러스호가 북극을 횡단하고 칼바람 천지인 남극에 미국 연구 기지가 설립되던 시절을 회상하게 만든다. 비록 상징적이기는 해도 360도 전망이 가능한 극지에 대한 지정학적 관할권 선포라 볼 수도 있다는 데서 그 의미를 찾을 수 있을 것이다.

2008년 미국 지질조사연구소는 북극해의 석유와 가스 잠재량에 관한 연구를 발표했다. 연구에 따르면, 북극에는 현재 전 세계 소비량의 3일치에 해당하는 석유와 10년치 이상의 가스가 있는 것으로 추정된다. 이 가스 매장량은 러시아 전체의 천연가스 매장량에 버금간다. 영토 분쟁 측면에서 그래도 다행인 것은, 자원이 대부분 국가 영해로 확립된 알래스카와 러시아 연안 대륙붕에 묻혀 있다는 점이다.

가장 큰 문제라면, 아시아에서 캐나다와 그린란드까지 뻗어 있고 북극해를 가르는 로모노소프 해령이다. 러시아, 그린란드, 캐나다가 이 해저 산맥이 자국 대륙붕의 일부라며 배타적인 광물권 소유를 주장하고 있다.

그뿐만이 아니다. 세계적으로 어족 자원이 심각하게 고갈되면서 북극해의 생물 자원이 점차 관심을 끌고 있다. 북극해를 끼고 있는 국가들은 오랫동안 식량을 바다에서 얻어왔기에 새로운 자원의 출현을 반기고 있다. 게다가 일본, 한국, 중국처럼 대형 선단을 보유한 나라들도 북극해를 주시하고 있다.

유럽연합은 이미 북극의 변화에 따른 개발 방안뿐만 아니라 환경과 원주민 보호 문제까지도 논의했다.[3] 아이슬란드에서 개최된 2009년 나토 대표자 협의회에서는 북극해가 열리면서 제기될 안보 문제가 논의되었으며, 캐나다는 북극의 심해 항구 및 군사훈련 시설과 관련한 계획안을 공개했다. 미국 국방성과 극지 연구 단체들은 극지 해양에 대한 미국의 접근과 통제권 강화를 위해 현재보다 더 큰 대규모 쇄빙선단을 구성하라고 요구하고 있다.[4] 선수를 빼앗길 수 없었던 러시아도 국익을 보호하기 위해 군대를 배치한다고 발표했다.

많은 이들에게는 적응이 미래를 위한 장기 계획에 불과하지만, 일부 지역에서는 이미 필수적인 실천이 되고 있다. 그린란드 서해안의 남쪽 방향으로 중간쯤 되는 지역에 위치한 작은 마을 일룰리사트에는 거주민 5000명이 그만한 숫자의 썰매 개와 함께 살고 있다. 이곳은 덴마크 사람들이 야콥스하운이라 부르는 곳으로, 그린란드에서 세 번째로 큰 마을이다. 오하이오 지역 신문 〈톨레도 블레이드Toledo Blade〉의 기자 톰 헨리는 독자에게 북극 기후 변화의 결과가 어떤 것인지 알려주기 위해 북극곰과 지역 사람들도 취재하고 싶었다. 2008년 헨리는 기후 변화와 적응 현장을 직접 취재하겠다고 편집장을 설득해 방문 취재를 승낙받았다. 이뉴잇(그린란드의 에스키모족-옮긴이) 말로 일룰리사트는 '빙산'이란 뜻인데, 그린란드에서 가장 왕성하게 활동하는 야콥스하운 빙하를 거느린 피오르 어귀에 위치한 마을에 썩 잘 어울리는 이름이었다. 이 빙하에서만 그린란드 전체 내륙 만년설의 6퍼센트가 넘는 얼음 손실이 발생했고, 이는 지난 10년 동안에 두 배로 증가한 양이었다.

헨리는 일룰리사트에 도착해 여러 면담을 하면서 변화와 적응의 전모를 자세히 알 수 있었다. 육지는 지형이 몹시 험악해 썰매로 통과하는 것이 거의 불가능하기 때문에 이 지역 이뉴잇은 좀 더 평평한 바다 얼음 위를 개썰매로 이동한다. 안타깝게도 바다 얼음이 줄어들면서 주민들은 한 해의 상당 기간 동안 고립되는 일이 자주 일어나고 있다. 그뿐만 아니라 물고기를 찾는 일이 점점 어려워지고 자연스러운 포획도 힘들어지고 있는데, 이는 바닷물이 따뜻해지면서 물고기들이 수온이 찬 깊은 물속으로 숨어들기 때문이다. 하지만 빙하에서 깨져서 나오는 거대한 빙산과 일룰리사트 근해를 다니는 고래 떼를 보려는 관광객은 계속 늘어나고 있다.

미래 예측

대기권에서 온실가스를 동결하는 것이 불가능하다면 현실적인 시나리오로는 어떤 것이 있을까? 이 질문에 대한 답은 불확실성 속에 놓여 있다. 이 불확실성을 크게 분류하면 첫째, 모든 복잡계를 포괄하는 기후 체계의 작동 원리, 둘째, 지금까지 알게 된 내용을 세밀한 컴퓨터 모형으로 해석해야 하는 인간의 능력, 마지막으로 기후 변화의 주역인 인간이 기후 변화의 도전 앞에서 취할 다양한 반응 등이 될 것이다.

대중은 과학의 성취에 감동을 받아왔다. 일식이나 월식, 핼리 혜성의 왕복, 금성이 태양을 가로지르는 경로를 수십 세기나 앞서 정교하게 예측하는 것이 그런 예다. 물론 우주 공간을 가로질러 탄도탄을 요격하거나, 인공위성을 배치해 이동통신을 하고, 초정밀 항법으로 우주선을 화성에 착륙시킨 성과 등도 과학의 성공 사례다. 따라서 과학자들이 인류를 부드럽고 정확하게 미래 사회로 이끌 것이란 확신을 사람들이 갖게 된 것도 그리 놀랄 일은 아니다.

그러나 현실에서 미래를 예측하는 것은 결코 쉽지 않고, 지구 기후 같은 매우 복잡한 체계의 미래는 더욱 그렇다. 거대한 자연은 우주선의 궤도처럼 상대적으로 간단한 물리적 사실보다 훨씬 복잡하기 때문이다. 행성의 궤도와 같은 무생물 체계의 미래와 인간이 주도적인 역할을 하는 체계를 예측하는 것도 많은 차이가 있다. 인간의 행동이 방정식에 포함되어 있을 때 결과의 불확실성이 대폭 커지기 때문이다.

IPCC 과학자들이 21세기 말에 지구의 평균 온도가 세기 초보다 1.7~3.9도 상승하리라 추정한 것은 기후과학의 불확실성 때문만은 아니었다. 지구온난화에 대처하는 인류와 각국 정부의 태도에도 불확실성이 내재하기 때문이었다.

기후 변화와 관련된 인간의 행태는 종종 행태적 · 사회적 불확실성이라 불리는 요소다. 우선 이런 미래에 대한 불확실성은 지구 인구가 향후 수십 년 동안 얼마나 증가할지에 대한 불확실성에서 출발한다. 지난 1만 년 동안 인구는 열한 번에 걸쳐 배증했다. 40억에서 80억으로 증가하는 가장 최근의 배증은 1975년에 시작되어 2020년경에 완료될 것으로 추정된다. 21세기 초 인구학자들은 이번 세기 중반의 인구를 80억에서 110억의 중간쯤인 90억 내외로 추정했다. 저점과 고점 사이에 존재하는 30억이란 숫자는 엄청난 불확실성이다. 이 불확실성 편차는 1960년대의 지구 인구와 맞먹을 정도다. 에너지 소비는 인구와 직결되기 때문에, 인구 추정치의 불확실성은 세기 중후반에 걸쳐 에너지 증가가 유발할 기온을 추정하는 데 심각한 걸림돌이 된다.

인구 불확실성과 함께 미래에 개인이 사용하는 에너지의 양도 불확실하다. 사람은 더 편하고 향상된 생활을 지향하기 마련인데, 이는 에너지 소비 없이는 불가능하다. 일인당 에너지 소비량의 역사를 보면 거의 모든 곳에서 증가 추세였다. 미래에도 아주 예외적인 경우를 제외하면, 에너지 소비는 계속 증가할 것이다. 얼마나 빨리 일인당 에너지 소비가 증가할 것인지는 기후 변화에 관한 또 하나의 불확실성이다.

에너지 생산이 어떻게 변화할지도 불확실하다. 석탄, 석유, 천연가스 같은 탄소 중심의 에너지원이 계속될지, 아니면 탄소와 무관한 바람, 태양 전지, 지열, 핵에너지로 전환될지도 알 수 없다. 화석에서 비탄소 에너지원으로 전환하기 위해서는 정치, 경제, 지역, 산업 등 여러 지뢰밭을 통과해야 하기 때문이다. 2009년 미국은 탄소에 뿌리를 둔 에너지 의존에 꼼짝할 수 없었던 정권에서 비탄소 에너지 대안을 포용하겠다는 정권으로 정치적 전환이 이뤄졌다.

가장 최근에 발간된 IPCC 보고서 세 권의 부피는 한 권이 뉴욕 전화번호부에 필적할 정도로 컸다. 그중 3분의 2는 과연 미래가 어떻게 전개될지에 할애되었다. 기후 변화의 결과, 영향, 완화, 적응 등의 장에서 인구, 정치, 경제, 미래 기술 등 온갖 내용이 검토되었다. 그러나 정책을 추진할 강제력이 없는 IPCC는 다양한 시나리오를 놓고 전망을 논할 뿐이다.

시나리오는 참으로 변화무쌍하다. 한쪽 극단에는 인구의 고도성장, 탄소 에너지에 대한 의존, 부실한 국제 통합을 바탕으로 하는 21세기가 그려져 있다. 이 쓸쓸한 시나리오는 '현상 유지'라고 불리는데, 늘어나는 온실가스 배출, 금세기 말이면 산업사회 이전과 비교해 세 배에 달할 이산화탄소 수준, 심각한 기후 변화의 결과 등이 묘사되어 있다. 스탠퍼드 대학의 기후학자 스티븐 슈나이더는 이것을 '최악의 시나리오'라 부르기도 했다.[5]

다른 한쪽 끝은 인구 증가가 이번 세기 중반에 90억에서 멈추고, 다음 반세기 동안은 천천히 하강한다는 가정이다. 다양한 보호 수단, 새 에너지 기술, 비탄소 에너지원의 신속한 도입, 종합적이고 정보 중심적인 경제 사회가 이 시나리오에서 그려진다. 그 결과로 세기 중반에 온실가스 배출률이 낮아지며 그 후로는 하락하게 된다. 대기 중 이산화탄소 수준이 산업화 이전과 비교할 때 두 배 이하에서 멈추면, 별로 심각하지 않은 상황이 전개될 것이다. 그 밖에 다른 몇 개의 시나리오가 인구, 경제, 기술 요소를 변주해 가며 양극단 사이에 놓여 있다. IPCC는 어느 시나리오에도 방점을 두지 않은 채, 그저 미래는 21세기가 결정할 뿐이란 미온적 태도를 취하고 있다.

미래 기후 모형

배출량 시나리오가 나오면 기후학자들은 컴퓨터 시뮬레이션을 실시해 온도, 얼음 분포, 해수면, 강수량 등 여러 기후 요소를 전망한다. 태양의 방사 에너지, 대기 중의 연무와 먼지의 양, 얼음과 식생의 현재 분포, 대기 · 대양 · 흙 · 암석 사이의 대규모 열 이동, 그리고 이 모든 것이 지구 생명체와 어떻게 상호 작용하는지가 수십만 줄에 달하는 컴퓨터 문장에 담긴다.

배출량 시나리오가 확정되면, 컴퓨터 전문가들이 구성했던 체계를 거쳐 미래 기후의 시뮬레이션 결과가 산출된다. 기후 전망이란 기후학자들이 구성한 지구 기후 체계의 컴퓨터 모형이 산출한 추정치다. 세계의 많은 과학자가 여러 모형을 개발했으며, 그것들은 매우 복잡한 것부터 조금 덜 복잡한 것까지 다양하다. 각각의 모형은 그 개발자에게 최선의 선택이었을 것이다. 정확성을 가지지만 너무 복잡하지 않고, 난해할 수밖에 없는 방정식을 가급적 단순화시키고, 연산에 소요되는 시간을 줄이면서도 지역적 다양성을 유지하려는 노력이 깃들었을 것이다. 하지만 이런 다양한 판단 때문에 결국 여러 가지 전망이 제시될 수밖에 없었다.

100년 이상의 미래 기후를 예측하는 많은 모형 중 어느 것이 과연 가장 높은 정확성을 보여줄까? 물론 미래가 될 때까지 그 결과를 알 수는 없다. 전망 추정치가 언제나 범위로 표현되는 이유는 서로 다른 사회적 시나리오와 연계된 불확실성 때문만이 아니라, 다양한 기후 모형의 불확실성 때문이란 점도 염두에 두어야 한다. "이게 바로 미래의 상황이다"처럼 불확실성이나 확률 같은 유보 조건이 전혀 없는 짧고 결정적인 문장을 우리가 의심해야 하는 이유가 여기에 있다.

모형은 실제 세계를 불완전하게 대신하고, 예측은 불확실한 기반 위에서 결론을 도출할 수밖에 없기 때문에, 그 결과로 도출된 모든 전망은 세심한 검증을 거친 후에 평가되어야 한다. 지나치게 엄격한 컴퓨터 모형은 재앙의 전주곡이 될 수도 있다. 그렇게 대단하다던 재정 모형은 1998년에 불어 닥친 증권과 자본 시장의 부분적 붕괴를 예측하는 데 실패하더니, 급기야 2008년에는 황무지가 되어 추락했다. 두 번에 걸친 이 처참한 붕괴의 교훈은 대다수 은행이 대출금 운영 구조의 취약성에 눈을 감고 있었다는 점이다. 다시 말해서 낚싯밥에 걸린 은행, 위험을 회피하려던 펀드 담당자, 경제라는 살얼음판을 뛰어다녔던 크고 작은 투자자는 모든 대출금에 수반되기 마련인 위험을 과소평가한 경제 모형을 모른 척한 것이다. 결국 얼음판이 깨지면서 세계 경제는 최악의 구렁텅이로 빠져들었다.

위스콘신 대학의 저명한 통계학자 조지 박스는 "모든 모형은 틀리며, 그중 몇몇이 그저 조금 쓸 데가 있을 뿐이다"라고 솔직하게 인정했다. 모형의 유용성을 찾기 위해서는 구조를 비판적으로 검토해야 하고, 그럴싸해 보이지만 한계가 분명하다는 것을 확실히 알고 있어야 한다. 경제 재정 모형의 전문 설계자인 이마누엘 더먼과 폴 윌모트는 어떤 모형이든 그 앞에서는 "모형이 무시한 것은 무엇인가, 어떤 오류가 발생하게 될까"를 꼭 물어야 한다고 경고했다.[6]

경제 모형에 관한 이런 단서 조항은 환경과 기후 모형에도 당연히 적용되어야 한다. 듀크 대학의 해변지질학자 오린 필키는 상승하는 해수면 때문에 물러나는 해안선을 추정하는 컴퓨터 모형이 전혀 현실에 부합하지 않는다고 지적했다.[7] 나 역시 대지와 대기의 열교환을 처리하는 데 이용되는 기후 모형들에 상당한 제약이 있다고 생각한다. IPCC 보고서 위원회의 공저자이기도 한 미시간 대학의 조이스 페너는 대다수 지구 기후 모형이 기후 체계의 방사 과정에 영향을 미치는 연무질의 복잡한 효과를 제대로 반영하지 못한다는 의견을 내놓았다. 하지만 기후 모형을 무조건 부정하는 것은 아니다. 모형의 불완전성은 감수해야겠지만, 효용성과 필요성 또한 인정해야 하기 때문이다.

물론 여러 분야에서 컴퓨터 모형은 매우 실용적인 도구로 성공을 거두고 있다. 기상학자들은 컴퓨터 모형을 이용해 일주일 이상의 날씨뿐만 아니라 인구 밀집 지대로 다가오는 태풍의 예상 경로도 정확히 예보하고 있다. 지리학자들 역시 매우 정교한 수리 모형을 통해 오염된 지하수가 사방으로 뻗어가는 경로를 지표면에 그릴 수 있고, 석유기술자들도 컴퓨터 모형을 만들어 땅속 깊은 곳의 석유와 가스 자원을 시추하기 위한 최적 지점을 결정할 수 있다. 비축된 핵무기의 미래 신뢰도 결정에도 컴퓨터 모형이 기여하고 있다.

컴퓨터 모형은 미래 기후에 대한 시나리오를 계량적으로 탐색하는데 사용되는 유일한 도구다. 그렇다고 모형의 불완전성에 낙담하거나 결과를 둘러싼 불확실성을 심란하게만 생각할 필요는 없다. 과학자, 인구학자, 경제학자, 정책 결정자가 모든 것을 다 알지는 못하겠지만, 그렇다고 우리가 아무것도 모른다는 뜻은 아니다. 우리는 각각의 전문 분야에서 상당한 지식을 갖고 있다. 불확실성을 솔직히 인정하는 적절한 겸손을 잊지 않으면서 모형의 취약점을 보강하기 위해 계속 점검한다면, 기후 모형은 매우 유용한 도구가 될 것이다.

불확실하다고 손 놓고 있는가

회의론자와 정치가는 중요한 정책 결정의 책임을 회피하기 위한 변명으로 현재의 불확실성을 이용한다는 얘기를 자주 듣는다. 우리는 불확실성이 현상 유지의 묵계, 또는 그럴듯한 변명의 수단이 될 수 있다는 점을 간과해서는 안 된다. 기회만 되면 '현상 유지'를 외치며 무사안일 정책을 들고 나오는 것은 정치가의 상투적인 태도이기도 하다. 지켜보고 있다고 불확실성이 사라지는 것은 아니다. 특히 사회적 불확실성의 홍수 앞에서 주저앉아 기다리는 것은 결코 대안이 될 수 없다.

앞으로 50년 후 인구가 어떻게 될지는 아무도 모르고, 어떤 기술적 혁신이 일어날지도 확실히 알 수 없다. 미래의 연구에서는 기후 체계가 어떻게 작동하는지를 더 잘 알 수 있을까? 기후 변화를 추정하기 위해 연산할 때 더 적은 유보 조항으로 작동되는 크고 빠른 컴퓨터가 생길까? 물론 시간이 지나면 얼마쯤은 개선될 것이다. 하지만 기다린 대가를 보장해 줄 수 있을 만큼 대단히 진보된 추정 모형이 등장할 것 같지는 않다. 또 정책 결정의 범위를 좁혀줄 개선된 기후 모형이 이미 정책 결정의 기회가 사라진 뒤에 등장한다면, 과연 무슨 도움이 되겠는가? 어떻게 기후 변화를 완화시키고 적응할지에 대한 중대한 결정은 미래에 관한 불확실성 앞에서 이루어질 수밖에 없다.

2003년에 나는 《불확실한 과학, 불확실한 세계Uncertain Science Uncertain World》라는 책에서 불확실성이 어떻게 과학에 침투해 자극이 되는지, 더 나아가 대중의 일상에 어떻게 미묘한 영향을 끼치는지를 논의한 적이 있다.[8] 불확실성은 항상 우리와 함께 있으면서 조정해야 하는 필수 요소다. 랜드 연구소의 로버트 렘퍼트와 동료들은 《앞으로 100년을 그린다: 장기 정책 계량 분석의 새 방법Shaping the Next One Hundred Years: New Methods for Quantitative Long-Term Policy Analysis》[9]이란 책에서 심오한 불확실성 앞에서 어떻게 하면 확고한 장기 정책을 세울 수 있는지에 대해 얘기했다. 그들은 '앞으로 미래는 어떻게 될 것인가?'라는 질문을 '장기적 이익과 부합하려면 현재 어떻게 행동해야 하는가?'로 바꾸어 해답을 찾았다. 즉, 불확실성에 직면한 의사 결정자가 온갖 질문에 대답하지 않고도 확실한 정책을 수립하는 데 도움을 줄 만한 실질적인 지침을 제시한 것이다.

렘퍼트와 동료들은 미래는 매우 불확실하기 때문에 수많은 돌발 요소가 잠복해 있는 상태에서 너무 정밀히 예측하려 할 필요가 없다고 주장한다. 윈스턴 처칠도 "너무 멀리 앞을 내다보려는 것은 실수하는 짓이다. 운명의 고리는 한 번에 한 개씩만 잡을 수 있다"라고 주장한 바 있다.

미래에 대한 폭넓은 시나리오를 탐색한 다음, 다양한 시나리오 속에서 최선을 다할 수 있는 전략을 추구해야 한다. 정책이 끼치는 영향과 적용되면서 변하는 조건을 꼭 점검하고, 진행 중에도 필요하다면 수정을 두려워하지 말아야 한다. 복잡계에 대해 잘 알고 싶으면 복잡계의 작동을 유심히 관찰하는 것이 최선이다. 기대했던 방향에서 벗어나고 있다면, 우리가 원했던 방향으로 궤도를 수정하는 것을 미뤄서는 안 된다. 이러한 유연성은 '능동적 적응형 관리'라 불리는데, 기후 변화에 처한 지구에도 유용할 것이다.

남은 시간이 거의 없다

2009년 대기 중 이산화탄소 농도는 390ppm에 달했고 해마다 2~3ppm씩 증가하고 있다. 온실가스 증가로 촉발된 고온의 영향을 분석한 IPCC 보고서의 예측에 따르면 담수, 생태계 교란, 식량 생산, 해안 침식, 공중 보건 같은 심각한 문제는 지금도 골칫거리이긴 하지만, 대기 중 이산화탄소 농도가 450ppm에 달하면 극에 달할 것이다. 현재의 배출률이 어느 정도인지 알아보는 데는 고등 수학의 힘을 빌릴 필요도 없다. '현상 유지' 시나리오대로만 가도 이산화탄소는 금세기 중반이 되기 전에 매우 높은 수준에 달하게 될 것이다. 최선이 무엇인지 논란 중인 지금 이 시각에도 시계는 가고 있다.

최악의 기후 변화와 얼음 손실을 역전시키기 위해서는 지금 바로 중대한 결정을 내려야 한다. 앞서 얘기했던 온실가스 감축안은 수십 년 내에 반드시 실행되어야 한다. 대기 중 이산화탄소의 존속기가 짧지 않기 때문에 수십 년의 지체가 수백 년까지 영향을 미칠 것이다. 미국이 '현상 유지' 기후 정책으로 그동안 허송세월한 탓에 배출 가스 감축을 비롯한 새로운 에너지 기후 정책을 적용할 시간은 거의 사라졌다.

완화의 기회

불확실한 미래의 그림자는 심각한 결과를 가져올 위험이 크기 때문에 오히려 인간이 야기한 기후 변화를 급격히 감소시키는 동기가 될 수도 있다. 완화의 주요 목표는 인간이 유발한 온실가스를 감축해 상황을 역전시키는 것이다. 완화의 기제는 많다. 지금 당장 현존 기술을 활용할 수도 있고, 어떤 것들은 신기술의 개발과 미래를 기다려야 한다.

1. 에너지 절약과 효율

최우선은 교통, 생산, 가전제품, 건물 등에서 에너지 절약과 효율을 달성하는 것이다. 벤저민 프랭클린은 "한 푼을 아끼면 한 푼을 번 것이다"라고 말했다. 이 생각은 에너지 소비에도 적용할 수 있다. 1킬로와트시를 절약하면 한 시간 동안 1킬로와트를 발전할 필요가 없어지고, 기름 한 방울을 아끼면 운전사의 주머니에는 기름 값이 남게 된다. 결국 가장 값싼 에너지는 에너지를 사용하지 않는 것이다.

국립 로렌스리버모어 연구소에 따르면, 미국에서 생산되는 에너지의 절반 이상이 낭비되고 있다.[10] 송전되는 전기 에너지의 3분의 2는 가정에 도달해 불을 밝히기도 전에 사라진다. 승용차와 소형 트럭은 휘발유에 포함된 에너지의 70퍼센트 이상을 낭비하고 있고, 미국 자동차 회사들은 연료 효율을 개선하는 데 굼뜨기로 악평이 나 있다. 지난 반세기 동안 미국 시장에서 수입 자동차 점유율은 지속적으로 성장했고, 이제 시장의 절반을 수입차가 차지하고 있다.

미국산 자동차의 점유율 하락이 단지 연료 소비가 높다는 점 때문만은 아닐 것이다. 그러나 미국 자동차 회사가 연비 향상에 저항한 것이 몰락을 재촉했다는 주장에는 타당성이 있다. 현재 기술로도 충분히 자동차 연비를 두 배로 높일 수 있다. 강하면서도 가벼운 합성 재질을 사용해 무게까지 줄이면 연비를 세 배까지도 올릴 수 있을 것이다. 그러나 현재 대부분의 자동차는 운전자 몸무게를 포함해 1톤이 넘는 무거운 상태로 도로를 달리고 있다.

세상 사람들이 운행 거리를 지금보다 줄이면 연료 절약뿐만 아니라 배출 가스까지도 감소시킬 수 있다. 운행 감축은 부분적으로 고품질의 대중교통을 확대하면 가능하다. 안타깝게도 많은 도시가 자동차 운행을 대신할 수단에 열의를 보이지 않지만, 대안이 시행되면 수백만 명이 혜택을 볼 수 있을 것이다. 1976년에 개통된 워싱턴 지하철은 현재 미국에서 뉴욕 지하철 다음으로 바쁜 교통수단이다. 워싱턴 지하철과 댈러스나 미니애폴리스 경전철의 성공은, 이런 고속 교통 체계가 깨끗하고 믿을 만하며 운행 간격도 짧고 안전해 다른 도시 통근자에게도 매력적인 대안이 될 수 있다는 점을 보여준다. 뉴욕 지하철도 낡고 종종 부작용을 일으키기는 하지만 여전히 수백만 탑승자에게는 최고로 실용적인 선택이다.

직장과 거리가 먼 곳에 집을 짓는 현재의 경향을 돌릴 수 있다면, 연료비를 절감하고 나아가 배기가스까지 감소시킬 수 있을 것이다. 그런 역전이 어떻게 가능할까? 중심가의 기존 주택을 매력적으로 재건축해 적절한 가격으로 제공하는 방법이 있다. 생동하는 뉴욕의 지속적인 성공은 거저 생긴 것이 아니다. 뉴욕 시민들은 집 근처에서 식료품을 사고 학교와 직장에 다니게 되면서 대다수가 자가용을 갖지 않게 되었다.

미국 에너지 소비의 40퍼센트는 사람들이 사는 집이나 직장과 연관되어 있다. 건물 냉방이 효율적으로 절약된다면 에너지 소비는 대폭 감소할 것이다. 현재 판매 중인 다양한 가전 기기는 대부분 에너지 효율이 90퍼센트를 웃도는데, 이는 에너지 효율이 50퍼센트 내외인 구형 기기와 대조적이다. 이미 개발된 단열 기술을 본격적으로 이용해 가정과 사무실 안팎을 효율적으로 차단하기만 해도 그 효과는 대단할 것이다.

2. 탄소 없는 에너지

온실가스를 생산하지 않는 에너지 원천은 감축 문제만 나오면 언급되는 대안이다. 탄소에 기반을 둔 석탄, 석유, 천연가스 등 화석연료는 과거의 태양 에너지를 저장해 둔 것과 같다. 이들은 탄소를 함유한 고대 생물체로부터 추출되는데, 햇빛에 의해 에너지로 변화되고 수백만 년간 지하에 묻혀 있다가 등장했다. 그러므로 탄소 없는 에너지는 현존하는 태양열을 직접 활용하는 데서 찾아야 한다는 결론이 도출된다.

햇빛

태양열 방사는 그동안 거주 공간과 물을 데우는 데 쓰였으나, 이젠 산업 차원에서 대규모로 집열되어 발전기를 가동하는 증기를 생산할 수 있다. 또 태양열 방사는 발전 장비를 통해 직접 전기로 변환할 수 있는데, 태양 전지가 바로 그렇다. 이 전지는 수많은 소형 기기에 전기를 공급해 계산기, 휴대전화, 라디오, 배, 도로 표지판, 원격 장비 등에 사용되고 있다. 지붕 위에 설치된 태양 전지는 반나절이나 구름이 끼어도 가정용 전기의 상당량을 대체할 수 있다. 태양 전지의 효율 개선은 중요하면서도 전망이 좋은 연구 분야인데, 현재는 전기 변환 효율이 20퍼센트 정도라 개선의 여지가 많다.

바람

태양열은 평탄하게 입사하지 못하므로, 대기 중에 상이한 공기압이 생성된다. 대기는 고기압에서 저기압으로 공기를 밀어내는데, 이것이 바람이다. 바람이 강하고 지속적인 장소에는 전기를 생산할 수 있는 잠재력이 있다. 풍차와 수차는 둘 다 오래전부터 사용되었지만, 최근에는 대규모 풍차 단지를 마련해 풍력 터빈을 설치하는 쪽으로 연구가 진행되고 있다. 덴마크 전기 생산의 20퍼센트, 미국 전기 생산의 2퍼센트가 풍력발전이다. 기술이 빠르게 발전하고 비용도 감소하면서 바람은 탄소 기반 에너지와 가격 경쟁을 하게 되었다.

수력

대형 댐을 이용한 수력발전은 수차를 돌려 사용했던 수력이 현대화된 것으로, 오늘날 세계 발전량의 20퍼센트를 차지하지만 발전 가능성은 제한적이다. 발전을 위한 최적의 장소가 이미 바닥났기 때문이다. 몇몇 지역에서는 대양의 조력을 이용해 발전을 하고 있고, 강에서도 간만의 차를 이용하는 시험 시설이 가동되고 있다. 일부 해안에서는 파도의 상하 이동을 가지고도 발전이 가능해질 전망이다.

핵

2차 세계대전을 간단히 종식시켰던 원자폭탄을 보면서 세계는 핵분열의 가공할 에너지를 실감했다. 핵을 분열시키는 과정을 통제하면 안정적인 저속 분열 과정을 통해 증기를 만들어낼 수 있다. 핵에너지는 세계 전기의 14퍼센트를 차지하고 있다. 세계 최대의 핵 발전 설비 생산자인 미국의 경우 국가 전체 전기의 20퍼센트가 핵에서 발전된다. 프랑스 전체 발전량의 4분의 3이 핵 발전이지만, 전체 발전량은 미국보다 적다. 하지만 건설에 드는 고액의 비용, 원자로 냉각을 위해 필요한 다량의 물, 안전 확보, 수천 년 동안 고위험 물질로 남아 있을 폐기물의 안전한 저장 등은 핵 발전 확대에 걸림돌이 되고 있다.

지열

땅속으로 6미터만 내려가면 지표면과 달리 1년 내내 온도 변화가 없는 환경이 등장한다. 이 깊이의 온도는 지표면 평균 온도와 1년 내내 같다. 지하 온도는 겨울에는 지표보다 높고 여름에는 낮다. 이처럼 계절에 따라 거의 변동이 없는 지하의 특성을 이용하는 것이 지열을 통한 냉난방 체계의 토대다. 겨울철에는 따뜻한 대지의 열이 집을 데우고, 여름에는 더운 열이 집에서 나가 흙으로 빠진다. 이 체계는 양끝이 막힌 파이프 다발에 물을 넣어 땅에 매립하고 주변 흙의 열을 순환시키는 양 방향 열펌프로 이루어져 있다.

또 다른 지열 에너지는 지표 아래에 있는 화산 마그마 근처의 뜨거운 암석에 포함된 열을 이용하는 것이다. 이것으로 물을 데우고 증기를 생산해 건물 난방과 발전에 이용할 수 있다. 샌프란시스코에서 120킬로미터 떨어진 간헐천 지역에서는 금문교 북부의 해변까지 전기를 상당량 공급하고 있으며, 아이슬란드는 모든 가옥과 건물 난방에 지열을 이용하고 있다. 마그마가 가까이 없더라도 바위의 온도는 지하로 내려갈수록 상승하며, 따뜻한 바위는 물을 데우는 열원이 될 수 있다.

생물 자원

인간은 수천 년 동안 열과 빛을 내기 위해 나무를 태웠고, 최근에는 기계를 사용하려고 증기를 만들었다. 하지만 연소시켜 에너지를 만드는 것은 나무가 아닌 다른 많은 식물로도 가능하다. 생물 자원이 온실가스 감축 가능성을 제공한다는 생각은 이상해 보일 수도 있는데, 모든 식물이 석탄을 포함한 고대 식물처럼 탄소를 함유한 성분으로 구성되어 있다는 선입견 때문일 것이다. 그러나 생물 자원에서 생산되는 에너지는 기본적으로 배출 가스를 감소시킨다. 나무나 식물은 자라면서 이산화탄소를 흡수하고 나중에 연료로 쓰이면서 가스를 돌려보내므로,

이 과정에서 대기 중 이산화탄소가 증가하지는 않는다. 이와는 대조적으로 오래전에 형성된 석탄을 태우는 것은 이산화탄소를 증가시킨다.

각각의 생물 자원에 따라 포함된 에너지의 양이 다르기 때문에 에너지 추출 효율이 동일할 수는 없다. 옥수수에서 추출한 에탄올은, 옥수수를 재배해 연료를 생산하는 데 필요한 모든 에너지를 감안하면 본전 장사다. 옥수수로 에탄올을 생산하는 데는 또 다른 문제도 있다. 주요 작물을 생산하던 경작지가 옥수수 밭으로 변경되면서 수천만 기아 인구가 위협을 받는다는 것이다. 다행인 것은 옥수수와 달리 비식량 식물 자원인 내한성 잡초나 물에서 자라는 녹조류가 연료원으로서 가능성을 갖고 있다는 사실이다.

3. 탄소 포획

지구에는 엄청난 양의 석탄이 존재하므로 이산화탄소가 대기로 배출되는 것은 막으면서 이런 대량 자원을 이용할 수는 없을까 하는 의문을 가질 수 있을 것이다. 이산화탄소를 포획해 어디 안전한 장소에 가두면 되지 않을까? 탄소를 포획해 안전하게 저장하는 것은 이른바 '청정 석탄'이라 불리는 꿈의 사업이기도 하다.

탄소의 저장이나 분리에는 생물학적 저장과 지질학적 저장이 있다. 식물은 자라면서 탄소를 저장한다. 수십 년에서 수백 년을 살고 있는 내한성 삼림은 실제로 상당한 탄소 저장고이기도 하다. 대기 중 이산화탄소 증가의 약 20퍼센트는 전 세계적인 삼림 벌채 때문이다. 따라서 벌채를 줄인다면 온실 가스도 상당 부분 안정될 것이다.

탄소를 직접 흙에 저장하면 흙과 대기 모두에 부수적인 혜택이 돌아간다. 지중 처분Geologic sequestration이란, 펌프를 이용해 매우 작은 구멍이 산재한 지하 암반으로 이산화탄소를 밀어 넣어 온실가스를 대량으로 저장하는 방법이다. 이미 천연가스 회사들은 시장의 계절적 변동에 대응하기 위해 이런 방식으로 지하에 가스를 저장해 왔다. 여름에 생산된 가스를 지하에 저장해 겨울 성수기에 대비하는 것이다. 이런 방법은 그동안 안정성이 입증되었고, 천연가스는 실제로 수백만 년 동안 그렇게 묻혀 있었다. 북해를 비롯한 미국과 캐나다의 몇몇 암반 지역에서 대용량 이산화탄소를 저장하기 위한 실험이 진행 중이다. 대양도 저장소로 대두되고 있다. 심해의 고압 환경에서 이산화탄소를 액화시키면 바닷물보다 밀도가 높아져 확산이 불가능해지기 때문이다. 장기 안정성과 바닷속의 화학 상황 변화는 아직 과제로 남아 있다.

그러나 이산화탄소를 저장하려면 먼저 이산화탄소를 포집해야 한다. 최초 발생 지점인 공장 굴뚝, 또는 축적된 대기에서 이산화탄소를 포획하는 기술은 아직도 걸음마 단계에 머물고 있다. 2003년부터 기업과 정부의 공동 기획으로 미국에서 추진되었던 청정 석탄을 이용한 '발전, 가스 포획, 저장 가능성 시범 사업'은 2008년 비용 과다를 이유로 정부 측이 철수함으로써 표류 상태에 있다. 탄소를 포획하기 위한 다양한 기술을 실험하는 소규모 기획은 증가하고 있지만, 대규모 개발과 배치에는 아직 어려움이 산재해 있다.

4. 인구 성장 둔화

20세기 들어 인구가 급격하게 성장하고 모두가 에너지 소비를 늘리면서, 인류는 결국 지구를 변화시킨 가장 큰 요인이 되고 말았다. 에너지 소비를 줄이려면 인구 성장을 둔화시켜야 한다. 지구에 인류의 족적을 남기는 데 가장 큰 몫을 하는 것이 인구라는 사실은 앞에서도 수없이 얘기했다. 하지만 인구 문제는 기후 변화 국제회의에서 의제로 논의된 적이 없다. 인구 기획을 논의도 못하게 하는 정치적 · 종교적 압력 때문이다.

다양한 감축 전략이 앞으로 2~3세기 안에 온실가스 배출을 충분히 제어할 수 있을까? 모든 감축 전략에는 강점과 약점, 지지자와 반대자가 있기 마련이다. 자동차 연비를 높이자는 주장이나 핵폐기물을 어디에 저장할 것인가와 같은 오래된 논제는 그나마 방향이라도 잡혀 있다. 그러나 기후 변화에 시급히 대응해야 한다는 주제는 정치적인 밀고 당기기로 때를 놓칠 지경이 되었다.

어떤 감축 전략이 최상의 선택이냐는 물음은 초점을 흐리는 것이다. 우리에게는 모든 것이 필요하기 때문이다. 기후 변화가 초래할 가혹한 결과를 정말로 피하고 싶다면, 마구간에 있는 말을 모두 끌어내어 전력으로 질주시켜야 할 것이다. 2008년에 시작된 세계 경제의 심각한 불안정이 기후 변화를 향한 대책을 회피하는 구실로 작용한다면, 곧 비극의 역사가 시작될 것이다. 우리에게는 더 이상 허투루 쓸 시간이 남아 있지 않기 때문이다.

가속

미래는 항상 불확실성을 품고 있기 때문에 현재의 세계가 어떻게 움직이는지를 주시하면서 예측 모형과 실제가 부합하는지, 암묵적으로 가정했던 전제는 계속 유효한지를 끊임없이 평가해야 한다. 여기서 아주 간단한 변수 모형으로, X는 안정적인 변수로 미래를 향해 증가하고, 누적된 X가 시간 축에 정비례해 변하는 상황을 가정해 보자. 기술적으로 이런 구조는 외삽법 모형extrapolation(현재 증가율을 그대로 적용해 아직 자료가 없는 미래를 추정하는 방식-옮긴이)이라 불리는데, X의 변화가 시간에 따라 증가하는 경우엔 위로 올라가며, 감소할 경우엔 아래로 내려가는 직선 그래프로 나타난다.

X에 변화를 주는 요인이 계속 같은 비율로 변하면 어떤 결과가 될까? 물론 이렇듯 일차적인 관계의 지속이 자연 법칙이 될 수는 없다. 작은 나뭇가지에 아이가 올라타면 조금 구부러지고, 아이의 친구가 올라타면 그보다 조금 더 구부러지겠지만, 어느 선을 넘어서면 더 이상 구부러지지 않고 딱 부러질 것이다. 아무리 완만한 증가일지라도 어느 한계를 넘어서면 급격하고 엄청난 변화가 일어날 수밖에 없다.

과학자들은 어떤 일의 경과를 변화율의 속도를 높이거나 낮춰가며 관찰한다. 때로 이런 변화량은 해당 체계가 더 이상 예전처럼 반응하지 않는다는 점을 시사하는데, 곧이어 급격하고 극적인 변화가 임박했음을 예고하기도 한다. 우리가 대기와 대양의 온난화, 그리고 얼음의 손실이 증가하고 있다는 사실을 심각한 경고로 받아들이는 것도 마찬가지다. 해마다 관찰되는 지구의 중요 지표는 변화의 가속을 증명한다. 지난 50년 동안 지구는 150년 평균보다 2.8배나 더 높은 온난화율을 보였고, 지난 25년 동안에는 네 배까지 그 수치가 격증했다.

20세기를 지나며 미국의 에너지 사용량에는 가속도가 붙었다. 1960년 일인당 에너지 소비는 세기 초에 비해 네 배로 증가했고, 세기 말에는 일곱 배가 되었다. 일인당 통계치는 한 세기 동안의 인구 증가율이 감안된 것이므로 에너지 소비의 가속도는 모두 생활 방식의 변화 때문이었다. 더 큰 차로 더 먼 거리를 이동하며, 장거리를 이동한 음식을 더 많이 소비하고, 더 큰 집에서 더 많은 전기 제품을 사용하게 된 것이다.

인구 증가에도 가속도가 붙었다. 10억 명에 이르는 데 1만 년 넘게 걸렸지만, 20억 명에는 130년, 30, 40, 50, 60억 명이 되는 데에는 각각 32, 15, 13, 12년이 걸렸다. 1980년에서 1990년 사이 세계 인구는 연평균 8000만 명이 증가해 인류 역사를 통틀어 최고의 증가율을 보였다. 그러나 감속 경향도 있었다. 연간 인구 증가율이 약간씩 감소하기 시작해 2004년에는 7500만 명 증가로 줄어들었다. 유엔에서는 이런 감소세가 지속되어 금세기 말이 되면 연간 3000만 명 정도까지 내려갈 것으로 추정하고 있다.[11]

대기 중 이산화탄소의 증가는 인구와 에너지 소비의 증가를 반영한다. 지난 50년 동안 대기 중 이산화탄소 증가를 기록한 킬링의 자료 역시 증가율의 가속도를 알려주고 있다. 킬링이 처음 측정을 시작했을 때 증가율은 연간 1ppm 이하였으나, 오늘날에는 연간 2ppm 이상 증가해 반세기 만에 증가율이 두 배나 폭증했다. 해수면 상승에도 가속도가 붙었다. 1961년부터 2003년까지 53년 동안 해수면은 10센티미터 가까이 높아졌는데, 그중 3분의 1이 지난 10년 동안에 상승한 것이다. 해수면 상승은 대륙의 얼음 손실 및 심해의 온도 상승과 관계가 있다. 따라서 이 두 요소의 진행 속도가 최근에 더 빨라졌음을 의미한다.

북극해 얼음의 넓이와 두께는 점점 빠른 속도로 감소 중이다. 여름에 북극 얼음이 줄면, 더 많은 대양이 태양열 방사에 노출되면서 물이 따뜻해지고 결빙 시기가 늦춰진다. 새로 결빙된 얼음은 여름철에 깨지지 않고 유지되었던 얼음과 비교해 얇을 수밖에 없기 때문에, 돌아오는 여름에 훨씬 쉽게 깨진다. 이른 해빙과 늦은 결빙으로 대양은 햇빛에 더 오랫동안 노출되면서 데워진다. 이런 온도 상승이 심해까지 이르면서 물은 열팽창으로 부피가 커지고 자연스레 해수면이 높아진다.

그린란드, 남극대륙, 남극 서부의 빙하가 빠르게 바다로 흘러내리고 있다. 대륙에서 얼음이 갈라져 나가는 것을 막았던 빙붕은 지난 10년 동안 급격히 분해되었고, 땅 위에 있던 얼음이 바다로 흘러들면서 해수면을 상승시킨 것이다. 바다로 흘러드는 얼음의 증가에 지질학자들은 경악했고[12] IPCC는 2007년의 미래 해수면 추정치에 빙하의 급격한 변화 가능성이 고려되지 않았다고 경고했다. 즉, 21세기의 해수면 상승이 1미터를 넘지 않으리란 2007년 보고서는 바다로 흘러드는 육지 얼음에 가속도가 붙을 것을 고려하지 않았으며, 이미 발표된 수치는 최저 추정치일 뿐 이를 초과할 수 있으리란 주의보였다.

IPCC 보고서가 발표된 지 몇 년밖에 지나지 않았지만, 자료는 이미 현실과 동떨어진 상황이 되었다. 미국 기후 변화 과학 기획은 21세기 해수면 변화에 관한 2009년 특별 보고서에서, 1990년 이후 세계적인 얼음 상실률은 1961~1990년의 두 배를 초과했다고 지적했다.[13] 바다로 흘러드는 얼음이 최근 10년 동안의 속도로 증가한다면, 그것만으로도 해수면이 1미터는 충분히 상승할 것이다. 따라서 계속 따뜻해지는 바닷물의 열팽창이 초래하는 해수면 상승에 새로운 얼음이 유입되는 양만큼의 상승 요소를 추가해야 한다. 이 두 가지를 감안할 때 금세기에 해수면은 2미터가 상승하며, 이는 20세기 상승분 0.3미터와 큰 차이를 보인다. 인류의 미래에 이렇게 암울한 소식이 또 있을까?

어느 날 갑자기 찾아올 극적인 전환

2008년 국제 금융 체계가 붕괴하는 바람에 세계는 경악할 수밖에 없었다. 그러나 이제는 인간이 주도하는 지구 기후 체계가 이에 버금가는 상황에 처했다. 가속도가 붙은 기후 체계가 전환점에 다가서고 있다는 전조는 현재 어둠 속에 숨어 있다.

극적인 전환점이란 한 체계가 전혀 다른 양상으로 아무도 느끼지 못하는 상태에서 갑자기 변하는 때를 일컫는다. 주택을 담보로 대출을 받은 경우도 이와 유사하다. 매월 같은 월부금을 내면 이자와 원금이 함께 갚아지지만, 월부금 상환액에는 급격한 전환점이 잠재해 있다. 대출 초기에는 월부금의 대부분이 주로 이자 상환에 충당되기 때문에 원금은 느리게 감소한다. 30년 장기 주택 담보 대출의 경우, 갚기 시작한 지 10년이 경과해도 원금은 겨우 10퍼센트만 줄어든다. 원금은 거의 줄지 않고 그냥 이자만 갚고 있는 셈이다. 21년이 지나면 상환액 구성은 절반이 이자, 절반은 원금으로 양분되는데 바로 이때가 대출금 상환의 전환점이다. 이 전환점을 지나면서부터는 원금 감소에 가속도가 붙어 원금이 급격히 줄어든다. 대개는 느끼지 못하고 지나치지만, 마지막에 또 다른 전환점이 기다린다. 전혀 새로운 국면, 즉 갚을 빚이 없어지며 월부금도 사라지는 상태로 전환되는 것이다.

기후 체계에도 극적인 전환점이 몇 개 존재한다. 대양과 대기 순환의 재조정, 영구동토대와 얕은 바다 밑의 얼음에 갇힌 온실가스의 급속한 방출, 갑작스러운 해수면 변화 등이 바로 그것이다. 이 모든 가능성은 지구의 얼음과 연계되어 있다.

기후가 전환점을 넘어서는 데 얼음은 어떤 기능을 할까? 지표면의 평균 온도는 지표에서 흡수되는 태양 에너지의 양에 직접적으로 의존한다. 하지만 태양 방사량 전부가 지구에 흡수되는 것은 아니고, 일정량은 우주로 반사되어 돌아간다. 눈과 얼음은 둘 다 반사율이 매우 높은 물질로, 지구의 일부만 덮고 있어도 지표면 평균 온도의 주요 결정요소가 된다. 지구 바깥으로 태양 에너지를 더 많이 반사할수록 지구를 데울 에너지의 양이 줄어드는데, 현재 지구가 반사시켜 우주로 돌려보내는 양은 태양 방사량의 30퍼센트 정도다.

눈과 얼음의 양이 시간에 따라 변하면서 반사와 흡수되는 태양 에너지의 균형도 변하게 된다. 지구에 얼음이 증가하면 더 많은 태양 에너지가 우주로 반사되고 흡수량이 줄어들어 지표면 온도는 하강한다. 얼음이 많아질수록 지구는 냉각되고, 지구가 냉각되면 얼음이 증가한다. 양성 피드백positive feedback이라 불리는 이 상호 작용은 기후 변화를 더욱 가속시킬 것이다. 지표를 덮고 있는 얼음이 줄어들면 이와 유사한 피드백이 반대 방향으로 작동한다. 얼음이 사라지면 지표면이 점점 검어지고, 반사율이 줄면 더 많은 태양 에너지가 흡수되어 지표가 더 따뜻해지며, 전보다 얼음이 더 잘 녹게 되어 온난화에 가속이 붙는 것이다.

얼음과 기후의 피드백은 어떻게 기후 체계에 극적인 전환점을 몰고 올까? 북극해에서 바다 얼음이 손실되면서 여름철 북극에서는 더 많은 태양 에너지가 흡수되어 북극해를 데우고 있다. 대서양 해류의 기본적인 순환은, 바다 표면에 머물며 열대에서 북쪽으로 이동하는 따뜻한 멕시코 만류와, 바다 아래쪽으로 가라앉으며 만류가 들어올 공간을 만드는 밀도 높은 북극해에 의존하고 있다. 그러나 여름철 북극해가 더 따뜻해지면, 멕시코 만류를 위해 공간을 만들어주던 북극해의 해류가 이전처럼 잘 가라앉지 못하게 된다. 대서양 남쪽에서 북쪽으로 올라가는 멕시코 만류가 들어갈 바닷속 공간이 사라지면서 난류의 이동이 막히는 것이다. 그 결과 혹독한 추위가 지속적으로 서부 유럽을 덮게 될 것이다.

북극해의 온난화가 서부 유럽에 혹한을 몰고 온다는 결론은 직관에 반하는 것처럼 보이지만, 유럽이 캐나다 중부나 중앙아시아처럼 매우 추운 기후대와 거의 같은 위도란 사실을 상기할 필요가 있다. 그동안 유럽이 따뜻했던 것은 멕시코 만류가 품고 온 열 덕분이었다. 하지만 멕시코 만류가 느려지거나 아예 이동하지 않게 되면, 서부 유럽은 냉장고 속으로 들어가고 말 것이다. 1만 2700년 전 소빙하기에 이 난류가 방해를 받았을 때 유럽의 온도가 5도 이상 하강했다는 사실을 기억해야 한다. 고위도 북극해의 바닷물에서 시작된 국지적 현상이 전체 대서양과 유럽 기후의 순환에도 영향을 끼치는 것이다.

대서양 해류의 변화와 유사한 현상이 북극 지역의 영구동토대에서도 일어날 수 있다. 캐나다, 알래스카, 시베리아의 드넓은 영구동토대에서는 이미 변화가 시작되었다. 영구동토대가 해빙되면 캐나다 서부의 매켄지 강, 북부 아시아에서 흘러나오는 레나 강, 예니세이 강, 오비 강을 통해 북극해에 더 많은 담수가 흘러들 것이다. 담수는 바닷물보다 부력이 커서 위쪽에 있게 되는데, 온난화로 이미 전보다 더 많은 부력이 생긴 북극해에 추가로 들어온 담수가 더해져, 북극해 해류의 부력은 훨씬 더 증가할 것이다(물체에 대한 부력이 아니라 소금물 자체의 부력을 말하는 것이다. 바닷물은 염도가 높을수록 무거워져 낮은 염도의 물보다 아래쪽으로 가라앉는다-옮긴이). 온난화와 담수화가 북극해의 물이 바다 아래쪽으로 가라앉는 것을 방해해, 결국 멕시코 만류의 흐름을 느리게 만들 것이다.

이런 대양의 순환이 변할 가능성은 어느 정도일까? IPCC는 모의 실험 모형을 통해 금세기 말에 해류 속도가 25퍼센트 정도 느려진다는 결론을 얻었지만, 완전한 붕괴는 나타나지 않았다. 고위도 지방을 향한 대양의 열 이동이 느려지더라도 온실가스가 불러온 대기 온난화가 이를 보상해, 유럽의 혹한은 상당 기간 유보될 듯하다.

영구동토대의 해빙은 기후 체계에 또 다른 영향을 미치는데, 온실가스 중 하나인 메탄가스가 대량으로 대기에 방출되기 때문이다. 온실가스의 영향력이 강화되면 온난화에 가속도가 붙으면서 영구동토대가 지속적으로 감소하고, 더 많은 메탄가스 방출로 이어져 온실의 온도는 더욱 올라갈 것이다.

한편 메탄은 대양의 얕은 바닥에도 침전된 얼음 형태로 광범위하게 존재한다. 바닷물이 데워져 얼음이 녹기 시작하면, 메탄은 곧바로 거품이 되어 표면으로 올라온 다음에 강력한 온실가스 기능을 수행할 것이다. 바다 밑 저장고에 메탄이 포획되어 있다는 것은 오래된 정설로, 5500만 년 전에 꼭 한 번 안정성을 잃은 적이 있다는 기록이 있다.[14] 이때도 메탄은 산업화 시절부터 현재까지 대기에 방출된 양과 비슷할 정도로 강력한 온실가스 기능을 했다. 강화된 온실 때문에 지표면 온도는 5~8도 상승했으며, 이 무더위는 무려 10만 년 이상이나 지속되었다. 지질학자들이 '팔레오세-에오세 최고 온기PETM'라 부르는 이 시기에 지구는 얼음이 없었던 마지막 시절을 보냈었다.

가까운 장래에 메탄이 급작스럽게 방출될 가능성은 얼마나 될까? 북극해의 대륙붕과 시베리아의 영구동토에서도 거품 현상이 관찰되고 있다. 하지만 영구동토와 바다 밑의 물리적 과정은 매우 느리게 진행되기 때문에, 메탄이 급격히 방출될 것 같지는 않다. 바닷속 산사태로 메탄을 포획하고 있던 지층이 갑자기 불안정해지면서 메탄을 노출시킬 수는 있겠지만, 지질학적으로 이런 산사태는 좁은 지역에 국한되고 있다. 해저의 메탄이 방출되는 경우를 예상한 모의실험 대부분에서 해저의 바닥 온도를 몇 도씩 상승시켜 봤지만 메탄이 방출되지 않았고, 설사 방출된다 해도 수만 년 이상이 소요될 것으로 추정된다. 다행히 그 과정은 느리게 진행될 것이며 가속도도 붙지 않을 듯하다.

그린란드의 얼음은 얼마나 안정적일까? 미래의 해빙을 가정한 몇몇 컴퓨터 모의실험을 통해 그린란드의 빙상이 온도 임계점을 넘어서 회복되지 못할 상황을 가정해 봤다. 금세기 안에 도달할 것으로 보이는 임계점을 넘어서게 만들자, 해빙 작용이 관성에 따라 수백 년간 지속되면서 그린란드의 얼음이 완전히 사라질 수 있다는 결과가 도출되었다. 전환점을 넘어서면 그린란드 지표면에 얼음이 줄어 바위가 드러나고, 해수면이 상승해 해안선은 육지로 침입할 것이다. 이런 상황에서 인간이 제어할 수 있는 일은 아무것도 없다. 충돌이 확실한 해로를 가고 있다는 사실을 뒤늦게 알게 된 두 배의 선원이 그저 마주 보고만 있는 상황과 같다. 충돌을 피하기 위해 필사적으로 방향을 돌려보지만, 이미 변침이 가능한 지점을 지났기에 어쩔 수 없이 관성이 이끄는 대로 부딪치고 말 것이다.

이런 모의실험은 해빙이 그린란드 얼음 손실의 유일한 요인이라는 가정 위에 서 있다. 즉, 거대한 얼음이 바다로 통째로 흘러드는 현실을 간과하고 있는 것이다. 그린란드, 남극반도, 남극 서부에서 얼음 손실이 빨라진다는 관찰 결과는, 육지 얼음이 녹은 다음에 그 얼음물이 바다로 흘러들면 그제야 해수면이 상승한다는 기존 논리를 잠재우기에 충분했다. 우리는 덜 성숙된 빙하가 강설량으로 충당되는 속도보다 더 빨리 바다로 흘러드는 초기 상황을 보고 있으며, 이런 관측 자료는 해수면 상승을 가져올 또 다른 가속 단계가 임박했음을 시사한다. 최근의 빙하기 직전 따뜻했던 간빙기의 마지막 즈음인 12만 년 전에 존재한 산호초는 이런 불길한 전조를 알려주고 있다. 당시 산호초들은 50년 동안 무려 2미터가 넘는 해수면 상승을 겪었고, 이 상승은 얼음이 바다로 흘러들었기 때문이다.[15]

지표의 해빙이 증가하고 녹은 얼음이 바다로 운반되는 속도가 빨라지는 두 가지 현상이 그린란드에서 현재 진행 중이다. 북극에서 남극으로 시야를 돌리면, 남극반도를 제외한 남극은 북극보다 훨씬 추워 지표면의 얼음이 거의 녹지 않는다. 그런데 남극의 동서를 따라 자리 잡은 얼음의 대부분은 바다 밑바닥에 그냥 얹혀 있다 보니, 얼음 부피가 약간만 줄어도 얼음 밑으로 물이 차면서 바닥에서 떠올라 부유할 수밖에 없다. 그러면 그 큰 얼음의 안쪽에서 얼음이 녹기 시작하고 이내 가속도가 붙어 해수면 상승도 덩달아 빨라진다.

지질학자들은 땅 위에 있는 얼음의 기저에서 발생하는 일들이 땅을 따라 흘러내리는 빙하의 속도를 결정하는 데 중요하다는 것을 오래전부터 알고 있었지만, 바다 바닥에 얹혀 있는 얼음의 손실이 그 아래쪽으로 유입되는 바닷물에 얼마나 큰 영향을 받는지는 몰랐다. 따뜻한 공기가 얼음을 녹이는 것처럼 바닷물도 아래쪽에서 효과적인 침식을 일으킨다.

그린란드뿐만 아니라 남극에서도 얼음 손실에 가속도가 붙고 있다는 사실은 매우 심각하다. 두 지역 중 어느 한 지역만으로도 해수면 상승이 6미터까지 가능하며, 두 곳을 합치면 12미터로 3층 건물을 침수시킬 정도다. 바닷물이 불어나면 각국의 해안 도시에 물난리가 나는데, 뉴욕이 베네치아처럼 변할 수도 있다. 불과 12만 년 전 마지막 빙하기 바로 전에 닥친 따뜻한 시기에 그린란드는 얼음의 절반을 잃었고 해수면은 3~5미터가 상승했다. 플라이오세 중 따뜻한 시기였던 300만 년 전의 해수면은 지금보다 무려 30미터가 높았다. 지금보다 훨씬 작았지만 동작은 빨랐던 인류의 선조는 바닷가에서 높은 지대로 재빨리 이동했다. 그들에게 구조물이나 도시 같은 것이 있을 리 없었다.

하지만 지금 우리는 전혀 다른 세상에 살고 있다. 상하이, 뉴욕, 부에노스아이레스 같은 많은 대도시가 바다에 인접해 있고 수백만 명이 모여 산다. 수천 년에 걸쳐 해수면이 6~12미터 상승하게 된다면 인류가 적응할 수 있을지도 모르겠지만, 불과 100년 사이에 그렇게 된다면 일상생활은 거의 불가능해질 것이다. 하물며 몇십 년 만에 그렇게 된다면 더 말할 것도 없을 것이다.

어려움은 해안가에만 머물지 않는다. 상대적으로 고도가 높은 내륙 도시는 범람에서 조금 떨어져 있겠지만, 달려드는 바다를 피해 이주하는 이재민 수억 명과 이들이 몰고 올 사회적 압력까지 피할 수는 없을 것이다.

전략이 필요하다

지구가 보내는 수많은 신호를 읽으며 급격한 변화를 보고 임박한 전환점과 경악할 기후 변화의 가능성을 숙지하고 있지만, 범지구적 차원의 기후 변화 대응 전략만이 기후 변화가 가져올 최악의 결과를 극복할 수 있다는 현실과 동떨어진 희망을 가진 사람들이 있다. 과연 이들은 누구이며 그들의 전략은 무엇일까?

전직 미국 기후 변화 연구 기획의 책임자였고 저명한 과학자인 마이클 맥크라켄, 국립대기연구소의 선임 대기과학자인 톰 위글리, 캘리포니아 대학의 물리학자 그레고리 벤포드, 1995년 노벨 화학상 공동 수상자 파울 크뤼첸처럼 지구의 기후 변화를 우려하는 매우 명석한 사람들이 바로 이런 명단에 올라 있다. 노벨상을 수상했던 크뤼첸의 연구는 CFC가 남극 상공에 오존 구멍을 만드는 화학적 과정에 초점을 맞춘 것이었다. 인간이 지구를 변화시킨 주역으로 자리를 잡기까지 사용했던 방법과 지질학적 역사를 통해 인간이 민첩하게 취득했던 지배권을 서술할 때, 그는 '인간 중심'이란 개념을 사용했다. 이는 자못 중요한 발걸음처럼 보였다.

그럼 이들의 마음속에는 어떤 대규모 '기후 전략'이 있을까? 그들의 제안은 크게 두 가지로 요약할 수 있다. 첫째는 지구에 도달하는 햇빛을 차단하는 것이고, 둘째는 지구가 탄소를 저장하는 속도를 높이는 것이다. 그중 몇 개를 살펴보면, 지구의 반사 능력을 향상시키려고 작은 거울 수백만 개를 올려 보내거나, 바닷물을 대기권에 뿌려 구름을 두꺼운 막처럼 만들거나, 황산 연무질을 대기에 뿜어 화산 폭발 때처럼 햇빛을 막는 등 모두 햇빛을 차단하는 것을 목표로 했다.

앞으로 대기 오염을 막지 말고 더러운 공기와 스모그를 증가시켜 지표에 달하는 햇빛을 막아야 한다는 장난 같은 제안도 있었다. 기후 변화를 완화시키기 위해 태양광 차단막을 설치해야 한다는 데 비판론자들은 다음과 같이 지적했다. 이산화탄소가 환경에 초래하는 다른 악영향을 완화시키는 데 도움이 되지 않으며, 특히 산성도가 점증해 심각한 문제가 되고 있는 해양 생태계를 전혀 고려하지 않은 방법이라는 것이다.

탄소 저장 능력을 늘리기 위해 철분을 대규모로 바다에 살포하자는 것도 있었다. 이 방안의 핵심은 식물성 플랑크톤의 성장을 흉내 내는 것으로, 유기체를 성장시켜 대기 중 이산화탄소를 포획해 온실가스 효과를 감소시키고 지구를 식히겠다는 것이다. 철분을 살포하는 소규모 실험에서 식물성 플랑크톤의 성장은 관측되었지만, 탄소 포획의 양과 기간은 분명하지 않았다. 두 번째 안은 칼슘을 바다에 살포해 물에 용해되어 있는 이산화탄소와 반응시켜 석회석을 형성시켜 보자는 시도였다. 이 방안은 실질적으로 지구의 자연적인 온도조절기가 바다에 칼슘을 공급하면서 작동되는 것을 모방하는 꼴이 되어, 지질학적 기후 과정을 가속화하는 것과 같다. 석회석이 바닷속으로 침전되면, 석회석을 형성하느라 잃은 이산화탄소를 보충하기 위해 바다는 대기 중의 이산화탄소를 끌어들인다. 바로 이 과정에서 온실가스의 농도가 줄어 기후 변화를 늦출 수 있다는 논리였던 것이다.

하지만 이런 전략이 심각한 결과를 초래할 수 있다는 주장이 제기되었다. 병을 고치려다 더 심한 병을 얻는 꼴이 될 수도 있다는 이야기다. 참조할 사례가 거의 없는 상황에서 대규모 실험에 가까운 기후 전략을 실행에 옮기려면 세심한 주의가 필수적이다. 이 구상이 화석연료 소비로 인한 지구의 기후 변화를 완화시킬 수도 있을 것이다. 그러나 이미 일어난 문제 역시 부주의한 실험의 부작용이었다는 점을 기억해야 한다. 오랫동안 포획되어 있던 지하의 탄소를 태움으로써 발생한 이산화탄소가 대기와 대양에 떠돌게 만든 부주의한 실험 말이다.

결국 지구는 얼음을 잃어버릴 운명일까? 얼음 없는 세상이 도래하면, 미래 세대는 지금까지 수천 년 동안 햇빛을 본 일이 없었던 광활한 지역을 보게 될 것이다. 무거운 빙하 때문에 깊숙이 묻혀 있던 그린란드나 남극대륙 밑의 우중충한 바위지대가 솟아오르는 것도 보게 될 것이다. 동시에 플라이오세, 팔레오세, 백악기 또는 더 먼 과거 이래 물에 잠기지 않았던 저지대가 바다의 침입으로 물속에 잠기는 것도 볼 것이다. 이 세대는 수백만 기후 난민을 내륙으로 이주시켜야 하는 정치적 · 사회적 도전을 감내해야 할 것이다.

어떤 사람들은 기후 변화를 인간이 직면한 가장 큰 도전으로 보기도 한다. 인류, 더 나아가 지구 자체가 과연 살아남을 수 있을지 의문을 나타내기도 한다. 나는 지구 자체의 멸망을 우려하지는 않는다. 쏟아져 내리는 별똥, 소행성, 혜성의 충격과 오랜 세월에 걸친 수많은 도전에도 지구는 살아남았기 때문이다. 앞으로 수백만 년 후까지도 지금처럼 지구가 1년에 한 번씩 태양의 주위를 돌 거라는 사실을 의심하지 않는다. 행성으로서의 지구가 그렇게 허술할 리 없다. 지구에서 꽃피었던 엄청난 생물 다양성, 인간의 문명을 지탱해 주었던 바로 그 그물이 위험에 처해 있을 뿐이다.

거대한 지각판이 대륙을 움직이면, 바다가 변하고 산이 융기하며 새 생명의 기회가 생겨나고 기존의 몇몇 생명체는 위험에 노출된다. 거대한 지질 변화를 거치며 어떤 것은 번성하고 어떤 것은 사라진다. 60억 호모사피엔스는 머지않아 시험대에 오르게 될 것이다. 지질학자 돈 아이허는 지구 역사 전체를 1년 달력에 압축해서 비유했다.[16]

1월 말에 가장 오래된 바위가 형성.

2월 처음으로 바다에서 생물체가 출현.

3월 초 대륙들이 합쳐져서 부유.

10월 중순에 대부분 해양 생물이 진화하고, 석유가 생성되기 시작.

11월 말 지상 식물과 동물의 출현.

12월 초 나흘 동안 거대한 석탄 매장층이 형성되며 넓은 습지가 등장.

12월 중순 공룡이 지구의 지배자가 되었으나 로키 산맥이 융기된 직후 인 26일경 사라짐.

12월 31일 저녁 무렵 사람과 유사한 생물체 등장.

12월 31일 자정이 되기 1분 15초 전 오대호 지역과 북부 유럽을 덮고 있던 대륙 빙장이 퇴각하기 시작.

12월 31일 11:59:45에서 11:59:50의 5초 동안 로마 제국이 서구 사회를 지배. 자정이 되기 3초 전 콜럼버스가 신대륙에 도착. 우여곡절로 점철된 1년 동안의 여정이 자정까지 겨우 1초 남짓 남아 있음.

지구의 46억 년 역사를 1년으로 만들면 인간은 12월 31일 저녁 무렵에나 겨우 등장한다. 물론 이 짧은 역사 속에서 우리가 이룬 업적에 긍지를 가질 수도 있겠지만, 한편으로는 불편한 과오에도 눈을 돌려야 할 것이다. 60억 인구가 전 세계에서 창조해 나누어 가졌으며 우리가 성공이라 부르는 것이, 이제는 우리 모두에게 도전의 근간이 되고 있다.

인류에게 과연 미래를 향한 전망이 존재하는지, 기후 변화와 해수면 상승에 대한 대비책과 결정 권한이 있는지, 우리가 문명이라 부르는 사회 구조를 지탱할 선택권이 있는지, 어느 하나도 분명한 것은 없다.

먼 훗날에 등장한 지성적 생물은 인간이 지구에 존재했던 짧은 기간에 대해, 그믐날 무리한 망년회를 즐기려다 한밤중에 막을 내린 비극 정도로 취급하지 않을까? 숙취에서 덜 깬 상태로라도 새 시대에 진입하거나, 정신을 바짝 차려 지속 가능한 길을 찾아내고 미래를 능동적으로 결정할 수는 없을까? 이 모든 것은 바로 우리 자신에게 달려 있다.

미래로 가는 길

지구인은 과거의 다양한 도전 속에서 자신이 결정했던 선택의 결과에 직면했다. 신세계로 이주했던 미국인은 새 나라를 만들기 위해 영국과 결별했다. 그로부터 10여 년 후 프랑스는 군주제를 거부하고 미래를 향한 민주화의 길을 선택했다. 20세기에 들어 러시아는 봉건제를 마감하고 70여 년에 걸친 공산주의 실험을 시작했다. 오늘날 중국은 전혀 미래를 알 수 없는 새롭고 거대한 사회적 변화 속에 있다. 이 모든 변화는 불안정성이라는 씨앗이 오랫동안 축적된 결과였으나, 인간 또는 사회구조끼리의 도전이었을 뿐 인간과 자연의 대결은 결코 아니었다.

세상은 우리 사회가 만든 새로운 혼란인 세계 금융 위기에 빠졌고, 사람들은 아닌 밤중에 홍두깨처럼 놀라고 있다. 하지만 2008년에 갑자기 들이닥친 경제 위기 역시, 10여 년 전부터 붕괴를 향한 임계점을 넘어서고 있었는데도 우리가 눈치 채지 못했기 때문에 도래한 것이다. 재정 거품이 터질 지경에 임박했다는 몇몇 경제학자의 경고는 얼음 손실과 해수면 상승 위기에 대한 기후과학자들의 경고와 흡사하다. 재정 위기가 확산되면서 전 세계 재정 기반을 서서히 잠식해 가던 불안정하고 위험한 관행이 드러나기 시작했다. 이 위기로 재정 불안정의 원인을 반추하면서 더 나은 시각을 발전시킬 기회도 얻었고, 경제와 자연환경의 상호연계성을 유추할 가능성도 높아졌다.

2008년의 세계 경제 위기도 21세기의 주요 붕괴 사건으로 기록되겠지만, 지구의 얼음이 사라지는 것은 훨씬 더 중대한 붕괴로 기록될 것이다. 세계 재정 체계를 재건하는 데 소요된 비용이 엄청나 보이겠지만, 높은 해수면과 더운 기후에 적응하고 인류의 대이동과 이주민의 안정에 들어갈 비용과는 비교도 안 될 정도의 소액이다.

스탠퍼드 대학의 기후학자 스티븐 슈나이더는 우리가 기후 변화에 직면해 저지를 수 있는 두 가지 정책적 실수를 제시한다. 첫째는 위험 분석에서 'A형' 과오라 불리는 것이다. 이는 심각한 기후 변화의 위협에 대응하기 위해 많은 자원을 투입했으나, 기후 변화가 해가 아니라 오히려 득이었음이 밝혀지는 경우를 말한다. 둘째 'B형' 과오란, 수수방관하며 기다리다 기후 변화가 가져오는 사태의 적응과 완화에 엄청난 비용이 들어가는 경우다. 두 과오 모두 값비싼 대가를 치르지만 두 번째는 엄청난 생명과 재산 손실을 포함하므로, 첫 번째보다 훨씬 많은 비용이 드는 셈이며 사회 불안까지 초래하게 될 것이다.

'현상 유지' 옹호자들은 추이를 지켜보는 것이 최선의 대안이라고 주장한다. 기후 변화 대응에 반대하는 부류 중 상당수는 완화와 적응을 위한 대책이 필요하지 않으며, 그런 비용을 댈 이유가 없다는 주장을 고집한다. 물론 기후 변화의 결과가 이로운 것으로 드러나면 이들의 주장이 옳았다는 것이 판명될 것이다. 하지만 IPCC 보고서를 비롯한 최근의 자료는 유익한 결과가 나올 가능성이 매우 낮다는 데 힘을 싣고 있다. 즉각적이고 강력한 완화 및 적응 대책을 강조하는 사람들은 최악의 결과를 예상해 충분한 비용을 지출해야 하며, 기후 변화가 엄청난 영향을 몰고 오면서 반대 주장이 비과학적이었음이 밝혀질 거라고 예상한다.

미국 정부는 수년 동안 첫 번째 형태의 과오, 즉 쓸데없이 비용을 지불하면 어쩌나 하는 두려움에 휩싸여 있었다. 요즘에 들어서야 극단적이지 않은 기후 변화에도 경제적 · 사회적 비용이 막대할 것이며, 빠르고 적극적인 대처가 없다면 엄청난 결과가 닥칠 거라는 사실을 숙고하기 시작했다. 만약 우유부단한 상태가 계속되어 완화 대응책을 실행할 시기를 놓치면, 완화보다 적응으로 무게 중심이 기울면서 훨씬 많은 비용이 필요해질 것이다. 어떤 사람은 재정 위기와 기후 위기는 설상가상이라며, 이렇게 거대한 문제를 우리가 어떻게 동시에 처리할 수 있겠냐고 고개를 젓는다. 하지만 이런 태도는 환경을 개선하면 기업의 수익성이 낮아지고 일자리가 줄어들 거라며 뜬소문을 퍼뜨리던 반대론자와 다를 바 없는 것이다.

재정 위기와 기후 위기가 동시에 등장하면서, 경제와 환경을 개선하려면 인류와 자연계가 어떻게 상호 작용해야 할 것인지 밑바닥부터 생각할 기회가 찾아왔다. 경제와 환경의 세계화는 독립적인 것이 아니다. 일각에서는 이번 재정 위기가 오랫동안 소외되었던 자연, 산업, 교육, 건강, 그리고 재정의 하부 구조까지 재조정할 계기가 되리란 전망이 있다. 그러나 인간과 자연환경의 상호 작용에 대한 새로운 사고가 선행되지 않는다면 결국 모두 실패할 수밖에 없을 것이다.

많은 사람이 서로 다른 세 가지로 알고 있는 문제가 실은 하나에서 뻗어 나왔다고 앨 고어는 말한다. 세계 최대 채무국인 미국에서 시작된 재정 위험, 점증하는 해외 원유 의존성에 뿌리를 둔 안보 위험, 그리고 기후 변화 위험은 부적절한 각국의 에너지 정책 때문이다. 그러므로 이 문제를 분리해서 하나씩 처리하려 든다면 해결이 더딜 수밖에 없다. 반면, 한 문제로 처리한다면 더 빠르게 포괄적인 해결책에 접근할 수 있을 것이다. 결코 그냥 지나쳐서는 안 될 다차원적인 해결 기회가 우리 앞에 놓인 셈이다.

지금까지 미국 정부의 유일한 기후 정책은 '현상 유지'를 완고히 되뇌며 인류가 탄 지구호가 기후 변화라는 위험한 모래톱에 가까이 다가가도록 방치한 것이다. 하지만 아직 넓은 바다를 향해 키를 돌릴 기회가 있다.

오늘이라도 급히 키를 돌리면 금세기 중반쯤에는 재앙에서 멀어질 수도 있을 것이다. 인류 역사는 과거에도 급박한 위험을 극복했던 경험이 있다. 진주만 공격 직후 미국은 평화 시절의 경제를 세계 전쟁이라는 도전에 맞게 변환시켰다. 소비재의 미국 내 생산을 바로 중단했고, 몇 달 지나지 않아 비행기, 탱크, 지프, 선박 등을 엄청난 양으로 쏟아냈다. 전쟁에 개입한 지 2년 만인 1943년 말 미시간의 한 비행기 공장에서는 일본 전체에서 생산되는 양보다 더 많은 비행기가 제작되고 있었다. 이것은 사람들이 일단 상황의 심각성을 인식하기만 하면 급격히 초점을 전환해 도전을 극복할 수 있다는 확신을 심어준다.

그렇다면 오늘날 인류가 탄 방주의 키를 잡고 있는 사람은 과연 누구일까? 어쩌면 그것은 우리 모두일 수 있다. 60억 각자가 알게 모르게 지구를 데우는 행동을 저질렀지만, 우리 모두가 나서서 이 위험을 되돌릴 수도 있다. 물론 쉽지는 않다. 낡은 백열등을 에너지 효율이 높은 새 형광등으로 바꾸는 것보다 훨씬 많은 일이 기다리고 있기 때문이다. 우리를 지탱하는 기후 체계를 보존하길 바란다면 안락한 생활공간, 실내 에너지 소비와 절약, 교통수단과 여행 빈도의 선택, 나아가 아이는 몇 명이나 출산할지 등 다양한 개인적 결단을 놓고 가정과 직장에서 숙고해야 한다. 이런 것이야말로 우리가 개인, 소비자, 가족으로서 참여할 수 있는 과제다.

물론 이런 변화를 위해 모두 함께 취할 행동도 있다. 더 큰 영향력을 행사하기 위해 다른 사람들과 연대하여 목소리를 높여야 한다. 그런 면에서 선거철 투표함보다 더 큰 확성기는 없다. 정부를 이끌어갈 사람을 고르는 권리는 우리가 나아갈 방향을 새로 바꾸는 데 가장 중요한 도구가 된다. 발전된 전기가 집까지 오는 방법을 결정할 때 개개인의 목소리는 가녀리기만 하다. 하지만 정부를 통해 목소리를 모으면 어떻게 에너지를 생산하고 분배할지를 결정할 수 있다.

정부만이 석탄과 석유 산업이 오랫동안 누려오던 혜택을 없애고 자연 보존과 재생 가능한 에너지에 대한 투자를 높일 수 있다. 정부의 새로운 정책만이 온실가스 배출을 제한하고 자연을 보존하는 기업의 고용 기회를 늘릴 수 있다. 정부만이 생태계 재통합에 기여하도록 지역 개발과 교통 정책을 개편할 수 있으며, 생태계와 격리되어 생각 없이 일상을 살도록 조장하던 정책을 폐기할 수 있다.

정부는 기후 변화에 대처하는 데 필수적인 과학 연구와 과학 교육에 대한 지원을 결정하기도 한다. 국제 무역의 선결 조건으로 배출을 감소시켜야 하는 교역 정책을 포함해, 지구 문제의 국제 협력을 촉진하는 외교 정책을 만들 수도 있다. 정부가 여성의 교육 기회를 확충하지 않거나 인구 계획에 걸림돌이 되는 문화 및 종교적 금기에 관여하지 않는다면, 인구 증가를 제어하려는 시도는 진척이 없을 것이다.

하지만 대다수 정부와 기구는 변화를 기대할 만한 기관이 되지 못한다. 정부 기관은 안정을 유지하는 보안관에 머물며 기존 현상을 지키는 데 열심일 뿐이다. 바로 이것이 관성의 법칙이다. 하지만 정부와 기관의 관성이 개인의 관성에서 연원한다는 것을 잊지 말아야 한다. 각 개인이 새로운 방향을 찾아 나서지 않는다면, 기관은 지금 우리가 향하고 있는 방향, 즉 위험하고 역전 불가능한 기후 변화를 향해 달려갈 뿐이다. 학교, 대학, 종교 집회, 노동 현장, 공무원 사회, 투자 집단, 주주총회 등 공중의 주장을 합칠 수 있는 환경이라면 때와 장소를 가리지 말고 한목소리를 내야 한다. 모든 정부 관리에게 우리가 새로운 방향을 원한다는 것을 들려줘야 한다. 그런 산울림 없이는 아무것도 일어나지 않기 때문이다.

땅은 선조에게 물려받은 것이 아니라 우리 아이들에게서 빌려온 것이라는 인디언의 잠언이 있다. 얼음이 사라져 거대한 해변 도시 대부분이 바닷물에 파괴된 지구를 물려줄 것인가? 아니면 비록 기후 변화를 촉발했지만 책임을 통감해 비운에서 지구를 구제한 선조가 될 것인가?

기후 변화는 세대와 세대의 문제로 몇 세기 차원의 시간이 개입된다. 그런데도 많은 이들은 급격히 다가오는 심각한 결과는 말할 것도 없고 그런 문제가 있다는 것조차 알지 못한다. 피할 수 없는 결과로 몰고 가는 기후 변화의 결정적 상황이 다가오고 있다는 사실을 모르는 것이다. 그런 상황은 지금 당장 완화 조치를 하지 않으면 결코 되돌릴 수 없는 더욱 심각한 변화를 품고 있다. 직업과 종교를 불문하고 모든 사람은 자기 집 문지방에 바닷물이 출렁대기 전에 이 경고를 들어야 한다.

우리에겐 지속 가능성이란 새로운 바다로 나갈 항해 지도가 필요하다. 미국은 직접적이고 선도적인 지도력을 통해 세계 각국에 확실한 나침반을 제시해야 한다. 기후 변화 문제에 미국 혼자서 해답을 내놓을 수 없는 것도 사실이지만, 미국의 헌신적인 개입 없이는 효과적인 대안을 찾을 수 없는 것도 사실이다. 미국은 망설이지 말고 단호하고 확실하게 답해야 한다. 비관론자는 '모든 기회를 난관'으로 보지만, 낙관론자는 '모든 어려움을 기회'로 본다고 처칠은 말했다. 우리의 미래 여행이 폭풍우 치는 바다와 마주치더라도, 일찍이 마젤란과 콜럼버스가 그랬듯 무한한 기회의 바다를 헤쳐 나가고 있다는 사실만은 잊지 말아야 할 것이다. 우리 모두는 처칠 같은 낙관론으로 기회를 맞이해 눈앞에 놓인 어려움을 개척하는 실용적인 현실주의자가 되어야 할 것이다. 지금 단 한 번의 기회가 우리 앞에 와 있다. 이 기회를 놓치지 말자.

| 감사의 말 |

먼저 서문을 써준 앨 고어에게 감사한다. 우리는 정치나 사회가 아닌 기후과학에 대한 관심사로 20년에 걸친 교분을 쌓아왔다. 1992년 테네시 주 상원의원이었던 앨 고어는 상무 · 과학 · 교통위원회에서 기후 변화와 관련된 청문회를 개최한 바 있다. 나는 지표 밑 온도를 시추공으로 측정해 과거의 기후를 재구성하는 기술을 소개하기 위해 초청을 받았다. 그는 종일 청문회를 주관하면서 복잡다단한 기후과학에 깊은 관심을 갖고 상당한 질의를 했다.

몇 년 후 나와 동료들은 북아메리카, 유럽, 오스트레일리아, 아프리카의 자료를 이용해 지구 기후를 재구성한 자료를 출간했다. 이 자료는 1998년 미국 과학진흥협회에서 발간하는 저명한 과학 저널 〈사이언스〉에 실렸다.[1] 출간 직후 논문을 읽은 부통령이 나를 백악관으로 초청해 대화를 나누고 싶어한다는 보좌관의 전화를 받았다. 처음엔 동료들이 장난을 치는 줄 알았지만, 몇 분 동안 통화가 계속되면서 농담이 아니란 걸 알게 되었다.

다음 날 나는 워싱턴에서 앨 고어와 그의 과학 보좌관 닐 레인, 과학기술정책연구소의 연구진과 마주 앉았다. 과학기술정책연구소의 환경 담당 부소장으로 기후 변화 관련 보고서를 총괄하던 생태학 박사로지나 비어바움을 처음 만난 자리이기도 했다. 훗날 로지나가 미시간 대학으로 오면서 우리는 기후 정책 현안에 대해 과학적으로 교류할 기회를 충분히 가지게 되었다.

앨 고어가 제작한 〈불편한 진실〉은 기후 변화의 심각성과 그 결과 및 대처 가능성을 설파해 유명세를 탔던 강좌를 기록한 것이다. 〈불편한 진실〉이 세상에 등장하기 전인 2005년, 로지나 학장의 초청을 받은 고어가 이 강의를 소개하러 미시간 대학을 방문한 적이 있었다. 고어는 지역 사회에서 자신의 강의를 전파할 자원활동가를 교육시키는 '기후 기획'이란 사업을 추진 중이라고 귀띔했다. 교육을 자문할 과학자를 찾고 있다는 고어에게 로지나는 나를 추천했다. 그리하여 백악관 방문 후 7년 만에 앨 고어와 나의 세 번째 인연이 시작되었다.

기후 기획은 2006년 테네시의 카티지 근처에 있는 고어의 고향 농장에서 처음으로 시작되었다. 퇴직자, 학생, 공무원, 회사원, 사업가, 운동선수, 주부 등 미국 각지에서 모여든 최초 활동가들의 직업은 다양했다. 그러나 50명 모두 기후 변화와 관련하여 대중을 각성시키는 데 필요한 헌신적 태도를 지녔다. 그 후 내슈빌을 비롯한 각지에서 교육이 늘면서 고어와 기후 기획 팀은 기후 변화를 지역 사회의 공론장으로 끌어내도록 수천 명의 자원활동가를 교육시켰다. 나 역시 교육진의 일원으로 참여했다.

이 현장에서 깨달은 것은 앨 고어가 어떤 일에든 모든 정열을 쏟아 최선을 다하는 사람이라는 것이었다. 항상 배우려는 자세로 읽고 묻고 정열에 지식을 더했다. 사실 고어와 나는 그동안 1년에 한 번이나 만날까 말까했다. 하지만 상원 청문회에서 처음 본 이후, 백악관 방문과 기후 기획 사업을 통해 그의 진면목과 사업의 전모를 거의 다 알게 되었다. 그러므로 우리가 성취한 것이 있다면, 그것은 바로 앨 고어 자신의 분신이었다고 말할 수 있다.

무엇보다 고마운 사람은 솔직한 비판으로 여러 단계의 초고를 살펴준 아내 레나와 아들 존이다. 두 사람 모두 출중한 작가로서 첨삭을 두려워하지 않았다. 쉽고 직설적이면서도 전문가의 답답한 티를 벗을 수 있게 책을 다듬어주었다. 이는 두 사람이 나와 함께 남극의 얼음을 둘러보면서 그 아름답고 하얀 세계의 장엄함을 속속들이 체험한 덕분이라고 생각한다.

애버크롬비 앤드 켄트 탐사대의 요원이었던 빅토리아 휘틀리는 내가 얼음의 세계에서 시간을 보내는 데 많은 도움을 주었다. 또 남극 탐사를 몇 번이나 함께한 동료 킴 로버트슨 채터는 살벌한 극지의 바다에서도 희망을 잃지 않는 유능한 선장이었다. 그리고 미시간 대학 지질학과의 도해 담당인 데일 오스틴은 지도와 그래프를 맡아 수고해 주었다. 원칙에 기초해 초고 전체를 철저히 분석해 준 컬럼비아 대학의 제이슨 스머든에게도 감사드린다.

미시간 대학의 동료로서 기후 문제를 놓고 많은 토론을 나눈 댄 피셔, 테드 무어, 짐 워커, 샤오핑 황, 주제프 파레스, 브루스 윌킨슨 교수에게도 감사를 드린다. 이 책 곳곳에는 이들의 연구 결과가 녹아 있다. 또 미네소타 대학의 마이클 잭슨은 문학의 다양한 맥락 속에서 얼음이 얼마나 자주 언급되는지를 알게 해주었다.

유능한 출판 전문가의 손을 거치지 않고 햇빛을 볼 수 있는 책은 없을 것이다. 재능과 정열로 뭉친 질리언 매켄지는 초고의 구상이 그럴듯한 책으로 나오도록 도와주었다. 편집부의 메건 뉴먼, 레이철 홀츠먼, 제프 갈라스는 거친 원고가 품위를 갖추는 데 도움을 주었다.

마지막으로 우리 모두가 '고향'이라 부르는 이 경이로운 지구의 비밀을 밝히기 위해 수십 년 동안 지구의 얼음, 물, 공기, 바위를 연구했던 빙하학, 해양학, 생물학, 지질학, 기후과학 연구자 모두에게 정중한 감사를 올린다.

| 주 |

1장 얼음의 발견 혹은 정복
_인간과 얼음의 운명적 만남

1 북극권은 북위 66.5도, 남극권은 남위 66.5도 이상의 지역이다. 1년 중 6개월은 종일 햇빛이 비추고, 나머지 6개월은 완전히 어둠으로 덮이는 곳을 극권이라 정의한다. 극권의 시작점에서 극까지는 위도로 23.5도가 되는데, 이는 지구의 자전축이 지구 공전궤도면의 수직선에서 기울어진 각도와 같다.

2 Richard Hough, *Captain James Cook*(New York: W.W. Norton, 1994).

3 Ernest Shackleton, *The Heart of the Antarctic*(New York: Signet, 2000), p.44.

4 인간이 등장하기 전의 세상이나, 인간이 지구를 떠났다고 가정하고 그려본 자연 상태는 다음의 책에서 엿볼 수 있다. Alan Weisman, *The World Without Us*(New York: St. Martin's Press, 2007).

5 F.A. Worsley, *Shackleton's Boat Journey*(New York: W.W. Norton, 1977), pp.104~105.

6 국제극관측년과 비슷한 시기에 체결된 베를린 조약(1878년 베를린 회의에서 발칸 지역에 대한 열강의 세력 관계를 재편한 조약—옮긴이)을 비교해 보면, 극익 추구에 매몰된 유럽 국가들의 협력이 얼마나 유명무실한지를 잘 알 수 있다.

7 "Arctic Breakthrough," *National Geographic*, 191(2), 1997, pp.36~57.

8 T.C. Moore and the Expedition 302 Scientists, "Sedimentation and Subsidence History of the Lomonosov Ridge," in J. Backman, K. Moran, D.B. McInroy, L.A. Mayer, and the Expedition 302 Scientists, *Proc. IODP, 302*(Edinburgh: Integrated Ocean Drilling Program Management International, 2006), doi: 10.2204/iodp.proc.302.105.2006.

9 T.H. Baughman, *Before the Heroes Came: Antarctica in the 1890s*(Lincoln: University of Nebraska Press, 1994); *Ice: The Antarctic Diary of Charles F.*

Passel(Lubbock: Texas Tech University Press, 1995); *Pilgrims on the Ice: Robert Falcon Scott's First Antarctic Expedition*(Lincoln: University of Nebraska Press, 1999) 참조. 보우먼은 대중을 위해 《남극의 섀클턴》(*Shackleton of the Antarctic,* Lincoln: University of Nebraska Press, 2009)이란 전기를 내놓기도 했으며, 1948년부터 현재에 이르는 미국의 남극 탐험사 출간을 준비하고 있다.

10 북극을 목표로 했던 난센 탐험대는 불확실한 개념에 의존하고 있었다. 바다 얼음에 갇힌 채 북극을 표류한다는 개념은 2장에서 더 자세히 얘기된다.

11 M.C. Kennicutt, "Oil Spillage in Antarctica: Initial Report of the National Science Foundation-Sponsored Quick Response Team on the Grounding of the Bahia Paraiso," *Environmental Science & Technology*, 24(1990), pp.620~624.

12 W.R. Fraser and D.L. Patterson, "Human Disturbance and Long-term Changes in Adélie Penguin Populations: A Natural Experiment at Palmer Station, Antarctic Peninsula," in B. Battaglia, J. Valencia, and D.W.H. Walton(eds.), *Antarctic Communities: Species, Structure and Survival,* Scientific Committee for Antarctic Research(SCAR), Sixth Biological Symposium(New York: Cambridge University Press, 1997), pp.445~452.

13 남극에서 일어나는 변화가 실제로 세계의 다른 지역에서도 진행 중이라는 사실은 이 책의 뒷부분에서 더욱 자세히 논의된다.

2장 **얼음, 그 신비한 능력**

_얼음의 탄생부터 생명의 창조까지

1 *New York Times*, February 13, 1886.

2 Tom Mueller, "Ice Baby," *National Geographic,* May 2009.

3 이와 유사한 냉동 물질도 뭉뚱그려 '얼음'이라 부르고 있으며, 그중 가장 널리 알려진 것이 냉동 이산화탄소인 '드라이아이스'다.

4 Richard Hough, *Captain James Cook*(New York: W.W. Norton, 1994), pp.236~237.

5 Gabriel Garcia Márquez, *One Hundred Years of Solitude*, trans. Gregory Rabassa (New York: Harper & Row, 1970).

6 이 이야기는 19세기 북아메리카 대륙을 횡단한 개척자들의 여정을 생각나게 한다. 네브래스카 서쪽 고원에 이르면 캘리포니아 트레일과 오리건 트레일이 갈라지는 지점에 이런 팻말이 박혀 있다. "신중하게 길을 택하시오. 이제부터 그 길을 따라 2000마일 이상 가야 합니다."

7 Alfred Lansing, *Endurance: Shackleton's Incredible Voyage*(New York: Carroll & Graf, 1959), p.37.

8 J.W. Holt et al., "Radar Sounding Evidence for Buried Glaciers in the Southern Mid-Latitudes of Mars," *Science*, 232(2008), pp.1235~1238.

9 R. Pappalardo, J. Head, and R. Greeley, "The Hidden Ocean of Europa," *Scientific American*, October 1999.

10 C. Porco, "The Restless World of Enceladus," *Scientific American*, December 2008, pp.52~63.

11 보스토크 빙핵과 기후의 역사에 관해서는 6장에서 자세히 다룰 것이므로, 여기서는 보스토크 호가 오랫동안 얼음에 덮여 있었다는 사실만 말해두기로 한다.

3장 **얼음이 만든 지구의 역사**

_빙하시대의 흔적들

1 보너빌 호와 그레이트솔트 호에 관해 더욱 흥미로운 자료를 찾고 싶다면 유타 대학의 지질학 탐사 홈페이지(http://geology.utah.gov)를 참조하기 바란다.

2 J.C. Hill et al., "Iceberg Scours Along the Southern U.S. Atlantic Margin," *Geology*, 36(6), 2008, pp.447~450.

3 기후의 불안정과 지구 기후 체계의 전환점에 관한 논의는 8장에서 다시 이루어질 것이다. 특히 멕시코 만류의 불안정은 여름철 북극해가 급격하게 얼음을 상실하면서 유발되었으며, 이것 역시 현재 우리가 겪는 기후 온난화 사태의 일환으로 볼 수 있다.

4 J. Jouzel et al., "Orbital and Millennial Antarctic Climate Variability over the Last 800,000 Years," *Science*, 317(2007), pp.793~796.

5 R.B. Alley, *The Two-Mile Time Machine: Ice Cores, Abrupt Climate Change, and Our Future*(Princeton, N.J.: Princeton University Press, 2000).

6 J. Eudald Carbonell, J. Pares, et al., "The First Hominin of Europe," *Nature*, 452 (March 27, 2008), pp.465~469.

7 D.M. Behar et al., "The Dawn of Human Matrilineal Diversity," *American Journal of Human Genetics*, 82(2008), pp.1~11.

8 M.T.P. Gilbert et al., "DNA from Pre-Clovis Human Coprolites in Oregon, North America," *Science*, 320(2008), pp.786~789; T.D. Dillehay et al., "Monte Verde: Seaweed, Food, Medicine, and the Peopling of South America," *Science*, 320(2008), pp.784~786.

9 T. Goebel, M.R. Waters, and D.H. O'Rourke, "The Late Pleistocene Dispersal of Modern Humans in the Americas," *Science*, 319(2008), pp.1497~1502.

10 Brian Fagan, *The Long Summer: How Climate Changed Civilization*(New York: Basic Books, 2004) 참조.

4장 **인간을 향한 얼음의 절규**
_가장 확실한 온난화의 증거

1 S. Levitus et al., "Warming of the World Ocean," *Science*, 287(2000), pp.2225~2229.

2 S. Huang, H.N. Pollack, and P.-Y. Shen, "Temperature Trends over the Past Five Centuries Reconstructed from Borehole Temperatures," *Nature*, 403(2000), pp.756~758.

3 H.N. Pollack and J. Smerdon, "Borehole Climate Reconstructions: Spatial Structure and Hemispheric Averages," *Journal of Geophysical Research*, 109(2004), D11106, doi: 10.1029/2003JD004163.

4 Ross Gelbspan, *Boiling Point: How Politicians, Big Oil and Coal, Journalists, and Activists Are Fueling the Climate Crisis — And What We Can Do to Avert Disaster*(New York: Basic Books, 2004) 참조.

5 Euan Nisbet, "Cinderella Science," *Nature*, 450(2007), pp.789~790.

6 *New York Times*, September 16, 2008, D1 참조.

7 *New York Times*, May 6, 2008 참조.

8 *New York Times Magazine*, January 6, 2002 참조.

9 그랜드트래버스 만의 빙점 통계를 제공해 준 미시간 주립대의 원예학자 짐 누젠트에게 감사드린다.

10 J.J. Magnuson et al., "Historical Trends in Lake and River Ice Cover in the Northern Hemisphere," *Science*, 289(2000), pp.1743~1746.

11 http://nrmsc.usgs.gov/repeatphoto.
http://nsidc.org/data/glacier_photo/repeat_ photography.html.

12 이 기술은 음파를 이용해 대양의 깊이를 재는 것과 유사하다.

13 E. Rignot et al., "Recent Antarctic Ice Mass Loss from Radar Interferometry and Regional Climate Modeling," *Nature Geoscience*, 1(2008), pp.106~110.

14 동료평가 제도에 대해 관심이 있는 독자라면 나의 책 《불확실한 과학, 불확실한 세계》(*Uncertain Science Uncertain World*, Cambridge, UK: Cambridge University Press, 2003)를 소개한다.

15 IPCC, "Summary for Policymakers," in *Climate Change 2007: The Physical Science*

Basis, Contribution of Working Group 1 to the Fourth Assessment Report of the Intergovernmental Panel on Climate Change, ed. S. Solomon, D. Qin, M. Manning, Z. Chen, M. Marquis, K.B. Averyt, M. Tignor, and H.L. Miller(Cambridge, UK: Cambridge University Press, 2007).

5장 **지구의 온도조절장치가 이상하다**

_자연적 현상의 '비자연적' 징후

1 Henry Stommel and Elizabeth Stommel, "The Year Without a Summer," *Scientific American*, 240(1979), pp.176~186.

2 이 기록의 저자는 확실하지 않다. 성자 에페수스의 요한(505~585)을 거명하는 사람도 있고, 시리아의 미카엘에게 공을 돌리는 사람도 있다. M.R. Rampino, S. Self, and R.B. Stothers, *Annual Reviews of Earth and Planetary Sciences*, 16(1988), pp.73~99 참조.

3 L.B. Larson et al., "New Ice Core Evidence for a Volcanic Cause of the A.D. 536 Dust Veil," *Geophysical Research Letters*, 35(2008), article L04708.

4 C. Sagan and G. Mullen, "Earth and Mars: Evolution of Atmospheres and Surface Temperatures," *Science*, 177(1972), pp.52~56.

5 태양이 지금보다 뜨거워져서 더 많은 에너지를 보내게 된다면, 태양 방사의 극점은 이전보다 짧은 파장 쪽으로 이동할 것이다(그렇게 되면 인류는 이전보다 파장이 짧은 자외선의 '색깔'을 볼 수 있도록 진화할지도 모른다). 반대로 태양이 차가워져서 지구에 보내는 에너지가 줄어든다면, 태양 방사는 적외선 쪽으로 이동할 것이다. 이런 관계를 방사 물리학에서는 '빈(Wien)의 변위법칙'이라 부른다.

6 J.C.G. Walker et al., "A Negative Feedback Mechanism for the Long-term Stabilization of Earth's Surface Temperature," *Journal of Geophysical Research*, 86(1981), pp.9776~9782.

7 매일 태양 흑점을 세는 것은 4장에서 얘기한 '신데렐라' 과학의 또 다른 전형이 될 수 있다. 이런 반복 작업을 무려 400년이나 지속한 기록은 태양의 변화를 이해하는 데 무한한 가치를 지닌 귀한 자료다.

6장 **지구 기후의 균형이 깨지고 있다**
_인간이 남긴 치명적 발자국

1 프린스턴 대학과 옥스퍼드 대학에 재직했던 수리생물학자 이언 코진 교수는 이와 유사한 예로 병정개미를 들고 있다. "아무리 집중해서 한 마리 병정개미를 바라본들 150만 마리가 함께 모여 자신들의 몸을 이용해 다리를 만들고 기둥을 세우는 것을 알아낼 수는 없을 것이다. 즉, 개체만 보고 전체를 알 수는 없다."

2 '와트'는 제임스 와트를 기려서 만든 에너지 사용률의 단위다. 1와트는 1초당 1줄(joule)의 일을 하는데, 이는 1킬로그램의 물체를 1초에 1미터 정도 이동시킬 수 있는 힘이다.

3 Roger LeB. Hooke, "On the History of Humans as Geomorphic Agents," *Geology*, 28(9), September 2000, pp.843~846 참조.

4 산 정상을 제거하는 채굴 방식에 관해서는 다음 문헌을 참조하기 바란다. John McQuaid, "Mining The Mountains," *Smithsonian*, January 2009.

5 B.H. Wilkinson, "Humans as Geologic Agents: A Deep-Time Perspective," *Geology*, 33(3), March 2005, pp.161~164.

6 B.H. Wilkinson and B. McElroy, "The Impact of Humans on Continental Erosion and Sedimentation," *Geological Society of America Bulletin*, 119(2007), pp.140~156.

7 D.R. Montgomery, "Is Agriculture Eroding Civilization's Foundation?" *GSA Today*, 17(10), 2007, pp.4~9.

8 J.C. Neff et al., "Increasing Eolian Dust Deposition in the Western United States Linked to Human Activity," *Nature Geoscience*, 1(March 2008), pp.189~195.

9 Philip Micklin, "The Aral Sea Disaster," *Annual Review of Earth and Planetary Sciences*, 35(4), 2007, pp.47~72.

10 최악으로 치닫던 아랄 해에 그 후 변화가 약간 있었다. 다른 곳으로 우회시켰던 물의 일부를 복원하면서 호수 수위가 안정되는 기미를 보인 것이다.

11 이 가슴 졸이는 여행기에 관해서는 다음 책을 참조하기 바란다. John Pollack, *Cork Boat*(New York: Anchor Books, 2004).

12 Robert J. Diaz and Rutger Rosenberg, "Spreading Dead Zones and Consequences for Marine Ecosystems," *Science*, 321(August 15, 2008), pp.926~929.

13 오늘날 관개용 펌프에 전기를 공급하기 위해 풍력 터빈이 평야 지대에 설치된다는 사실은 묘한 기분이 들게 한다. 항상 그 자리에 있었지만 반세기가 넘도록 무시받았던 바람의 힘이 화려하게 귀환했기 때문이다.

14 H. Haberl, K.-H. Erb, and F. Krausmann, "Global Human Appropriation of Net Primary Production," *The Encyclopedia of Earth*, 2008, accessed at

http://www.eoearth.org/article/Global_human_appropriation_of_net_primary_production_(HANPP).

15 B. Worm et al., "Impacts of Biodiversity Loss on Ocean Ecosystem Services," *Science*, 314(2006), pp.787~790.

16 J. Schipper et al., "The Status of the World's Land and Marine Mammals: Diversity, Threat, and Knowledge," *Science*, 322(2008), pp.225~230.

17 James Gustave Speth, "Environmental Failure: A Case for a New Green Politics," *Yale Environment 360*(2008), accessed at http://www.e360.yale.edu/ content/print.msp?id =2075.

18 Verlyn Klinkenborg, "The End of Night: Why We Need Darkness," *National Geographic*, November 2008 참조.

19 "Natural Resources Defense Council vs. Winter," *New York Times*, November 13, 2008.

20 *New York Times*, November 1, 2008.

21 100만 분의 1을 뜻하는 PPM(parts per million)은 쌀알 100만 개를 담고 있는 큰 부대 자루를 상상하면 이해하기 쉽다. 자루 속의 내용물이 거의 전부 하얀색이지만, 그중 수백 개 정도는 검은색이다. 지구 대기의 표본이 약 100만 개의 분자를 품고 있다고 가정할 때, 그 속에는 대략 수백 개 정도의 이산화탄소가 들어 있는 셈이다.

22 Ralph F. Keeling, "Recording Earth's Vital Signs," *Science*, 319(2008), pp.1771~1772.

23 G. De'ath, J.M. Lough, and K.E. Fabricius, "Declining Coral Calcification on the Great Barrier Reef," *Science*, 323(January 2, 2009), pp.116~119.

24 세(epoch)란 지질학적 시간대의 최하위 개념이다. 지질학적으로 최상위 개념인 대(era)는 몇 개의 기(period)로 구성되고, 기는 다시 몇 개의 세로 구성된다. 예를 들어 플라이스토세는 180만 년 전부터 1만 1000년 전까지의 기간이고, 2300만 년 전부터 현재까지인 네오기의 일부이며, 이보다 훨씬 긴 시대 구분인 6500만 년 전부터 현재까지인 신생대의 일부다.
인류세란 용어는 그리스어로 인간을 뜻하는 '안트로피노스(anthropinos)'와 새로움을 뜻하는 '시네(cene)'에서 유래된 것이다. '시네'는 신생대(Cenozoic era)란 시대 구분에도 쓰이고 있다. 지질학적으로 신생대는 가장 최근의 시기를 말하며, 이보다 이른 시기인 고생대(Paleozoic era)나 중생대(Mesozoic era)와 대비된다.

25 P.J. Crutzen and E.F. Stoermer, "The Anthropocene," *International Geosphere Biosphere Newsletter*, no.41, Royal Swedish Academy of Sciences, Stockholm, pp.17~18.

26 P.J. Crutzen, "Geology of Mankind," *Nature*, 415(2002), p.23.

27 W.F. Ruddiman, "The Anthropogenic Greenhouse Era Began Thousands of Years Ago," *Climatic Change*, 61(2003), pp.261~293.

7장 **얼음이 사라지고 있는 세상**
_인류에게 보내는 마지막 경고

1 투발루의 범람과 관련해서는 다음 문헌을 참조하기 바란다. Samir S. Patel, "A Sinking Feeling," *Nature*, 440(April 6, 2006), pp.734~736.

2 Christoph Marty, "Regime Shift of Snow Days in Switzerland," *Geophysical Research Letters*, 35(2008), article L12501.

3 T.P. Barnett, J.C. Adam, and D.P. Lettenmaier, "Potential Impacts of a Warming Climate on Water Availability in Snow-Dominated Regions," *Nature*, 438(2005), pp.303~309.

4 A.L. Westerling et al., "Warming and Earlier Spring Increase Western U.S. Forest Wildfire Activity," *Science*, 313(5789), 2006, pp.940~943.

5 Jim Robbins, "Spread of Bark Beetles Kills Millions of Acres of Trees in West," *New York Times*, November 18, 2008.

6 Natalie M. Kehrwald, Lonnie G. Thompson, et al., "Mass Loss on Himalayan Glacier Endangers Water Resources," *Geophysical Research Letters*, 35(2008), article no. L22503.

7 P. Schwartz and D. Randall, "An Abrupt Climate Change Scenario and Its Implications for United States National Security," October 2003. http://www.greenpeace.org/ international/press/reports/an-abrupt-climate-change-scena.

8 세르게이 지모프와 시베리아의 메탄 거품에 관해서는 다음 문헌을 참조하기 바란다. Adam Wolf, *Stanford Magazine*, September/October 2008, pp.63~69.

9 K.M. Walter, S.A. Zimov, et al., "Methane Bubbling from Siberian Thaw Lakes as a Positive Feedback to Climate Warming," *Nature*, 443(2006), pp.71~75.

10 M. Rigby et al., "Renewed Growth of Atmospheric Methane," *Geophysical Research Letters*, 35(2008), article no. L22805.

11 빙호(氷湖)란 바람과 대양의 해류가 비정상적으로 섞이면서 생성되는 수역이다(극지방의 정착빙에 둘러싸인 곳으로 대개 직사각형을 이룬다-옮긴이).

12 J.C. Comiso et al., "Accelerated Decline in the Artic Sea Ice Cover," *Geophysical Research Letters*, 35(2008), article no. L01703.

13 Julienne Stroeve et al., "Artic Sea Ice Decline: Faster Than Forecast," *Geophysical Research Letters*, 34(2007), article no. L09501.

14 Alexandra Witze, "Losing Greenland," *Nature*, 452(2008), pp.798~802 재인용.

15 James McClintock, Hugh Ducklow, and William Fraser, "Ecological Responses to

Climate Change on the Antarctic Peninsula," *American Scientist*, 96(2008), pp.302~310.

16 R.J. Rowley et al., "Risk of Rising Sea Level to Population and Land Area," *Eos Transactions American Geophysical Union*, 88(9), 2007.

17 R. Oren et al., "Soil Fertility Limits Carbon Sequestration by Forest Ecosystems in a CO_2-enriched Atmosphere," *Nature*, 411(May 24, 2001), pp.469~472.

18 H.J. Zwally et al., "Surface Melt-Induced Acceleration of Greenland Ice-Sheet Flow," *Science*, 297(2002), pp.218~222.

19 I. Joughin, W. Abdalati, and M. Fahenstock, "Large Fluctuations in Speed on Greenland's Jakobshavn Isbrae Glacier," *Nature*, 432(2004), pp.608~610.

20 E. Rignot and P. Kanagaratnam, "Changes in the Velocity Structure of the Greenland Ice Sheet," *Science*, 311(2006), pp.986~989.

21 P.F. Hoffman et al., "A Neoproterozoic Snowball Earth," *Science*, 281(1998), pp.1342~1346.

22 A. de Vernal and C. Hillaire-Marcel, "Natural Variability of Greenland Climate, Vegetation, and Ice Volume During the Past Million Years," *Science*, 320(June 20, 2008), pp.1622~1625.

8장 **변화의 기회**

_얼음 없는 세상을 맞는 우리의 자세

1 '기후 의무'를 온실가스 배출을 일정 수준으로 안정시켜야 한다는 뜻으로 정의하기도 하는데, 이는 대기 중 농도 안정화를 의미하는 일반적인 정의와는 다른 것이다.

2 농업적 변화에 관해서는 다음 문헌을 참조하기 바란다. Nathan Russell, "The Agricultural Impact of Global Climate Change," *Geotimes*, 52(4), April 2007, pp.30~34.

3 Adele Airoldi, "The European Union and the Artic" (Copenhagen: Nordic Council of Ministers, 2008), ANP 2008:729 참조.

4 Anita Jones, "An Icy Partnership," *Science*, 317(September 14, 2007), p.1469; Andrew C. Revkin, "Experts Urge U.S. to Increase Icebreaker Fleet in Arctic Waters," *New York Times*, August 17, 2008.

5 Stephen H. Schneider, "The Worst-Case Scenario," *Nature*, 458(2009), pp.1104~1105.

6 Emanuel Derman and Paul Wilmott, "Perfect Models, Imperfect World," *BusinessWeek*, January 12, 2009, pp.59~60.

7 Orrin H. Pilkey and Linda Pilkey-Jarvis, *Useless Arithmetic: Why Environmental*

Scientists Can't Predict the Future(New York: Columbia University Press, 2007).

8 Henry N. Pollack, *Uncertain Science Uncertain World*(Cambridge, UK: Cambridge University Press, 2003).

9 Robert J. Lempert, Steven W. Popper, and Steven C. Bankes, *Shaping the Next One Hundred Years: New Methods for Quantitative Long-Term Policy Analysis*(Santa Monica, Calif.: RAND Corporation, 2003).

10 *New York Times*, April 6, 2008(Data from the Lawrence Livermore National Laboratories, Livermore, California).

11 United Nations Population Division, *The World at Six Billion*, 1999.

12 R.B. Alley, M. Fahenstock, and I. Joughin, "Understanding Glacier Flow in Changing Times," *Science*, 322(2008), p.1061.

13 U.S. Climate Change Science Program Synthesis and Assessment Repot 3.4, "Abrupt Climate Change, Chapter 2: Rapid Changes in Glaciers and Ice Sheets and Their Impacts on Sea Levels," 2009. http://www.climatescience. gov/Library/sap/sap3-4/final-report.

14 Quirin Schiermeier, "Gas Leak!" *Nature*, 423(June 12, 2003), pp.681~682.

15 P. Blanchon et al., "Rapid Sea-Level Rise and Reef Back-stepping at the Close of the Last Interglacial Highstand," *Nature*, 458(2009), pp.881~885.

16 Don L. Eicher, *Geologic Time*(Englewood Cliffs, N.J.: Prentice Hall, 1968) 참조.

감사의 말

1 H. Pollack, S. Huang, and P.-Y. Shen, "Climate Change Record in Subsurface Temperatures: A Global Perspective," *Science*, 282(October 9, 1998), pp.279~281.

| 옮긴이의 말 |

가이아 지구가 보내는 마지막 경고장

2009년 섣달 겨울은 유난히 추웠다. 북반구에는 한파와 폭설이 닥치면서 온난화란 말이 무색할 정도로 겨울이 심술을 부렸고, 남반구에서는 홍수와 지진의 공포가 간담을 서늘하게 만들었다. 한편에서는 이때를 기다렸다는 듯, 지구온난화는 가설에 불과하고 증거도 부실하다면서 그릇된 주장을 펼치는 이들이 슬며시 고개를 들고 있다.

그러나 지금 우리는 무지한 사이비 전도사들에게 한눈을 팔 정도로 여유 있는 형편이 아니다. 살벌한 추위와 지진 속에서도 몰디브, 키리바시, 투발루에는 여전히 물이 차오르고 있고, 북극해는 얼음이 녹아 놀잇배도 다니기 좋은 환경이 되어가고 있으며, 우리는 이미 동해의 명태와 대구의 사과를 잃어 버렸다.

어쩌면 이번 겨울의 이상 기후는 코펜하겐 기후회의를 입씨름만으로 마감한 세계 지도자들의 낙제 성적표에 가이아 지구가 보내는 마지막 경고장일지도 모른다. 그런데도 엄혹한 현실에 눈을 감은 우물 안 개구리 주제에 여전히 토를 다는 사람들이 있다. 대체 지구가 더워지는 게 뭐가 문제냐, 따뜻한 세상이 싫으냐, 여수 오동도 동백꽃을 이른 2월에 보는 것이 뭐가 나쁘냐며 말이다.

지구적 위기 앞에서 우리가 먼저 할 일은, 기득권 수호를 최우선으로 여기는 대다수 언론의 왜곡 보도와 거대 자본의 자기방어 선전에 세뇌당하는 줄도 모르는 주위의 회색론자들을 설득하는 것이다. 물론 해괴한 이론을 들이대면서 거짓을 전파하는 부류는 일단 제외하고 말이다. 이대로는 안 된다는 생각을 가진 사람들이 모두 나서서 우리에게 친숙한 얼음이 인간의 삶을 지탱하는 중요한 기둥 중 하나란 생각을 지구 전체에 퍼뜨려야 한다.

그런 싸움에 임해야 할 우리에게 헨리 폴락은 단 한 권으로도 충분한 전투 지침서를 제공하고 있다. 얼음이 왜 소중하고, 그 소중한 것이 얼마나 빨리 사라지고 있으며, 그 결과 지구 곳곳이 얼마나 피폐해지고 있는지를 제대로 알고 나면 사람들의 눈빛은 달라질 것이다. 얼음과 바다, 그리고 우리가 딛고 사는 대지가 얼마나 밀접하게 연관되어 있으며, 이 기둥들이 얼마나 절박한 위기에 처해 있는지를 깨닫고, 거리 곳곳에서 웅성거려야 한다. 그렇게 모두의 목소리가 엄청난 압력으로 느껴져야 지구호를 조타하는 선장과 기관사가 늦게라도 정신을 차리고 방향을 바로잡을 것이기 때문이다.

시급한 것은《얼음 없는 세상》을 읽고 나 자신과 이웃이 각성하는 것이다. 이런 깨달음이 풀뿌리 민주주의를 제대로 가동시킬 것이며, 올바른 세계 정치라는 좁은 문을 통과해 얼음과 지구를 살려낼 수 있는 길이다.

선세갑

얼음 없는 세상

1판 1쇄 인쇄 2010년 4월 5일
1판 1쇄 발행 2010년 4월 12일

지은이 헨리 폴락
옮긴이 선세갑
펴낸이 고영수
펴낸곳 추수밭

등록 제406-2006-00061호(2005.11.11)
주소 135-816 서울시 강남구 논현동 63번지
413-756 경기도 파주시 교하읍 문발리 파주출판도시 518-6번지
청림아트스페이스
전화 02)546-4341
팩스 02)546-8053

www.chungrim.com
cr2@chungrim.com

ISBN 978-89-92355-55-1 03900